新时代大学素质教育系列教材

大学生职业生涯规划

主　编　杜　辉　李本义　毛三艳　程炼
副主编　徐会敏　鲁　维

WUHAN UNIVERSITY PRESS
武汉大学出版社

图书在版编目(CIP)数据

大学生职业生涯规划/杜辉等主编．—武汉：武汉大学出版社，2022.3
(2024.1 重印)
新时代大学素质教育系列教材
ISBN 978-7-307-22977-8

Ⅰ.大…　Ⅱ.杜…　Ⅲ.大学生—职业选择—高等学校—教材
Ⅳ.G647.38

中国版本图书馆 CIP 数据核字(2022)第 040814 号

责任编辑：黄河清　　责任校对：李孟潇　　版式设计：韩闻锦

出版发行：**武汉大学出版社**　(430072　武昌　珞珈山)
(电子邮箱：cbs22@whu.edu.cn 网址：www.wdp.com.cn)
印刷：湖北金海印务有限公司
开本：787×1092　1/16　印张：15.5　字数：377 千字　插页：1
版次：2022 年 3 月第 1 版　2024 年 1 月第 6 次印刷
ISBN 978-7-307-22977-8　定价：38.00 元

新时代大学素质教育系列教材

编委会

《大学生职业生涯规划》

编委会

总　　序

为深入学习贯彻党的十九大精神，落实立德树人根本任务，发展素质教育，推进教育公平，培养德智体美劳全面发展的社会主义建设者和接班人。湖北省素质教育研究会高等教育分会、湖北省高等教育学会民办教育分会于2021年5月在武昌理工学院民办大学素质教育研究中心举行了“新时代大学素质教育系列教材”编写座谈会。来自湖北省内近30所高校的领导、专家学者参加了座谈会。与会领导、专家学者围绕“如何落实立德树人根本任务，发展素质教育”“新时代大学素质教育的内涵、路径与措施”“素质教育对建设高等教育强国的意义”等主题进行交流。大家一致认为：发展素质教育，需要各高校在课程、教学等核心领域和教材、考试及评价等关键环节有新突破，并就“新时代大学素质教育系列教材”的“共编、共讲、共研”方案达成了重要共识。“新时代大学素质教育系列教材”计划出版12部，分3年出齐。其中，2022年出版4部，包括《大学生劳动教育》《大学生美育》《大学生健康教育》《大学生职业生涯规划》。我们期许“新时代大学素质教育系列教材”能为发展素质教育、培养担当民族复兴大任的时代新人发挥应有的作用；我们有信心，通过坚持不懈的努力，为素质教育的进一步发展做出更多、更大的贡献。

“新时代大学素质教育系列教材”编委会

2022年3月

前　言

我国大学生职业生涯规划教育起步于20世纪90年代，许多高校相继开展了探索性、前瞻性的研究与实践。2007年12月，教育部办公厅印发了《大学生职业发展与就业指导课程教学要求》的通知（教高厅〔2007〕7号），明确提出职业发展与就业指导课程建设是高校人才培养工作和毕业生就业工作的重要组成部分，提倡所有普通高校开设职业发展与就业指导课程，并将其作为公共必修课纳入教学计划，贯穿学生从入学到毕业的整个培养过程。经过十多年高校同行们的孜孜努力，相关领域教师自身的职业化、专业化程度取得了长足进步，很多方面成绩斐然，在校大学生也渐渐摆脱了“职业生涯规划离自己很遥远”的认识误区。

然而，不得不承认，当前高校职业生涯规划教育还存在专业化程度不高、针对性不强、理论与实践相脱节等问题。有些学生仅仅掌握了应急性的求职技巧，缺乏系统的生涯规划认知，职业意识较为薄弱。大学生职业生涯规划教育本身也是一件常做常新的工作，必须坚持与时俱进，必须经常性开展教材版本和工作方式的迭代更新。

《大学生职业生涯规划》是“新时代大学素质教育系列教材”之一，编委会成员均来自高校长期从事大学生职业生涯规划教育的专职教师和多年从事学生工作的辅导员，他们有丰富的教学和实际工作经验，为本教材的编写打下了良好的基础。

教材共分6个专题：专题一为职业生涯规划的认知，主要介绍相关概念、理论知识、课程意义等；专题二为大学生活与自我认知，主要介绍大学生活的特点及与职业发展的关系，自我认知的相关内容；专题三为职业生涯环境分析，主要介绍职业环境和获取分析职业信息的渠道与方法；专题四为职业生涯决策，主要介绍决策要则和如何制定生涯规划；专题五为职业生涯规划行动，主要介绍规划书的撰写、规划的实施与调试等；专题六为职业生涯规划的管理，主要介绍职业生涯规划的管理概述与实践。

本教材主要面向普通本科院校和高等职业院校在校大学生群体，以职业生涯规划环节为编写主线，循序渐进，具有以下几个显著特点：

第一，体例新颖。全书由“专题—单元—模块”三个结构层次组成，完全摒弃了传统的“章—节—目”的体例结构。编写逻辑清晰，主线明确，结构合理。

第二，可读性强。全书尽量避免枯燥无味的理论阐述，文字撰写浅显易懂，尽量与具体实践相结合，内容新颖，深入浅出。全书大量使用图表，每个专题都在开头部分设置“专题导读”，由日常困惑引出专题内容，由表及里，让读者带着问题去阅读，从而提升阅读效果。

第三，针对性强。全书大量使用“导入案例”，选材丰富，具有很强的指导意义。此外，全书还设置了“拓展训练”“知识链接”“职业导航”“职业测评”等栏目，既可用于课堂教学，也可供读者课后拓展视野，延伸获取相关知识。

由于时间紧迫，加之编委会老师们日常工作繁忙，能力水平有限，全书难免有不足之处，还望广大读者、同行、专家批评指正。全书使用并参考了大量文献材料，限于篇幅，在此一并表示感谢！同时，对武汉大学出版社的编辑老师道一声感谢，感谢他们的鼓励和认真工作，才有这本书的顺利出版。

我们衷心希望，通过本教材的学习，能促使大学生树立这样的信念：人生是可以设计的，职业生涯是可以规划的。在日益公平的职场环境里，依靠科学理性的职业规划，可以有预见性地、顺理成章地、水到渠成地获得事业成功和人生幸福。

杜　辉

2022 年 3 月

目　录

专题一　认知觉醒，开启动力：大学生职业生涯规划认知

☞【专题导读】

表面上看，我们每个人每天都在忙忙碌碌，每一个行动似乎都有目标，但是，只有在发现和确定了人生奋斗的大目标之后，围绕这个大目标，我们平常的行为才会更有效率和价值。而进行职业生涯规划有利于确定人生的奋斗目标。职业生涯规划为我们的人生之旅设定了导航仪，指引我们走向成功。哈佛大学的一项追踪研究表明，只有4%的人能获得成功，而他们成功的共同点在于早早地为自己的职业生涯确定了目标，并且始终坚持。

单元一　知识储备

☞【导入案例】

缺少规划　职业迷茫

小林，26岁，安徽某大学毕业生，本科学历，中文专业，参加工作已4年多。刚毕业时，父母把她安排到了一家报社做编辑，但由于文笔不好，工作成绩始终不行，压力越来越大的小林就辞职了。她的第二份工作是一家公司的文员，平时做一些打字之类的事务性工作，学不到什么东西，于是小林又辞职了。后来她又找了几份工作，都和第二份工作差不多。目前小林在一家公司做经理秘书，对这份工作，小林还是比较满意的。

最近同学聚会，小林发现周围的老同学个个比自己过得好，有些已当上了经理。再看看自己，经理秘书虽听起来不错，说不定哪天就失业了，所以小林想换一份稳定的工作。想来想去，除文员、经理秘书之外也想不出其他工作了。她该怎么办呢？

模块1：职业和职业生涯

一、什么是职业

职业就是参与社会分工，利用专门的知识与技能为社会创造物质财富和精神财富，从

而获得合理报酬作为物质生活来源并满足精神需求的一种社会性劳动。从社会角度来看，职业是劳动者获得的社会角色，劳动者为社会承担一定的义务和责任，并获得相应的报酬；从国民经济活动所需要的人力资源角度来看，职业是指不同性质、不同内容、不同形式、不同操作的专门的劳动岗位。

在现实生活中，人们与职业活动发生着紧密的联系，职业活动几乎贯穿于每个人的一生。人们在生命的早期阶段接受教育与培训，为将来的职业活动做准备。从青年时期进入职业生涯，到老年离开职业岗位，长达几十年，即使退休以后，仍然参与职业活动，因此，职业活动是每个人社会生活中的重要组成部分。

在社会生活中，每一个有劳动能力的人都要从事一定的生产劳动或工作，用以维持生活、承担社会义务、促进社会发展。人的社会生活和工作领域是非常广阔的，职业门类极其繁多，但每个社会成员只能在某个领域做某种具体工作，以其有限的生命在有限的空间内占有一席位置，这就是他的职业。从社会生产的角度来看，职业是社会分工的结果，一定的社会分工或社会角色的持续实现，形成了职业。

职业在人们的社会生活中居于重要地位，它不仅是一个人谋生的需要，同时也是人们贡献社会、实现自我的舞台。对每个从业者而言，职业的意义体现在以下几个方面。

一是职业是谋生的手段。“民以食为天。”个人通过就业实现生存的需要，获得个人最基本的安全感。在谋生的过程中，个人通过职业活动为社会创造着物质财富和精神财富，为人类的繁衍和社会的发展提供保障。

二是职业为个人发展自我个性、实现自我价值提供了空间。人生价值的实现，无论从哪个方面看，都离不开职业活动。职业规定了一个人的工作岗位及奋斗目标。个人只有以工作岗位为平台，将丰富的知识、熟练的技能出色地运用于职业活动，创造出一定的效益回报社会，才能实现与社会整体的融合，并实现自己的人生价值，满足个人对归属、爱、尊重与被尊重的需要。

三是职业为个人提供了贡献社会的场所。个人不可能生产出自己所需的一切生活资料，这就需要通过劳动成果的交换，在满足自己需要的同时，也满足其他社会成员的需要，从而起到为他人服务的作用。这是个人职业劳动的客观构成，也是义不容辞的社会责任。不过，这种责任感、义务感的强弱，对于不同时期、不同社会及不同个体会有很大差异。

☞【知识链接】

职业的分类

2015 新版《中华人民共和国职业分类大典》(以下简称《大典》)将职业结构分为 8 个大类、75 个中类、434 个小类、1481 个职业。与 1999 版相比，维持 8 个大类、增加 9 个中类和 21 个小类，减少 547 个职业。

第一大类名称修订为“党的机关、国家机关、群众团体和社会组织、企事业单位负责人”，其职业分类修订参照我国政治制度与管理体制现状，对具有决策和管理权的社会职业依组织类型、职责范围的层次和业务相似性、工作的复杂程度和所承担的职责大小等进行划分与归类。修订后的第一大类包括6个中类、15个小类、23个职业。与1999版相比增加1个中类，减少1个小类、2个职业，并对部分类别名称和职业描述进行了调整。

第二大类名称为“专业技术人员”，维持原大类名称不变，其职业分类修订除遵循职业分类一般原则和技术规范外，还着重考量职业的专业化、社会化和国际化水平。修订后的第二大类包括11个中类、120个小类451个职业。与1999版相比，减少3个中类，增加5个小类、11个职业。

第三大类名称为“办事人员和有关人员”，维持原大类名称不变，其职业分类修订主要依据我国公共管理与社会组织中从业者的实际业态进行。修订后的第三大类强化其公共管理、企事业管理等领域行政业务、行政事务属性，包括3个中类、9个小类、25个职业。与1999版相比，减少1个中类、3个小类、28个职业。

第四大类名称修订为“社会生产服务和生活服务人员”，其职业分类修订主要参照国民经济行业分类以及我国服务业发展现状，特别关注新兴服务业的社会职业发展，主要按照服务属性归并职业。修订后的第四大类包括15个中类、93个小类、278个职业。与1999版相比，增加7个中类、50个小类、81个职业。

第五大类名称修订为“农、林、牧、渔业生产及辅助人员”，其职业分类修订以农、林、牧、渔业生产环境、生产技术和产业结构的变化，现代农业生产领域中生产技术应用、生产分工与合作的现状为依据、参照国民经济行业分类进行。修订后的第五大类包括6个中类、24个小类、52个职业。与1999版相比，中类维持不变，减少6个小类、83个职业。

第六大类名称修订为“生产制造及有关人员”，其职业分类修订按照国民经济行业分类以及生产制造业发展业态，以工艺技术、工具设备、主要原材料、产品用途和服务与技能等级水平相似性进行。修订后的第六大类包括32个中类、171个小类、650个职业。与1999版相比，增加5个中类，减少24小类、526个职业。

第七大类和第八大类沿用1999版《大典》做法，维持原大类名称及内容表述不变。

2021年3月18日，人社部发布18个新职业。这是《大典》颁布以来发布的第四批新职业。

二、职业的本质

有人说，职业可以带来丰厚的薪酬、可以买房买车、可以买名牌、可以生活得更舒适、可以获得他人的尊重、可以实现自己的理想抱负、完成自我实现等。是这样吗?

的确，职业可以带来我们想要的，职业是人们生存发展的根源，在生涯规划中职业生涯规划占据核心地位。我们看到的大多数成功来源于职业上的成功：“打工皇帝”唐骏，年薪上亿；职业经理人拿着上百万上千万的年薪，过着富裕优越的生活；王小谟等科技人员也得到了很高的报酬和荣誉；更不用说像马云、马化腾等企业家。职场能满足人的所有需求，如生理、安全、社交、尊重、自我实现，而且有些需求只有在职场上才能得到满足。可以说职场能给我们提供所有想要的东西。

但是，如果再进一步考虑：这些报酬是谁给的？它为什么要给你？为什么？凭什么？作为应聘者想挣到工资，企业为什么会聘用你并给你工资呢？作为员工想得到更好的收入，老板为什么要掏出更多的钱给你呢？作为创业者要赚到更多的利润，但顾客为什么要买你更多的产品呢？这些从根本上来说也是一种交易，交易的最基本原理是等价交换。人们想得到自己想要的，那么相应地人们也要有所付出。只有索取没有付出的交易，是不能实现的或不能长久的。

人之所以参加工作是为了得到自己想要的幸福，如物质报酬、安全、地位、尊重、自我实现等；企业之所以招聘人是想通过人力资本来完成任务、创造市场价值，从而获得利润。二者互为需求，从而可以达成交易。

所以可以看到职业的本质是企业与员工之间的一种交易(见图 1-1)。

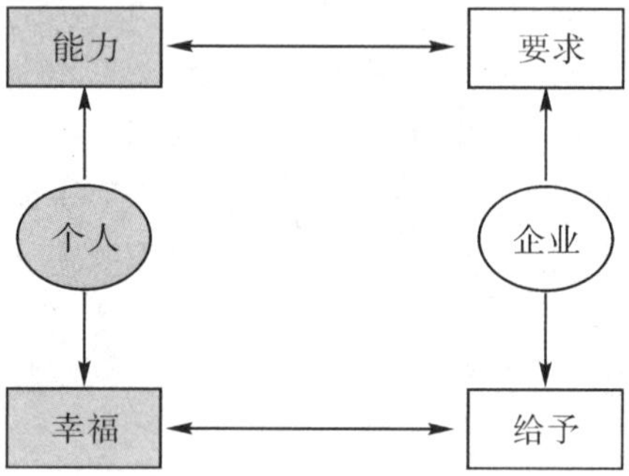

图 1-1 职业是人与社会之间的一种交易

三、个人在交易中具备的筹码

个人在交易中具备的筹码为：知识、能力、素质。

(一)知识

知识是人类认识的成果。一般分为三类，即自然科学知识、社会科学知识和思维科学知识，包括书本理论知识与实践经验知识两个方面。随着科学技术迅猛发展，知识自身发生了深刻的变化，人们对知识的概念也有了新的认识。国际经济合作与发展组织在 1996 年发布的《以知识为基础的经济》报告中，对知识的形态做了明确界定，指出知识既包括能够编码的知识，如事实知识、原理知识；也包括那些可以意会但不可以编码的隐性知识，如技能知识、人力知识等。对高技能人才来讲，它主要包括专业基础与专业知识、及相应的人文知识。

(二)能力

能力是个体顺利进行某种活动的个性心理特征，从不同角度可分为以下几种。

一是一般能力与特殊能力。一般能力指的就是智力，它适合于各种活动，包括观察力、思维力、想象力等，也包括运用这些因素的速度、灵活性与准确性；特殊能力是指在完成某种专业活动所必须具备的能力，如数学计算、音乐绘画、形象思维、空间想象等能力。

二是模仿能力与创造能力。

三是认识能力、操作能力与社交能力。

能力是在掌握一定知识基础上经过培养和实践锻炼而形成的，丰富的知识可以促进能力的增强，较强的能力可以促进知识的获取。具体地讲，能力主要包括获取知识的能力，运用知识的能力和创新能力。对于高技能人才，它不仅是指技术应用能力，操作能力或动手能力，还包括知识、技能、态度等为完成职业任务所需的综合职业能力。

（三）素质

目前对素质的理解有两种，一是从生理学、心理学意义出发，将其分为个人先天所具有的解剖生理特点，主要包括神经系统、感觉器官、运动器官及大脑的特点；二是教育学意义上的素质，指人在先天生理素质的基础上，通过环境影响和教育训练所获得的内在的、相对稳定的、长期以发挥作用的身心特性及其基本的品质结构。它可以是个体在某个阶段已达到的发展水平，如身体生长、健康水平、智慧、意志、情感以及对人、事、物的态度倾向性等。这种素质并非天生而是派生的，是人在其发展过程中逐步形成的。与生理素质相比，这种素质更具差异性及可塑性，良好的环境与教育往往能使个体获得更优秀的素质。

还有一些学者将素质称为“品性”或“品质”，它主要指个体的思想品质、道德品质、身心品质、个性品质等。我国的教育心理学著作提到“教育在使学生掌握知识、技能，促进他们智能发展的同时，也要培养他们的个性品质”；美国教育学家克伯屈（W. H. Kipatrick）认为教育即成长：“完美的生长应包括知、能、愿三个方面。知指知识和眼光；能指技能和方法；愿指态度和习惯。”还有学者在论述高等专业教育时写到：“每一种专业都是根据知识、技巧、技能和个人品质等来进行社会所需要的一种活动。”

如果你所具备的知识、能力、素质能达到企业的要求，那么交易就能达成。就职后，通过生产活动帮助企业获得利润，企业会给予相应的报酬，从而得到自己想得到的幸福。如果你所具备的知识、能力和素质与你心仪的企业要求不匹配，那么交易就无法实现。

四、职业生涯

（一）生涯

生涯，英语是“Career”，“生”即“活着”；“涯”即“边界”。生涯是个人通过从事工作所创造出的一个有目的的、延续一定时间的生活模式。该定义由美国国家生涯发展协会（National Career Development Association）提出，是生涯研究领域中被广泛使用的一个观念。

“延续一定时间（Time Extended）”是指生涯不是作为一个事件或选择的结果而发生的事情。更确切地说，生涯在本质上是持续一生的过程。它受到个人内在和外在力量的影响。

“创造出（Working Out）”在这里是指生涯是一个人的愿望与可能性之间、理想与现实之间妥协和权衡的产物。生涯发展是一系列选择和连续进行的结果。

“有目的的（Purposeful）”是指生涯对个人来说是有意义和有价值的。

“生活模式（Life Pattern）”在这里意味着生涯不仅是一个人的职业或工作，还包括生活中的各种角色担当。

“工作（Work）”可能是生涯领域中容易被误解的词语之一。我们每个人对它的含义都有一定的认识。但对生涯专家而言，工作是一种活动，可以为自己或他人创造价值。

（二）职业生涯的定义及其分类

1. 定义

根据中国职业规划师协会定义：所谓职业生涯，是指人的一生中的职业历程。人的职业生活是人生全部生活的主体，在其生涯中占据核心与关键的位置。人们一生的职业历程，有着种种不同的可能：有的人从事这种职业，有的人从事那种职业；有的人一生变换多种职业，有的人终身位于一个岗位上；有的人不断追求、事业成功，有的人穷困潦倒、无所作为。造成人们职业生涯差异的因素，有个人能力、心理、机遇方面的问题，也有社会环境的影响。

职业生涯（Career）这个概念的含义曾随着时间的推移发生过很多变化。在20世纪70年代，职业生涯专指个人生活中和工作相关的各个方面。随后，又有很多新的意义被纳入“职业生涯”的概念中，其中包含了生活中关于个人、集体以及经济生活的方方面面。

从经济的观点来看，职业生涯就是个人在人生中所经历的一系列职位和角色，它们和个人的职业发展过程相联系，是个人接受培训教育以及职业发展所形成的结果。

职业生涯是以心理开发、生理开发、智力开发、技能开发、伦理开发等人的潜能开发为基础，以工作内容的确定和变化，工作业绩的评价，工资待遇、职称、职务的变动为标准，以满足需求为目标的工作经历和内心体验的经历。

职业生涯是人一生中最重要的历程，对人生价值起着决定性作用。

职业生涯就是一个动态的过程，是指一个人一生在职业岗位上所度过的、与工作活动相关的连续经历，并不包含职业上的成功与失败或进步快慢的含义。也就是说，不论职位高低、不论成功与否，每个工作着的人都有自己的职业生涯。

职业生涯，是一个人一生的工作经历，特别是职业、职位的变动及工作理想的整个过程。

职业生涯管理，就是具体设计及个人合理的职业生涯计划。

2. 分类

根据中国职业规划师协会定义：职业生涯成长分为内职业生涯（对个人而言）和外职业生涯（对外在职场而言）两个方面。

（1）内职业生涯。

内职业生涯是指从事一种职业时的知识、观念、经验、能力、心理素质、内心感受等因素的组合及其变化过程。它是别人无法替代和窃取的人生财富。

（2）外职业生涯。

外职业生涯是指从事职业时的工作单位、工作时间、工作地点、工作内容、工作职务与职称、工作环境、工资待遇等因素的组合及其变化过程。它是依赖于内职业生涯的发展而增长的。

两者之间的关系：

(1)内职业生涯发展是外职业生涯发展的前提，内职业生涯带动外职业生涯的发展。

(2)外职业生涯的因素通常由别人决定、给予，也容易被别人否定、剥夺；内职业生涯的因素由自己探索、获得，并且不随外职业生涯因素的改变而丧失。

(3)外职业生涯略超前时有动力，超前较多时有压力，超前太大时有毁灭力；内职业生涯略超前时舒心，超前较多时烦心，超前太大时要变心。

模块2：人生规划、职业规划和大学生职业生涯规划

一、人生规划

(一)人生规划的含义

所谓人生规划就是一个人根据社会发展的需要和个人发展的志向，对自身的有限资源进行合理配置，对自己的未来发展道路做出一种预先的策划和设计。

人生规划包括：健康规划；长远规划(包括近期远期的学习、工作、爱情、事业等规划)；事业规划(包含职业规划与学习规划)；情感规划(爱情、亲情、友情)；养老规划；资金规划；幸福规划等。

人生规划使我们在规划人生的同时可以更理性地思考自己的未来，初步尝试性地选择未来适合自己从事的事业和生活，尽早(多从学生时代)开始培养自己的综合能力和综合素质。人生规划与职业规划的区别就是人生规划比职业规划更广泛。职业规划只是人生规划的一部分，他并不是人生的全部。职业有很大一部分是为了实现高质量生存的手段而已。

(二)人生规划的内容

人生规划涵盖了人生教育中的三大主题：生命、生活和生涯，贯穿人的一生。

其具体内容为：教育与人生；社会与人；学什么、怎么学；求职；社会对人类能力素质的基本要求；成功者的必备素质；和平时期人的一生该怎么过；理想目标与人生；个人健康新理念；学会管好自己的钱包，学会个人理财；就业能力与人生；学会适应；学会学习；爱心、责任与人生；人际关系与人生；心态调整与快乐人生；谈吐、口才与气质；恋爱、婚姻、家庭与人生；家庭教育、子女教育与人生；习惯、性格与人生；道德素质、爱国责任与人生；机遇与命运；意志力、自律与人生等诸多人生话题与内容。

新时代的大学生在走进社会前，应该认识、了解人生，有思想准备和行动准备，以使自己的一生走得顺利，有所成就，过上有品质的生活。

二、职业规划

职业规划(Career Planning)也叫“职业生涯规划”。职业生涯规划的好坏可能影响整个生命历程。

一般而言，职业生涯规划是指个人结合自身情况、机遇及制约因素，为自己确立职业方向、职业目标，选择职业道路，确定教育计划、发展计划，为实现职业生涯目标而确定行动时间和行动方案。

职业生涯规划是一个人尽可能地规划未来生涯发展的历程，考虑个人在人生中的位置，以期自己能适得其所。

从定义可以看出，职业生涯规划是一个人主动的、有意识的行为，“尽可能地规划未来……”的意义在于：对于我们所能做到的，要全力以赴；至于生命中诸多个人无法掌握的因素，如飓风、地震、突如其来的天灾人祸等，我们必须冷静面对。简单来讲，职业生涯规划就是找到引领自己坚定前进的方向。

当我们考虑职业生涯规划的时候，必须要考虑我们需要什么样的人生。不同的价值取向和人生目标必然需要不同的职业来实现。同时，当我们规划好职业生涯时，就必须考虑为成功实现职业生涯目标应做的准备。也就是说，为了实现成功的职业生涯，我们必须通过学习和实践来获得职业生涯所需的知识、技能和经验。我们从小接受的教育、训练和各种社会学习，都是为未来职业成功做准备，进而实现我们的人生目标和人生理想。

（一）职业生涯规划的要素与特性

成功的职业生涯规划要考虑各种要素，主要包括知己、知彼、抉择、目标、行动。其一是知己。知己是了解自己，向内看，看自己的兴趣、能力、价值观、个性、性向，以及父母的管教态度、学校与社会教育对人产生的影响。其二是知彼。知彼是探索外在世界，包括职业的特性、所需要的能力、就业渠道、工作内容、工作发展前景、职业的薪资待遇。知己是了解自己的特性，知彼是了解工作舞台的特性。在职场上，知己与知彼之间密切关联。其三是抉择。抉择包括抉择技巧、抉择风格，以及抉择可能面临的冲突阻力和助力等。抉择之后是制定目标，最后是采取行动。

职业生涯规划有两大特性：个性化和开放性。

个性化是职业生涯规划最重要的特征，它是由个人性格、价值观、思维方式、行为方式、对成功的评价等方面的差异性决定的。发展的动力和源泉在于自身，职业生涯规划不是别人强加在个人身上的实施方案，而是个人在内心动力的驱使下，结合社会和企业的发展利益，依据现实条件和机会所制定的个人化的发展方案。我们并不忽视家庭、企业、社会环境对个人职业生涯的影响，但是如果不认清发展的动力和源泉在于个人自身，就无法解释为什么有的人一生无所作为，而在类似甚至是更困难的条件下，有的人却在职业生涯发展中出类拔萃。

职业生涯规划具有开放性。个人是职业生涯开发与管理的主要角色，但并不意味着个人闭门造车、独自完成职业生涯规划，也不意味着职业生涯规划必须一次完成、终生不变。职业生涯规划的开放性要求人们与外界尽可能多地交换信息，与家人、老师、上级、下级、朋友、职业顾问等交换意见，听取他们的建议，并充分利用测评工具测定职业潜能。

职业生涯规划是使人全面发展的一种有效工具，它不是固定的行为模式，更不应成为精神枷锁。职业生涯的成功与否在很大程度上取决于是否能制订出一个切合实际的职业生涯规划。规划一旦制订出来，也不是一成不变的，需要根据客观环境、自身条件的变化等及时作出调整。

职业生涯是人一生中最重要的历程，是追求自我实现的重要人生阶段，对人生价值起着决定性作用。简单地说，职业生涯就是一个人的职业经历。具体地讲，职业生涯是以心理开发、生理开发、智力开发、技能开发、伦理开发等人的潜能开发为基础，以工作内容的确定和变化，工作业绩的评估，工资待遇、职称、职务的变动为标志，以满足需求为目标的工作经历和内心体验的过程。职业生涯周期则是指从开始从事职业活动到完全退出职业活动的全过程。

(二)职业生涯规划的几种常用方法

了解生涯规划的基本要素(知己、知彼、抉择、目标、行动)之后，我们不禁要问，职业生涯规划的方法有哪些？如何进行职业生涯规划？下面我们就来了解以下几种比较便捷且在生活中常常被人们广泛使用的方法。

第一种方法是“自然发生法”。最常见的情形是学生在填高考志愿时，并未仔细考虑自己的性格、志趣，只是考虑自己的考分和各学校、各专业的录取分数，找到差不多相吻合的，就草草地作出了选择。这种选择方法可能比较保险，但是如果所选择的学校和专业并不是自己喜欢的，可能一进去就会抱怨，从而蹉跎4年的美好光阴，悔恨终生。

第二种方法是“目前趋势法”。跟随现实市场的趋势，盲目地投入新兴的热门行业，比如目前非常热门的计算机类、经济管理类。这样的选择只看当下，可能会形成一种乐观的假象，不考虑自身情况以及4年后形势的变化。原本热门的行业会慢慢变冷，而一些目前尚处冷门的行业有可能成为崛起的新兴产业，因此在作选择时，应该进行动态考虑，而不能一味地随波逐流，盲目追踪热门。

第三种方法是“最少努力法”。选择最容易的专业或技术，希望能够学得轻松、玩得开心，但又祈求有最好的结果。这样的想法太理想主义，总是希望不劳而获。须切记：天上不会掉下馅饼，一分耕耘一分收获。

第四种方法是“拜金主义法”。盲目选择待遇最好的行业，而忽略了从事该行业给自身心理带来的是快乐还是痛苦，你的志趣是否与此符合，如果不是就会很辛苦，心里也痛苦，得不偿失。

第五种方法是“刻板印象法”。以性别、年龄、社会地位等刻板印象来选择职业，例如，女性应从事一些服务业、秘书等辅助工作；而男性则应该做大事，不必拘泥于小节。这样的观点早已过时，现在只要你想做，无论何种职业，男女根据自身情况都可以去尝试。

第六种方法是“橱窗游走法”。到各种工作场所走马看花一番，再选择最顺眼的工作。对各种工作有所了解是必需的，但要注意在这一阶段所花费的时间千万不能太长，否则到头来会发现自己没有专项所长，现在的社会不仅需要全才，更需要有所专长的专才。

第七种方法是“假手他人法”。由他人替自己决定和选择。一是父母或家人，因为过去各种细枝末节的事都是由他们一手包办的。二是朋友或同学，因为他们较了解你，也是你最好的伙伴，不会做害你的决定。三是老师或辅导员，因为他们是这方面的专家，会为你提供更理性、更有价值的信息和指导。四是权威人士，因为他们本身事业成功、聪明能干，能够洞察时机，把握事态。五是社会或人民，因为自己是社会的一分子，必须履行公民的责任，造福社会。

虽然这些方法都是我们在日常生活中常见到和用到的，但这些便捷的职业生涯规划方法都有各自的优缺点。优点是省时省力，不用花费太多精力，在短时间内见效快、效率高。这就类似于吃方便面，快而简单，可以在短时间内填饱肚子。缺点是无法根据个人的能力特性做出长远的规划，如同方便面可以在短时间内解决饥饿之苦，但是其营养成分很低，长期吃方便面对身体有害无益。

因此，无论采用哪种生涯规划法，我们都要充分考虑自身及客观事物所具有的优劣利弊。任何生涯规划法如果能将生涯规划的五个基本要素纳入其中去进行全面考虑，并且参考职业生涯规划的模式，那么风险就可能会降到最低。

（三）职业生涯规划理论的发展与实践

职业生涯规划理论的发展并非一朝一夕之事，由于国外在这方面的理论发展得较早，而我国相对落后，且大多引用国外理论，因此，介绍职业生涯规划理论的发展主要侧重于国外的情况，其大致可以划分为以下几个阶段。

第一阶段：职业生涯规划理论初露端倪（1900—1930 年）。

最早在美国倡导并指导生涯规划的领军人物当属弗兰克·帕森斯（Frank Parsons）。早在 1909 年，他就出版了一本著作《选择职业》，在此书中他提出了职业生涯规划这个概念。不仅如此，他还在波士顿建立了一个“职业局”。通过这个机构，他向当时的人们灌输职业生涯规划的概念，教导人们不要仅仅找一个赚钱的工作，更重要的是选择一种职业，规划好自己的人生发展。

美国第一届全国职业辅导会议（National Conference On Vocational Guidance）于 1910 年在波士顿召开，且于 1913 年在密西根成立全国职业辅导协会（National Vocational Guidance Association），为职业辅导及职业生涯规划向学校教育体系的推广作出了巨大的贡献。

与此同时，在心理学领域，专业的心理测量技术也得到了前所未有的研究与推广。沃顿（Wundt）在德国成立了第一所心理实验室，对人的心理进行各种测试，使心理测量逐渐与职业生涯规划相融合，为职业选择和职业生涯规划注入了全新的活力。

1905 年，比奈（Binet）和西蒙（Simon）出版了《智力测试》，并于 1916 年由特蒙（Termen）对其进行修正；1928 年纳尔（Null）出版了《性向测试》，而 1927 年斯庄（Strong）出版了《兴趣量表》等。所有这些崭新的心理测量工具，都为职业生涯辅导提供了全新的辅助手段，使人们能够更有效地认识自己，运用这些工具了解自己的优势或劣势，并据此作出更合理的职业生涯规划。

纵观这 30 年的发展，我们发现，生涯规划所强调的更多的是提供职业资讯、进行职业辅导，或者进行毕业就业指导等，针对个人发展方面的着眼点并不多。另外，心理学的研究和成果为职业生涯规划理论的发展提供了重要的工具，但被运用得还不多。

第二阶段：职业生涯规划理论发展初期（1930—1940 年）。

从 1930 年开始，生涯规划开始更多地关注于个人。这种变化受到几大因素的影响：一是因为心理测评技术和工具的发展增进了对人格品性与个体差异的认识；二是人们开始用发展的观点看待个人；三是心理治疗策略的诞生取代了单纯的咨询。这些因素使得生涯规划的内涵与形式产生了重大的变革。同时，一些职业教育人员和人力资源专家也开始对学生进行专业性和针对性的生涯规划辅导。当时出版了《职业名典》（*Dictionary of Occupational Itities*）和《职业展望服务》（*Occupational Outlook Service*），以及其他的一些职业资讯刊物。这些刊物的出版及职业训练机构的设立，促使教育人员更注重劳工市场的人力需求，更关注对个体的具体了解。

综合而言，无论是心理导向还是劳工市场导向，职业生涯规划从诞生初期关注就业市场转向了对学生、对个体的关注，形成了传统的职业生涯规划理念，在个人进入就业职场之前，通过心理测试或剖面图所获得的资料，来对照供选择职业的各种要求条件，以预测个人的职业选择或职业成功的可能性。这种方式要求学生在就业之前就对自己有一定的了解，使学生能够更方便有效地根据自身的情况，做出最合理的职业生涯规划方案，选择最能展现自我特质的职业，从而发挥自己所长，在今后的人生道路上迈出最坚实的一步。

第三阶段：职业生涯规划理论革新时代(1950—1960 年)。

1950 年之后，传统的职业生涯规划理念受到了霍波克(Robert Hoppock)和萨柏(Donald Super)的强烈挑战。以前提到的职业生涯规划、职业辅导的对象都只是针对在特定的时间点上有特定职业选择需要的个人，然而，自从生涯的定义被扩展到工作和职业之外，生涯规划所涉及的时间跨度就比职业选择要广，还涵盖职业之前的活动如教育训练，以及职业之后的活动(如退休后的兼差或义工服务等)。新发展的观点认为，职业生涯规划的目标在于系统地教育学生或成人，根据选择各种未来职业生涯时所需要的知识、态度和技巧，来规划其所想要接受的教育方案，为未来的工作做好准备，并协助其规划未来的职业生涯发展道路等。需要职业生涯规划的对象也不限于需解决特定职业生涯难题的个人，更是每一位需为未来职业生涯发展做好准备的人。

同时，这一阶段也是职业生涯规划理论进入美国各高校，被广大学生接受、运用的阶段。各高校为学生提供了多种有助于学生进行职业生涯规划的资讯，包括：

(1)澄清工作价值，培养学生规划的技巧；

(2)通过正式及非正式的心理测量，评估学生的能力、人格特质和兴趣等；

(3)提供职业和职业生涯资讯，联系并提供社区资源；

(4)协助学生学习面试技巧，增进其对教育和工作机会的察觉能力；

(5)鼓励学生接受训练、设定目标、作出与暂时性生涯选择有关的决定；

(6)在学校课程中改革学术和职业生涯规划课程；

(7)适时检查和评价学生的实践情况。

通过这一系列的革新和改革，职业生涯规划有了崭新的面貌，并且在学生和成人中有了更大的普及性和重视程度。新概念的提出使得人们能够更好地设计自己的人生发展规划，在一个人的职业生涯中起到了导向性和推波助澜的作用，人们也因此逐渐意识到它的重要性。

第四阶段：职业生涯规划理论推广时期(1960—1970 年)。

在 1960 年至 1970 年的美国，职业生涯规划已经被普遍接受，并且得到了前所未有的发展。各高校职业生涯规划活动风起云涌“职业生涯教育”课程普遍在各级学校开展起来，大学也纷纷开设了“生涯规划”的学分制课程供学生选修。课程设置的目的：将学校中所学的学科和探索自我及未来工作相结合，协助学生了解教育的内容和机会，以及未来的工作选择与工作适应之间的关系等课程内容，通常包括：生涯察觉、生涯探索、生涯决定、生涯准备(如寻找工作、准备面试)、不同阶段的生涯技巧等。与此同时，美国的职业生涯教育模式也广泛地被世界许多发达国家所采用，并向全球推广。其中，最著名且经常被人们引用的经典课程方案有两个。

美国佛罗里达大学的“课程式生涯咨询服务”（CCIS）即以课程的方式，结合自我辅助和多媒体材料，教导学生职业生涯发展的概念和生涯规划的技巧，以达成职业生涯服务的目标。

美国科罗拉多大学的“生活规划工作坊”。该工作坊时间跨度为一至两天，共包含8个活动单元，参与工作坊的成员需透过相互分享和讨论，投入未来工作和生活计划中，以此提升大学生的自我觉察和自我认知能力，促使其系统地规划自身未来的发展，并承担责任。

此外，在该阶段中，电脑技术开始发展与运用，并开发了一系列有关职业生涯规划的系统，如SIGI和DISCOVER等使得职业生涯规划的发展如虎添翼，不仅成为校园中的热点，而且还被推广到学校外的工商业机构，其重点也进一步扩增，包括人力资源发展、人事服务、员工协助和训练方案等。

由此可见，在这一时期，职业生涯规划已经在人们的生活中占有举足轻重的地位，不仅在学校里普及了职业生涯规划，而且各企事业单位也意识到了它的重要性，开始对员工采用职业生涯规划。同期还成立了许多专门的机构和协会，监督检查学校职业生涯规划辅导开展的情况，使得学生能够真正切实体会到职业生涯规划的重要性和迫切性。当时的美国还相应地分化出两种针对不同服务对象的职业生涯教育模式：以学校为基础的综合性生涯教育模式、以员工为基础或以经验为基础的模式。

第五阶段：职业生涯规划理论飞速发展阶段（1980年至今）。

1980年之后，生涯规划理论一直处在加速发展的状态，主要表现为以下几个特征。

（1）在理论方面更加专业化、全面化。各种新的概念或新的解释不断地被提出来，比如“生涯介入”“生涯咨询”等，使得职业生涯规划理论有了蓬勃兴起和延展。

（2）在应用方面更加普及化。各种新的技术和新的工具不断地被发展出来，并在不同的机构或情境中加以运用，服务对象从儿童、青少年扩展至成人等不同发展阶段的群体，使得生涯辅导方案更具综合性及全面性。

（3）在政策方面更加规范化、正规化。“生涯规划”不仅在学术界突飞猛进，在社会上有关机构也给予了高度的重视，甚至出台了相关的政策法规，比如1994年美国联邦政府颁布了《从学校到工作机会法案》（*School-to-Work Opportunity Act*），促使学校积极和社会机构建立协同合作关系，为学生提供许多从学校到工作的方案，将学习内容和工作经验相结合。该类方案通常包含三项主要内涵：以学校为基础的内涵、以工作为基础的内涵、联结活动内涵等。

对此，赫·克拉姆（Herr Cramer）曾归纳出当代职业生涯规划领域所关注的六项主题。

一是致力于发展职业生涯决定。协助学生和成人发展决定技巧获取及应用适当的资讯于不同的职业生涯选择行动中。

二是关注自我概念。无论是职业生涯决定或职业生涯规划均是个人自我概念的表达。因此，生涯规划指导有必要协助学生和成人在进行生涯决定之前获得充分的自我了解。有关职业的资讯应与个人的职业生涯抱负、职业生涯价值或潜能等有所联系，以提供个人心理满足的需求。

三是关注生活风格、价值和休闲。教育休闲、职业或生涯彼此间的交互作用，会建立或影响个人的生活风格，且与个人的价值观息息相关。

四是自由选择。职业生涯规划指导并不引导学生作出特定的职业选择，而是引导学生探索较大范围的可能选择，与这些选择相关的个人特质，以及这些选择将产生的可能结果等，使学生能作出个人的自由选择。

五是个别差异。职业生涯规划指导应认识到现代多元社会中，无论是个人天赋或环境机会均有莫大的差异，因此要协助每一个学生能以其独特的方法来表现和发展其特有的天赋潜能。

六是适应变化的弹性和能力。职业生涯规划指导必须协助个人考虑持续性的职业生涯规划、达到目标的多种途径和目标的弹性，并发展出能适应社会及职业条件的快速变迁方法。

尽管职业生涯理论的主流来自欧美，但中国的生涯辅导的起步还是比较早的，可惜中断的时间比较长。1916 年，清华大学周寄梅先生引入并实施“生涯规划”相关的课程辅导，可能是中国职业生涯教育的开山之作。1917 年，伍廷芳、梁启超等人发起成立了“中华职业教育社”，以“无业者有业，有业者乐业”为宗旨，针对当时国内学校教育与生活脱节、职业结构改变、人力供需失衡，以及国民职业教育观念较差的现实，大力推动生涯规划教育。1918 年出版了《职业指南》，1923 年出版了《职业指导》，1924 年更是推动中小学建立“职业指导委员会”或者“职业指导部”，建立“职业指导员”队伍协助学生进行职业抉择。

之后由于战争、社会等因素，我国在职业生涯规划领域的发展几乎停滞。职业生涯规划直到 20 世纪 80 年代以后，才逐渐在我国各地区重新兴起。

我国台湾地区和香港地区的职业生涯规划教育和咨询辅导从 20 世纪 70 年代前后开始兴起，理论研究和高校实践均得到了进一步的发展，内地进行学生职业发展、职业生涯规划教育的时间则比较晚，一直到 20 世纪末 21 世纪初才开始学习和推广比较前沿的理论和做法。

三、大学生职业生涯规划

知己知彼，百战不殆。大学生职业发展中，知己即认知自我，知彼即认知就业环境。认知自我又包括认知自己的知识、技能和能力（Knowledge, Skills and Abilities，简称 KSA），认知自身的个性特征，认知自我的职业兴趣和职业价值观等。其中，职业发展和人的知识、技能和能力之间，有不容置疑的直接关系。

（一）了解自己的心理特点

1. 个体的兴趣爱好

兴趣是人们力求认识、掌握某种事物，并经常参与该种活动的心理倾向。例如，你对某种职业感兴趣，就会对该种职业表现出肯定的态度，并积极去了解思考探索和追求。

兴趣的产生和发展一般要经历这样一个过程：有趣——乐趣——志趣。有趣是兴趣过程的第一个阶段，也是兴趣发展的低级阶段，它往往短暂易逝，非常不稳定。处于这一阶段的兴趣常常与个体对某一事物的新奇感相联系，随着这种新奇感的消失，兴趣也会自然地逝去。乐趣是兴趣过程的第二个阶段，它是在有趣定向发展的基础上形成的，是兴趣发展的中级阶段。在这一阶段中，个体的兴趣变得专一、深入。志趣是兴趣发展过程的第三个阶段，当乐趣同个体的社会责任感理想、奋斗目标结合起来时，乐趣便变成了志趣。志趣具有社会性、自觉性和方向性，取得成就的根本动力，是成功的重要保证。

兴趣对大学生职业发展的影响主要体现在以下三个方面。

其一，兴趣是大学生职业生涯选择的重要依据。兴趣可以使人集中精力去获得自己所喜欢的职业的相关知识，并创造性地开展工作。当一个人对某种职业发生兴趣时，他就会积极地去感知和关注该职业领域的知识、发展动态，并且积极思考，大胆探索，增强克服困难的意志等。反之，“强按牛头不喝水”，是不会取得良好效果的，当然也就很难在该职业领域发挥个人的优势、做出贡献。正像一个人在日常生活中喜欢从事自己感兴趣的活动一样，具有一定兴趣类型的人更倾向于寻找与此有关的职业，特别是在外界环境限制较小时，个体更倾向于选择自己感兴趣的职业。

其二，兴趣可以提高个体的工作效率，充分发挥个体的才能。一个人对某一方面的工作产生兴趣时，枯燥的工作也会变得丰富多彩趣味无穷。兴趣使工作不再是一种负担，而是一种享受。它可以调动人的全部精力，使人以敏锐的观察力、高度的注意力、深刻的思维能力和丰富的想象力投入工作之中，促进个体能力的超水平发挥。兴趣和能力的合理结合，更会大大提高个人的工作效率。曾有人进行过研究，如果一个人从事自己感兴趣的职业，则能发挥其全部才能的80%~90%，而且能长时间保持高效率而不感到疲劳；如果一个人对所从事的工作没有兴趣，则只能发挥其全部才能的20%~30%。

其三，兴趣是保证职业稳定、职场成功的重要因素。对某一职业有浓厚的兴趣，是个人智力开发的“孵化器”。对一个人来说，自己对所从事的工作感兴趣，就愿意钻研，容易出成果，这正是兴趣的作用所在。一般来说，兴趣是个人职业生涯稳定发展的一个基本方面，它可以用于预测个人的工作满意度和工作稳定性。工作满意是职业生涯稳定的一大标志，在其他条件相似的情况下，从事自己感兴趣的职业，不但能让个体感到满意，而且能够让周围的领导和同事感到满意，从而实现工作的长期性和稳定性。

因此，在规划自己的职业生涯时，个体不仅需要知道自己有能力从事什么样的工作，更重要的是需要知道自己对哪类工作感兴趣。只有将能力和兴趣结合起来考虑，才更有可能规划好职业生涯并取得成功。

2. 个体的性格气质

人们常说“性格决定命运”，这是有一定道理的。近年来，国外用人单位在选拔人才时提出了一种新的理念，即性格比能力更重要。因为一个人如果能力不足，可以通过培训提高，但其性格如果与职业不匹配，要改变起来，就相当困难。所以，他们在招聘新人时，将性格的测试放在首位，当性格与职业匹配时，才对其能力进行测试检查。

根据心理学的知识，气质是指一个人的典型心理特点。人的气质可分为四类，即多血质、胆汁质、黏液质、抑郁质。

多血质类型的人表现出活泼外向、敏感易变的特点，对周围事物的变化反应快捷，但不强烈，注意力容易发生转移，属于活泼型。胆汁质的人易冲动急躁、行动敏捷，性格也具有外向性，对周围事物反应迅速且强烈，属于急躁型。黏液质的人行动缓慢，反应迟钝，沉默寡言，情绪稳重，不易转移，具有内向性。抑郁质的人反应迟钝、孤僻，善于感受周围事物，情绪体验深，且不轻易表露，性格坚毅、沉稳。气质虽然分为四种，但现实生活中大多数人是好几种气质类型的混合，比较明显的气质特征只不过是在这几种气质中更倾向于某一种。在选择职业上，不同气质特点的人适合于从事不同的工作。

气质类型从本质上来讲，并没有好坏之分，任何一种类型都具有两面性。例如，多血质活泼型的人因为其情感丰富、活泼好动，社交能力较强，容易适应环境，比较适合于从事文艺或公共关系性质的工作，如演员、记者、管理人员、律师、公关与人事工作人员。但由于其兴趣转移快，故不太适合从事科研工作。抑郁质稳重型的人由于其情感体验深厚，观察力敏锐，办事稳重，则比较适合于从事科学研究或理论研究工作；又因为其反应缓慢、内向性明显，故不易从事公共关系类的工作。胆汁质的人一般精力旺盛，待人热情爽快，情绪兴奋性高，能坚持较长时间的工作而不疲劳，此类气质的人从事行政管理比从事科学研究工作要好。黏液质的人情绪兴奋性低，但平稳难变，举止平和，行为内向，头脑清楚，做事有条不紊、踏踏实实，能严格遵守既定的生活秩序和工作制度，原则性有余而灵活性不足。黏液质人是最佳的合作者，也是最容易得到上司认同的下属，适合从事计算机、文秘、档案管理等工作。气质对一个人来说，没有选择的余地，重要的是了解自己，自觉地发挥气质中的积极方面，努力克服消极的一面。

3. 个体的能力水平

在大学校园里，大部分同学之间的智力并没有太大的差异，只是各自的特点不一样。每个人都有自己的特长，比如一些人的语言能力较强，善于表达自己的思想和观点；一些人的数理能力较强，能够快速运算，进行推理，解决应用问题。因此，在职业选择时，还应注意个人能力与职业类型相匹配。需要强调的一点是，有些人将兴趣误认为个人能力。其实，兴趣和能力是不能等同的，这一点一定要弄清楚，否则将可能走入误区。

个体的能力一般可分为语言能力、数理能力、判断能力、察觉细节能力、书写能力、运动能力、动手能力、社会交往能力和组织管理能力等 9 种能力。从现代多元智能理论来看，每个个体的能力各有不同，一种能力较弱，并不能说明其他的能力不行，一个人总有他的优势智能。作为大学生来说，其智能一般来说已达到了较高的水平，是同龄人中的佼佼者。但是个体之间的能力差异还是存在的。在大学这个相对自由开放的环境中，他们有的在学习方面一枝独秀；有的在文娱、运动方面独领风骚；还有的则在人际交往和组织管理方面表现出众。不同的能力水平在进行职业生涯决策时，就会表现出不同的特色。每个人只有对自己的能力水平有一个清醒的认识，扬己之长，避己之短，才能对自己的职业生涯进行合理的规划。

（二）大学生知识、技能、能力与职业选择

1. KSA 的内涵

（1）知识。

未来社会将出现更多知识含量高的工作和以知识为基础的职业，一些知识蕴含于组织的系统之中，但是更多的知识由员工来掌握。以知识为基础的职业要求从业者拥有符合职业需求的知识，所以大学生应对自身所拥有的知识结构、知识的广度和深度进行评估，以确定适合自身知识水平的职业。

与职业有关的知识是人们通过学习和社会实践所掌握的有关职业活动的理论和经验。它分为基础知识、专业知识和操作知识。基础知识是指自然科学、社会科学方面的基础理论知识和基本实践经验知识。专业知识是指某一业务或学科领域专门化、系统化、深入化、精细化、先进化的理论和经验知识。操作知识是指具体劳动或直接操作职业工作运行的经验知识。一个好的职业工作者，应具备这三个方面的知识。

专业知识在大学生的知识结构中占据重要地位。孔子认为，一个人要成功，必须要有自己的专业本事，“君子藏器于身，待时而动，何不利之有”，专业知识的学习和逐步掌握，就是“藏器于身”的过程。扎实的专业知识有利于专业对口、触类旁通。在当今学科之间高度分化又高度融合的态势下，大学生在学好本专业的基础上，还要做到“触类旁通”，尽可能多地学习掌握相关专业的知识。

(2)技能。

大学生在拥有大量丰富的科学文化知识，构建合理的知识结构之后，为择业打下了良好的基础，但如果只注意知识的积累，不注意培养和锻炼自己的实践技能，也会在就业过程中遇到困难和挫折，也不可能获得好的职业发展。技能是人们通过训练所获取的熟练化、规范化的动作系列或思维系列，是劳动者实际操作、动手，作用于生产资料，生产预期产品的能力。技能包括一般技能(或称为通用技能)和特殊技能(或称为专业技能)，一般技能是劳动者一般具有的、基本的和通用的技能；特殊技能是指具有专门化、特殊化的熟练技巧和动作与思维技能。反映在职业领域的技能为职业技能，职业技能是劳动者从事某项职业工作所具有的熟练化、规范化的职业技巧、动作或思维能力。

大学生应努力培养和提高自身的职业技能，但由于大学生在校的主要任务是学习专业知识，所以提高职业技能的途径有限。比较常用的途径有两种：第一，积极参加社会实践，提高解决实际生产经营问题的专业技能；第二，参加职业技能考试，做好就业前的技能储备，增强自身的社会适应力和就业能力。

(3)能力。

能力是作为掌握和运用知识和技能的条件，并决定活动效率的一种个性心理特征，其强弱直接影响到人们的工作效率。最早对能力构成进行分析的可追溯到泰勒(Taylor)的动作分析，通过动作分析识别工作对能力的要求和能力差异。

根据内容的不同，能力可以分为一般能力和特殊能力。一般能力通常又称为智力，它是认识、理解客观事物并运用知识、经验等解决问题的能力，包括注意力、观察力、记忆力、思维能力和想象能力等。特殊能力是指从事某项专业活动的能力，如计算能力、音乐能力、动作协调能力、语言表达能力、人际沟通能力、空间判断能力等。不同的特殊能力适合不同的专业活动的要求，正如三一重工股份有限公司副总经理王务超所说：“我们招聘毕业生看他们的潜质，并不是完全掌握的知识，也不是说靠他们的动手能力，他们的动手能力肯定在一定阶段是比较弱的，来到企业要培养，缺乏动手能力可以让他去动手，比如说拆装设备或者是搞研发。如果说这个人有学习的上进心，在大学里面有一定的基础都可以再教育，我们可以引导。”

21世纪，知识以飞快的速度增长，组织结构和职业系统也在持续地发生改变，旧的以终身雇佣为基础的心理契约，将被新的以员工就业能力提升为基础的心理契约所取代，局限于组织内部的员工职业生涯将被无边界职业生涯所取代。新型心理契约及无边界职业生涯的发展，导致人们不再热衷于建立长期合同和协议，组织通过培训促使员工就业能力的提升，员工通过学习提升就业能力，从而实现职业生涯的无边界发展，所以员工的学习能力成为其获取职业成功的关键能力。此外，21 世纪的知识型职业还要求大学生具备创新能力。创新能力即创造性能力，是根据已有的知识和原理创造出新的知识、事物及产品等的能力。

(4)知识、技能和能力的整合。

知识、技能和能力三者之中，能力的概括性和可迁移性最强。技能是通过练习而巩固了的行为方式，而能力则是调节行动和活动的相应心理过程的概括化的结果。所以，技能的迁移范围较窄，而能力的迁移范围较广。与此相似，知识是对客观现实的反映，是对相应经验的概括，它只能迁移到与其相似的场合中；而人的记忆能力、分析能力及综合能力一旦成为个人的特点，就可以迁移到不同场合中，在极广的范围内起作用。知识、技能和能力相互联系，相互转化。一方面，能力是掌握知识和技能的必要前提；人如果没有感知能力及记忆能力等，就无法接受知识，同时能力的高低也会影响掌握知识、技能的快慢、深浅、难易和巩固程度。理解能力强的人在学习中总能深入思考，抓住事物的本质，深入钻研。另一方面，知识是能力的基础，掌握知识的过程也会导致能力的提高。离开了知识的积累，能力就成为无源之水、无本之木。大学生在掌握系统的专业知识的同时，也发展了自己的观察能力、分析综合能力及抽象概括能力。

大学生的知识、技能和能力浑然一体，不可分割。随着新经济时代知识更新速度的加快，大学生在校学习的专业知识和专业技能很可能迅速过时，21 世纪的新型职业对大学生的学习能力和创新能力有着更高的要求。

2. KSA 与职业选择

(1)知识、技能与职业的吻合。

很多大学生在择业时强调专业对口，即强调在校期间所学的专业知识及专业技能与职业所要求的知识与技能的吻合。专业对口固然可以发挥大学生专业知识及技能方面的优势，在控制其他影响因素的前提条件下，就业时专业对口的学生能获得更好的职业发展。但是，如果一味地强调专业对口，而忽视了基础知识和通用技能的重要性，也会走向另一个极端。

美国通用电气塑料中国有限公司人力资源部经理举出他们公司两位员工的例子：一位是北京外国语大学的学生，到公司两年后成为出色的财务经理；另一位是学习高分子专业的学生，到公司后搞生化工作，一年后就得到了所有部门主管的认可。可见，大学生在择业时考虑专业知识和专业技能固然重要，但也要考虑自己的基础知识是否广博、知识储备是否充分、是否拥有较高水平的通用技能。如果你拥有丰富的基础知识，再辅之以出色的学习能力及其他通用能力，就可以考虑跨越专业范围自由择业。

目前，中国高校人才培养模式和大学生自身因素造成大学生专业知识面狭窄，不适应现代职业要求；大学专业划分过细，专业设置强调“精、尖、深”，突出专业知识的深度，而忽视知识的广博度，造成学生的专业知识及相关知识只能与某一岗位而非某一类职业匹配。有调查显示，大学生对其他学科的喜好遵循相近原则，即在自身专业知识范畴内发展，学科跨度和融合度低，不利于大学生知识面的拓展。所以，在校大学生除在教师指引下学习专业知识外，还应拓宽基础知识面，广泛阅读人文历史及哲学类书籍，建立一个以自己专业为中心的包括扎实的基础知识和专业知识以及广博的社会知识的知识系统，为无边界职业生涯发展打下扎实的知识基础。同时，大学生还需适应发展的要求，接受和汲取新知识，不断更新知识结构。

(2)能力与职业相吻合的原则。

能力是职业适应性首要的和基本的制约因素，能力不同，对职业选择就有差异。从能力差异的角度来看，大学生在职业选择时应遵循以下三个原则：一是能力类型与职业的吻合。不同的人有不同的能力，职业也因工作性质内容和环境的不同而不同，对人的能力也提出不同的要求。例如，从思维能力来看，有人擅长于形象思维，有人擅长于逻辑思维(抽象思维)，有人擅长于具体动作思维，因而如果根据思维类型来考虑职业的话，属于形象思维型的人比较适合从事文学艺术方面的职业和工作，抽象思维型的人比较适合从事哲学、数学等理论性较强的职业和工作，而具体动作思维型的人则比较适合从事机械修理等方面的工作。二是能力水平与职业层次的吻合。对一种职业或职业类型来说，由于所承担的责任不同，又可分为不同层次。职业的不同层次对人的能力有不同的要求。因而，在根据能力类型确定了职业类型后，还应根据自己所达到或可能达到的能力水平确定相吻合的职业层次。三是发挥优势能力。每个人都具有多种类型的能力，但各种能力的发展是不平衡的，常常是在某些方面的能力比较突出，而另一些能力则不太强。对职业选择和职业指导而言，应主要考虑其优势能力，选择最能发挥其优势能力的职业。大学生在择业时，还应注意一般能力和特殊能力与职业的吻合。

☞【职业测评】

1. 查阅《中华人民共和国职业分类大典》，寻找你感兴趣的职业。

2. 做一份自己的大学学业规划，结合自己的特点及外部环境，规划自己如何度过大学生活。

单元二　理论基础

☞【导入案例】

走技术路线还是管理路线？

小李是计算机专业本科三年级的学生，在专业方面成绩优秀，具有一定的创新能力、分析问题和解决问题的能力，同时又有很强的人际协调和领导能力，在进行职业生涯规划时，小李遇到了一个难题：是走技术路线还是管理路线？确定职业发展目标是确定职业生涯路线的基础，而要达到这个目标必须先从自我探索入手，然后对职业进行探索，选择合适的职业并制定职业发展路线。

职业咨询师对小李进行了全面的测评，并围绕测评对他进行了全面辅导，在进行自我探索时，小李发现自己性格外向，有强烈的好奇心，喜欢生活工作中出现变化，并且能以积极心态迎接生活中的挑战，对学习生活中遇到的问题，经常会提出有创意的解决方案，十分看重工作中运用创造力的机会有多大。根据职业探索报告，小李希望成为一名系统架构师。经过职业咨询师的启发和引导，通过对性格、兴趣、价值观、能力、目标等的系统全面认识，小李决定还是走技术路线。

模块1：职业选择理论

一、职业选择的意义和原则

(一)职业选择的意义

所谓职业选择，是指人们从自己的职业期望、职业理想出发，依据自己的兴趣、能力、特点等自身素质，从社会现有的职业中选择一种适合自己的职业。

职业选择包括从业以前的选择和从业以后的选择，前者通过选择实现就业，后者通过选择实现职业变换。一个人职业选择是否恰当，不仅关系到个人意愿和兴趣的满足，也关系到自身才能的发挥和对社会贡献的大小。

1909年，美国波士顿大学教授弗兰克·帕森斯(Frank Parsons)在《选择一个职业》中首次提出了人职匹配理论，他指出了选择职业的三个步骤："第一，应清楚地了解自己的态度、能力、兴趣、智慧、局限和其他特性；第二，了解成功的条件及所学的知识，在不同工作岗位上所占的优势、机会和前途；第三，实现上述两条件的平衡。"其含义是要将个人的主客观条件与对自己有一定可能的社会职业岗位相对照，从而选择一种适合自己的职业。

这一理论告诉大家，在选择职业时，首先应认识自我。认识自我就是对自己的兴趣、气质、性格、能力、身心素质、知识结构、家庭文化背景等进行全面、客观的评价，从而确定自己所适合的职业范围。其次是了解职业。了解职业就是要分析职业内容、职业活动特点、职业环境、职业地位及经济收入等有关情况，从而找出欲从事的某种职业对从业者素质的具体要求。再次是人职匹配。根据对自身的评价和对职业的分析，确定自己适合从事的职业范围。这样选择职业可增加求职的针对性，减少盲目性。需要指出的是，决定人们选择何种职业的因素是极为复杂的，加上人又有较强的可塑性，所以选择职业还要考虑社会环境、社会心理、就业政策等因素。

从某种意义上讲，职业选择就是选择人生，就是选择自己的未来。一个人生活的好坏、社会地位的高低以及对社会贡献的大小，在很大程度上是由他所从事的职业及其在职业岗位上的贡献决定的。为什么有些人本该在事业上获得成功，却事与愿违，这并不完全是他们能力不够，而主要是他们选择了不适合发挥自身特长的职业。而那些事业有成的人，也并不一定比别人聪明，关键在于他们找到了适合自己特点的职业。合适的职业使他们的个人才能得到充分发挥，为他们带来了无限的创造机会，也带来了事业的成功。职业活动中的创造，体现了一个人一生中最主要的创造，人们在职业生活中体验到的幸福，含义最深刻、生命力最持久。所以说，职业选择是决定一个人的社会地位、经济收入乃至生活方式的重要因素。

（二）职业选择的原则

职业选择是人生的起点，直接关系生涯的成败。职业选择有千万个成功的理由，但是，失败的原因只有两个——不了解自己和不了解职业世界。

大学生由于与社会接触较少，年龄也小，社会经验较为缺乏，往往会出现一种错误的倾向：理想化、形而上或者好高骛远。有理想有抱负是值得肯定的，因为没有理想只会按部就班，是不会有大的发展的，“人不轻狂枉少年”。但是做人要“顶天”还要“立地”，如果你的理想抱负只是建立在自己的想象中，不接地气，必然会轰然倒塌。“立地”是大学生普遍欠缺的，但又是必须的。做职业选择必须要面对现实，要对自己、对职业世界有较深的了解，掌握充分的信息，才能制定出正确的决策。职业选择是“人—职”匹配的过程，了解自己，根据职业选择的原则搜索适合自己的职位（当然需要掌握相关职业的信息，不然你不知道该职业是否适合自己）。如图 1-2 所示为职业选择的原则。

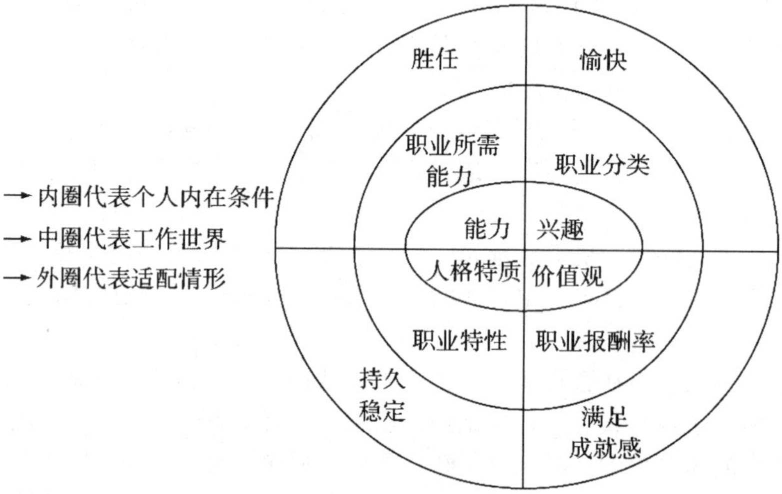

图 1-2　职业选择的原则

职业选择的原则可以概括为十六个字：择己所爱，择己所长，择世所需，择己所利。

1. 择己所爱

调查表明：兴趣与成功概率有着明显的正相关性。在设计自己的职业生涯时，一定要考虑自己的兴趣，择己所爱，选择自己喜欢的职业。只有对某一项职业产生兴趣，才能将兴趣激发为敬业精神，从而产生强烈的愿望和求知欲，有所创造，有所成就。

2. 择己所长

不同的职业对从业者的要求不同。任何职业都要求从业者掌握一定的技能，具备一定的能力条件。而一个人一生中不能全部掌握所有的技能，所以必须在进行职业选择时择己所长，从事有利于发挥自己特长的职业。在选择职业时，应对自己的能力有一个客观实在的评价，包括学识水平、职业技能、身体素质以及个性特点等，是否符合职业要求，不能盲目攀比。尤其是当代青年人，思想比较开放，理想和追求比较高，但首先要面对现实。在市场经济条件下，社会职业对劳动力的需求不仅仅只靠文凭，而更注重劳动者职业技能和胜任职业岗位的能力，职业技术学(院)校、技工学校毕业生就业率往往比其他大、中专学(院)校要高。

3. 择世所需

社会在不断地发展变化，社会的需求也在相应地改变。并不是一定要从事某种新兴的行业，但在选择职业时，一定要分析社会需求，择世所需，否则，很可能走到职业的死角，没有退路。一味从自我价值观念出发，做出不切实际的选择，必然导致挫折和失意。

4. 择己所利

我们每个人都不得不承认，职业是我们谋生的手段，是换取个人幸福与快乐的重要途径。当我们在寻求个人的职业时，谋求个人幸福的生活成为我们的首要动机，这个动机支配着我们的职业选择。职业不仅是谋生的手段，同时也是发展自我、实现人生价值、服务社会的唯一途径。发展是一个过程，任何事物的发展总是由初级向高级发展，由单一向全面发展，决不能一蹴而就。在选择职业时，既不能期望值过高，也不能急于求成。要把个性发展与职业发展结合起来，把个人发展与团体发展结合起来，综合考虑各种因素，才能实现自己美好的愿望。

二、职业选择应考虑的外部因素

很多人选择了职业才发现自己很不适合，很多人用了3~5年的时间才发现自己在本行业没有核心竞争力，这个时候跳槽又有点晚。于是一直很郁闷地待在自己的行业……其实他们犯了一个大错误，在进入职场前缺乏职业信息的了解。

工作世界：是由地域、组织、行业、职业、职位所构成一个嵌套生态系统，如图1-3所示。

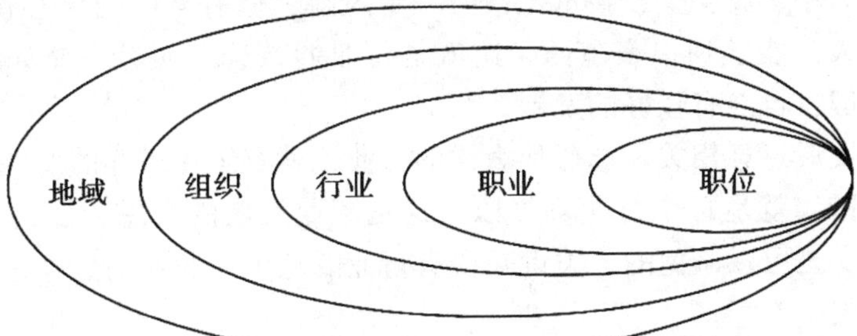

图1-3　工作世界

(一)地域

第一个选择是要考虑地域。这也是不少人容易忽略的。

地域甚至会成为限制一个人发展的瓶颈。

企业设立时会选择和自己配套的区域。我国的职业咨询公司基本上分布在北京、上海、广州和深圳这四个地方，大约占了全国咨询公司的80%。工厂选择时也要考虑配套，长三角和珠三角的工厂星罗棋布。人才要发展也要考虑配套，比如较好的平台、较好的培训、更宽广的视野等，否则很难得到发展。

单纯地去大地方发展或固守一隅都是不对的，地域是个值得考虑的因素。大城市或经济发达的城市往往会有更好的平台，有利于个人的发展。小城市生活成本低，生活相对来说较为安逸。各有各的好，具体选择还要视情况而定。如果在小城市有较好的资源或找到了较好的工作，留在小城市是很好的选择；如果没有较好的资源也没找到好的工作，那么到大城市发展或先到大城市发展之后等有好的机会(比如发现了商机)再回到小城市也是一种选择。

(二)行业

这是一组真实的数据，如表1-1所示。

表1-1 行业数据

姓名	年龄	学历	职位	行业	薪资
王浩航	30	二本本科	网络维护	黄金开采	15000/月
张雷	29	二本本科	网络维护	家电企业	5000/月

同一个职位，薪资截然不同，原因仅是因为所处行业不同。

行业永远比公司更加重要。举例来说，维修这个行业已经越来越走向下滑，消费时代的到来导致旧的物品直接废弃了，如果你进入了全国最好的电脑维修店，那么电脑维修店处在修理行业环境中，也不会有太大的发展空间，这些需要自己去了解判断。

再比如，中国互联网行业和IT行业就诞生了很多奇迹。一些很小的创业型互联网企业，虽然现在势力小、员工少、薪水低，有一定风险，但有自己的核心技术或其他资源，潜在发展空间巨大，能学到很多东西，这就是行业的首选。而另一些如能源、化工、医药，增长势头稳健，也能有较好的发展。

行业和个人发展息息相关。选择什么样的行业，就有了什么样的发展空间。在行业选择上最容易犯的错误就是每个行业都可以。这是职业发展的大忌，也是最让人感到惋惜的，但是这点确实是可以避免的，关键是要有行业的意识。职业的选择也一定要结合行业才能有更大的发展。

要尽可能地在一个行业深入地做下去，尽可能地不要轻易改行。如果一定要改行，建议选择有一定内在连续性的行业发展。所谓内在连续性就是以前积累的资源如经验、技能、人脉等能够不断地得到延续和强化，有一条清晰的、连续的轨迹。比如一直在一个行业工作，或者沿着行业的价值链条在不同的企业工作，建筑施工的到房地产公司的工程管理，国际物流企业到做贸易，教师改做培训师，建筑师的改到房地产等，基本上是比较可行的转换。

(三)企业

第三个选择是要考虑企业。企业是个人职业的承载平台，是个人职业生涯不断得以拓展、得以精彩展现的舞台。好的平台能够让人得到成长和锻炼，不断获得职业能力的提升，增强个人对于职业的信心和兴趣，不断促进个人职业生涯的发展；而不好的平台往往不能够促进个人职业生涯的发展，甚至会让人慢慢地丧失职业发展的竞争力，让人的职业生涯出现停滞或者是倒退。从某种程度而言，进入好的企业甚至比考上名牌大学都更重要，因为好的企业提供使人获得的能力提升和发展机会，有时候比大学提供的要多，所以选择有助于自己发展的企业非常重要。

1. 清浊：企业优劣之分

选择企业与选择职业有许多共同之处。判断一份好职业更抽象些，而判断一个好的公司更具体些。在选择公司时，人们判断公司的优劣往往有几种：

(1)企业规模大。如跨国企业的规模就比私人企业要大一些。

(2)企业福利待遇好。大公司常常能够提供更高的福利待遇，如纽约股票市场和纳斯达克股票市场挂牌上市的公司还提供股票和分红计划。

(3)企业在行业的地位。该公司的产品和技术在行业处于前几名，那些排名靠前的公司对于求职者来说更具吸引力。

这是人们通常所认为的优秀企业，然而大多数人并不懂得，真正的好公司是具有很强的针对性的，要根据自己的职业规划和人生追求的不同阶段而应有所区别。如，我们看一个池塘的好坏，并非看其形状、地势以及所在的位置，而是看其是否有我们需要钓的鱼。尽管池塘周围的风景也能给我们带来赏心悦目的享受，但是在钓鱼和欣赏风景之间我们还是会优先考虑前者。

2. 深浅：企业大小之别

不同行业收入水平有差距，但是收入差距往往更直接体现为公司的不同。相同的行业，做相同的业务，不同公司之间的收入差距相当大。人们习惯于选择那些能够提供更高收入水平和福利待遇的公司，这是合情合理的，但是有一些因素需要我们在选择时仔细考虑。

如果说美好的人生需要好的职业规划来实现，那么职业生涯则需要公司的工作经历来完成。公司是职业生涯的舞台，只有选择一个好舞台，才可能将人生之戏唱好。求职者大都倾向于将规模较大的机构作为衡量职业市场起落的标尺。

比如，新闻大量报道通用汽车公司等大公司成千上万裁员的消息，人们就会推想，就业形势欠佳。这从侧面反映了这样的事实：求职者只将目光和赌注压在有名的大公司。其实，要想提高找到工作的速度，应特别关注那些雇员在20人以下的单位，事实上那些小公司(雇用100名甚至更少的员工)提供了大量岗位。自1970年以来，正是这些小公司创造了2/3的新职位。在美国20世纪80年代，500家大公司的裁减了370万工人，而与此同时，小公司却创造了1900万个新工作岗位。

因此，如果想加速自己的求职进程，务必将注意力集中在个人喜爱的领域的每一家小公司上。从雇员少于20人的小公司找起。

当然，小公司的利润和福利(如医疗保健)比不上大公司，但另一方面，那里有更多的工作机会；大公司的思维方式、办事风格和管理理念是值得学习的，而小公司则能快速地从管理者的角色上来左右公司的部分的发展，这种机会在大公司是没有的；大企业工作职务分工清楚，能获学习沟通与协调等组织运作能力，但是工作范围较狭隘，而中小企业员工需要身兼数职、独立作业，可以获得较多的实战经验，但是公司风险较高、职务变动频繁。

因此，很难断定到底哪种选择更合适。一般来说，大公司注重发展潜力，小公司注重实际技能。小公司更注重效率和回报，不会长时间地等待一个人的成长，所以喜欢招收有经验、能很快上手的人。而大公司由于组织庞大，运作不如小公司灵活，新进员工必须从最底层的工作岗位做起，想脱颖而出很难。大公司分工又过于细致，工作时间一长可能会感到单调，也不利于员工对整个领域技术的全面掌握。

（四）职业

第四个选择是要考虑职业。我们可以从以下几个方面进行考虑。

1. 工作内容

表 1-2 所示为工作内容。

表 1-2 工作内容

<table>
<tr><td rowspan="8">工作内容</td><td colspan="3">工作对象</td><td>该职位工作的直接对象以及为了完成岗位职责所需的其他活动对象</td></tr>
<tr><td colspan="3">任务、责任</td><td>改职位需要做什么、达到什么状态</td></tr>
<tr><td colspan="3">所用设备</td><td>该职位工作所需借助的仪器、工作等</td></tr>
<tr><td rowspan="5">工作强度</td><td rowspan="4">工作时间</td><td>上下班</td><td>该职位工作的上下班时间</td></tr>
<tr><td>加班</td><td>该职位工作平均每周需要加班的时间或频率</td></tr>
<tr><td>节假日</td><td>该职位工作影响节假日休息的程度</td></tr>
<tr><td>出差</td><td>该职位工作所需要出差的频率和时间长度</td></tr>
<tr><td colspan="2">工作量</td><td>该职务工作任务的饱满程度</td></tr>
</table>

2. 工作环境

工作环境，主要包括物理环境和社会环境，如表 1-3 所示。

例如，欧美企业一向以自由宽松的工作气氛而著称；日资企业和我国的台资企业则相反，上下等级相当分明。

表 1-3 工作环境

<table>
<tr><td rowspan="6">工作环境</td><td>物理环境</td><td>工作设施</td><td>该职位工作场所的设备、用品、设施</td></tr>
<tr><td rowspan="5">社会环境</td><td>工作空间</td><td>场所的照明、空气、温度以户外作业的时间比例</td></tr>
<tr><td>人际关系</td><td>人际氛围、同事间的关系</td></tr>
<tr><td>工作气氛</td><td>员工的工作积极性、主动性、配合度</td></tr>
<tr><td>学习氛围</td><td>员工的学习主动性、谋求再培训、再发展的积极性</td></tr>
<tr><td>上级的管理方式与风格</td><td>领导风格、管理方式及严格程度</td></tr>
</table>

3. 入职条件

入职条件主要包括：教育程度；资格、水平及经验；性格和能力要求等。

4. 工作报酬

表 1-4 所示为工作报酬内容。

表 1-4　工作报酬

类　型	组成方式	具体内容
货币报酬	工资	基本工资、计时工资、计件工资、职务工资
	奖金	超时奖、绩效奖、特殊贡献奖、职务奖、节约奖
	津贴	住房津贴
非货币报酬	生活福利	子女教育、物业减免等
	个人福利	养老金、住房、交通、工作午餐、人寿保险
	社会福利	医疗、失业保险、养老保险、生育保险
	有偿假期	培训、病假、事假、公休、节假日、旅游

非货币报酬包括乐趣、自信和成就感等。经济学中著名的“雷诺尔雪山效应”就是非货币报酬的典型。

注意：任何职位都不是完美的，不能满足你所有的需求，任何职位都会有令人不满意的地方。这里关键是你想要的是什么，要善于抓主要矛盾。同样的职业，对一个人来说是天堂的职业，对另一个人可能就是地狱，每个人的特点与价值观不同，因而同样的职业给不同人带来的感觉和体验是不一样的。

三、职业选择的模型

(一)简易的职业选择模型

在纸上画出这样的一个十字轴，分别写上人、事、具体、抽象四个形容词。

问问自己：

(1)希望自己未来(现在)的工作，更加倾向于与人打交道，还是尽量减少干扰，与具体的事物打交道？在竖轴上画出自己的大概倾向。

(2)希望自己未来的工作，更加具体一些，接触到一些具体的、实体存在的工作，还是一些更加抽象的、概念性的工作？

通过两次定位，大概能确定一些自己喜欢的职业范围。

比如：

选择人、具体，那么管理、销售、医生、教练就是很好的选择。

选择人、抽象，那么社会学、心理学、哲学等就更加适合。

选择工作和专业的时候，也要尽量避开对角线的选择。

比如：如果选择了人+具体，那么事物+抽象就会是比较差的一个区域，这样的人，应该尽量避免统计账目、硬件维修、数字运算、程序设计等类型的封闭性抽象工作。

☞【知识链接】

ABLE 职业选择模型——Ability+Benefit+Love+Efficient

1. Ability(核心竞争力)

古典初进新东方时面临两个选择：教授已有现成套路的 GRE 反义类比或自己独立开设一门课程。他知道选择前者马上可以拥有大量的生源，但他毅然做出了出人意料的决定：开设 GRE 词汇速记课程。第一年他仅上了八次课，第二年十六次，第三年二百多次，现在这门课已成为新东方的核心课程之一，在十五个分校有七十多个老师在教授。

“这辈子会的不要多，一两件就够了，关键是一定要培养自己的核心竞争力。”

2. Benefit(利益)

古典说，如果一个人愿意让母亲穿着粗糙布料的衣服清苦地过日子、愿意和恋人一起每天吃八块钱一份的盖饭，对镜子里的自己说，这就是我能给你最好的生活，那么，他才有资格对钱 say no，所以 benefit 是每个人必须考虑的问题。

姚明在广告中轻易说一句“新联通，新时尚”便得到了三千万的回报，这是因为他背后联结了十几亿中国人。你的价值不取决于你自己本身的价值，而取决于你连接的资源的价值。

只要找到生命中的利润点和连接点，在商业社会里，完全可以实现少劳多得。

3. Love(兴趣爱好)

有一次，在中央音乐学院为国际钢琴大师做翻译时，古典听到一位奥地利大师这样解释中国艺术界多天才却少大师的原因：“中国小孩从小疯狂地练习，五六岁在技能上就达到了巅峰的状态，但他们心中没有爱。”

“没有和小伙伴打闹的爱，没有看到小河潺潺流过时对自然的爱，没有和一个女孩爱得如痴如醉最终却分开的悔恨的爱，孩子们便慢慢失去了灵性。”古典说：“唯有爱，才可以让一个人在职业和人生的道路上走得更远。”

4. Efficient(效益)

“你们愿不愿意当凡·高、叔本华、苏格拉底，死后才让人们知道你很伟大?”同学们听到这个问题，露出了会心的微笑——一份能带给自己很高的收益并且自己很喜欢的工作不一定就是最好的工作。

“大家都知道，如果我们要去纽约，绝对不是从地心穿过去，而是从地表绕过去——两点之间最近的不是直线，而是阻力最小的那一条线。”效益的重要性在古老师的话里可见一斑。

“也许你在生命中错失了太多次正确的选择，但总有一个机会让你的生命变得很不一样。有多少时候我们看着 impossible 这个单词，却忘了它是由 possible 构成的?”庄子的《逍遥游》载：“北溟有鱼其名为鲲”“扶摇直上三千里”……古老师说，这是一种特别可爱的鱼，天天想飞，于是从不倦怠地用尾巴卷动海水。麻雀告诉它，起飞没必要麻烦地借助外力，然后轻松地飞走了，然而，经过漫长而艰辛的酝酿，鲲最终化身为鹏展翅高飞。

“我们的生命中有很多麻雀，让我们不要追求不切实际的目标，这些劝告或恶意、或善意，有的来自别人，最可怕的是来自你自己。请你坚信，每一个想成为鹏的鲲都可以飞起来；也请你坚信，在成功的那一天，你飞行的高度和远度是这些麻雀永远无法企及的；请你相信，如果多付出一点，impossible 会变为 I'm possible。”

(二)根据自己内在的需求选定职业

如果能善加利用自己的欲望，包括完成工作的欲望和达成目标的欲望，或者两者兼备的欲望——就相当于拥有了驱动引擎的燃料。当然，这并不是无法中断的引擎——没有什么事情是不能被中断的，也没有任何目的地是你想去就一定能去的。

一个人花在影响自己未来命运的工作选择上的精力，竟比花在购买一件穿了一年就会扔掉的衣服上的心思要少得多，这是一件多么奇怪的事情，尤其是当他未来的幸福和富足全部依赖于这份工作时。

(三)有效职业选择区

我们找工作时要同时考虑我们的能力(can do)、兴趣(enjoy doing)、环境(will do)的需求。这三者重合的区域才是我们的“有效职业选择区”，如图 1-4 所示。

图 1-4　有效职业选择区

不少同学只是依据自己的兴趣找工作，“我喜欢”成为其唯一的理由。兴趣虽然是我们动力和快乐的来源，但是工作不是体现兴趣的唯一的途径。工作和兴趣并不一定百分百吻合，要考虑个人兴趣是不是与社会需求一致。如果环境没有这方面的需求或自己没有这方面的能力，就只能作为业余爱好，不能作为职业。职业是要能给自己带来收入，能使自己生存发展的。

根据图 1-4 我们也看到当能力扩大时，选择面就会扩大。从这个意义上来说：找工作其实就是能力战。只要我们提升自身的能力水平，我们会发现有很多好的工作在向我们招手。

（四）求助于相关专业人士

年龄、阅历、教育等各方面的因素导致人们的见识面是不一样的。我们经常所说的"会的不难、难的不会"，就是这个道理。某件事对于有些人来说太难了，是不可逾越的，但对另一些人来说很简单。这里面当然有能力的差别，但更多的是经验见识。原来我国企业为什么愿意用"海归"，最主要的原因在于这些人在海外会获得很多先进经营方面的见识，这对于迅速提高企业的经营效率或开发新的商机会有很大的帮助（现在小企业喜欢有大企业工作经历的求职者也是同样的道理）。比如经营一家超市，对于一个没有任何经验的人来说是很难的，往往还没琢磨透，就被竞争对手给搞垮了，但对于一个在家乐福超市有几年店长经验的人来说，经营超市就容易上手，短时间内就会有所成就。这两人的差距并不在能力上，而是在经营见识的水平上。

我们的进步建立在前人的基础上，如果什么都从头来，那么一定很难得到发展，创新是很难的事情。认识局限如图 1-5 所示。

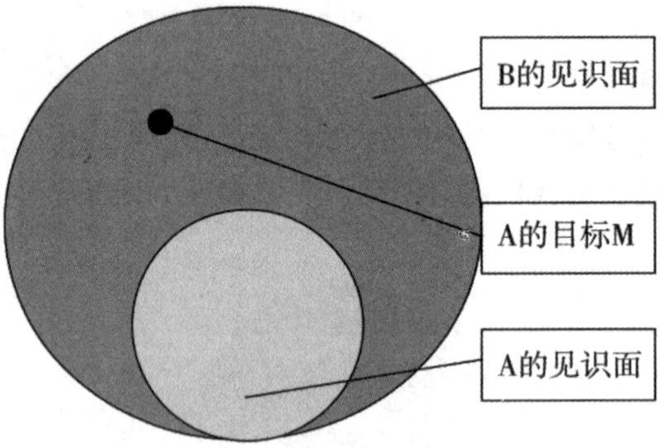

图 1-5　认识局限图

如果 A 的目标在 M 点上，由于受到认知局限，他会认为不可能达到也不知道如何实现。但是如果 B 的目标是 M 点，他会怎么认为？B 会认为太简单了，并很快就能设计出达到 M 点的路径，甚至是多条，从中选择最短的那条。

就像我们在黑夜里走在一个陌生的地方，我们拿着一盏灯，在灯光照到的地方我们能看到，灯光之外对我们来说漆黑一片，路况什么的我们都是不知道的，目的地在那片漆黑中，对于能不能达到那里以及如何到达那里，是未知的。

从这个角度来说，当我们受到见识局限时，对职业选择感到迷茫，这时找到相关经验丰富的专业人士给我们提供建议，多听听他们的观点，不失为一条捷径，而且成功率也是比较高的。因为职业选择就是要参考自身内部因素与环境外部因素。大学生对外部环境的了解是有限的，且提高见识往往要花费很多的时间和试错成本。

（五）5-3-1 职业定位法

☞**案例一：**

小新是一名大二的学生，除了社团活动和两个亲戚推荐的"实习"，毫无职场经验。他在择业的时候遇到了大麻烦：一切想法皆基于假想，“我觉得我适合做营销，因为我有不少好的想法”，“做销售钱多可是我担心自己不能八面玲珑”……

为此，给小新提供了一个职业定位法，尝试5个不同的工作，对比之后选择其中3个进行深度实践。然后根据结果，敲定1个作为自己的最终职业定位。小新的5个初始方向如下：

(1)研发类。和同学一起创办了一个校园内部的电子商务网站，坚持了一个月，流产。

(2)销售类。和同学一起推销网游的点卡，两周后放弃。

(3)市场类。承接了一个留学公司的校园宣讲，300元预算，承诺至少召来100人，结果只来了39个(还有9个是自己的朋友)。

(4)银行理财类。推销信用卡，给人家讲解部分理财产品。

(5)技术服务类。给自己的一个朋友的淘宝网店提供技术支持，设计一些图画，上传一些链接文件等。

两个月之后，小新确定了自己的3个深度实践方向：

(1)研发类。重建网站。

(2)银行理财类。推销理财产品。

(3)技术服务类。继续给朋友的淘宝网店提供技术支持，并协助他开京东店铺。

又过了两个月，小新决定了一个自己的职业：研发。

小新的案例告诉我们，只要有了亲身体验，确定职业目标就变得较为容易。

然而，大学生、刚就职的职场新人，往往没有任何企业的工作经验作为参照物，一切想法来自想象，所以有的决定很可能是错误的。

所以，如果你真的毫无工作经验可以参考，可以尝试上述5-3-1职业定位法。

(六)择业终结法

择业终结法：你比别人强的突出优势，就是你应该做的事。

☞案例二：

体育学硕士王萌，是资质不错的优秀大学生，但是眼前有数不清的各种更高、更快、更强的人，她不敢说自己比别人更强。由于王萌英语很好，被招聘到教育机构做英语老师。敬业热情的她依然优秀，迅速获得了优秀教师的荣誉。然而，眼前有各种更幽默、更学术、更会讲冷笑话的同事，她不敢说自己比别人强一点。直到有一天，她利用自己的调酒特长创办了June Mewing the Best国际调酒师课程，她才真正可以扬眉吐气地说：“在英语国际调酒师培训这个领域，我绝对比别人强一点，甚至两点三点！”正因如此，王萌的调酒课受到诸多留学生和白领商务人士的青睐。

那么，你比别人到底强在“哪一点”？

如果你比别人更擅长学习，做科研学者也许比做公务员更适合你。

如果你学的是理工科，也是学生会核心成员，你在“技术与管理结合”这一点上就比别人“强一点”，那么，你应该到本行的公司里面做管理培训生、技术管理，或者销售营销管理工作。

如果你比同学更能精心研究技术，那么，技术岗位以及未来的技术管理岗位应该成为你的选择。

如果你比多数人更有条理、更有数字感，那么，你做财务肯定比较强。

如果你觉得自己没啥优点，但似乎比别人强的一定就是人缘特好、朋友比别人多，你也许能成为一个不错的销售人员。

(七)规范的职业选择模型——因素删除法

"因素删除法"又称为"按属性排除法则"，是指借由删除若干次要的考虑因素(选择属性)，而达到快速决定的职业生涯选择方法，是一种典型的、规范性、理性的职业选择模型。此法最适合的情况，是当事人受困于志愿太多的选择。

具体步骤如下：

步骤1：定义问题。

明确界定做决定的目标，以及确定有哪些选项。

例如，选择一个职业(选项是建筑师、程序设计师、计算机教师)。

步骤2：确定相关的选择因素。

由于认知与信息的限制，一个人在做决定的时候不可能考虑到所有的因素。当事人必须确定有哪些选择因素是必须集中注意力思考的。这是最重要的一个步骤，因为最后的决定取决于这些选择因素。

例如，收入、升迁的可能性、安全性、是否沿海、兴趣、能力、兼顾家庭等。

步骤3：排定选择因素的重要性。

各种选择之所以相互牵制或牵引，关键在于选择因素之间相互产生纠葛。因此理清个因素的重要性，才可能据以衡量选择因素在各选项的轻重。

例如，将上面所提到的因素按照重要程度进行排序。

(1)兴趣；

(2)能力；

(3)收入；

(4)升迁的可能；

(5)兼顾家庭生活；

(6)沿海；

(7)安全性。

步骤4：确定选择因素的"最佳标准"和"接受标准"。

当事人确定每个选择因素的最佳标准与接收标准，所谓"最佳标准"就是理想的标准；"接收标准"是妥协的标准(虽不满意但可以接受)。

例如，你希望月薪5000元，能否有妥协的价码？4000可以吗？

步骤5：根据喜好删除不佳的选项。

按照选择因素盘里的优先级，逐一评估各个职业选项。选择因素被评估为不具有最佳标准与接受标准者，即可在评估表上除名。最后留在评估表上的选项在7个以下即可，如

表1-5所示。

表1-5　职业选择因素

考虑因素	职业选项				
	软件销售	计算机销售	系统设计师	计算机教师	程序设计师
收入	×	○	○	×	○
升迁	○	※	○		×
兴趣	×	○	○	×	○
安全		○	○		
沿海		○	※		※

注：○=保留，符合标准；×=删除，不符合标准；※=再搜索资料。

步骤6：检查与再确认。

在删除不适合的选项后，为求慎重起见宜再回头确认，检查删去的选项。详细步骤如下：

(1)回到先去的步骤，看看当事人是否有充分的理由与信息割舍列出的选项。虽然在某些标准下被割舍，其他吸引当事人的理由是否仍然存在？

(2)复述删除该选项的主要理由。

(3)检查勉强被删除的选项。

(4)如果有些选项因素太过于苛刻，是否能降低门槛。

步骤7：搜索更多的资料。

在慎重地确认删掉的选项后，下一步工作是对保留下来的选项收集更多、更详细的信息，以做进一步的比较。

例如，现在这些职业选项是最后进入“决赛”、最有可能被圈选的。所以，我们需要更多的信息来做最后的决定。到图书馆查一下职业分类大典或有关单位出版的职业简介。如果有亲戚朋友从事这些工作，最好直接和他们谈谈。

步骤8：环顾全局决定选项。

当事人在这一个阶段可以将所有选项的优缺点详细列出，从中排列出选项的最后决定顺序。

模块2：职业发展理论

一、职业生涯彩虹图与职业生涯发展

著名职业生涯规划大师舒伯把角色概念纳入发展阶段理论，引入生命跨度(Life-Span)、生命空间(Life-Space)概念，提出生涯彩虹图(Life-Career Rainbow)理论，展示了

不同发展阶段各种角色的相互作用以及角色的继承与更迭。如图 1-6 所示。

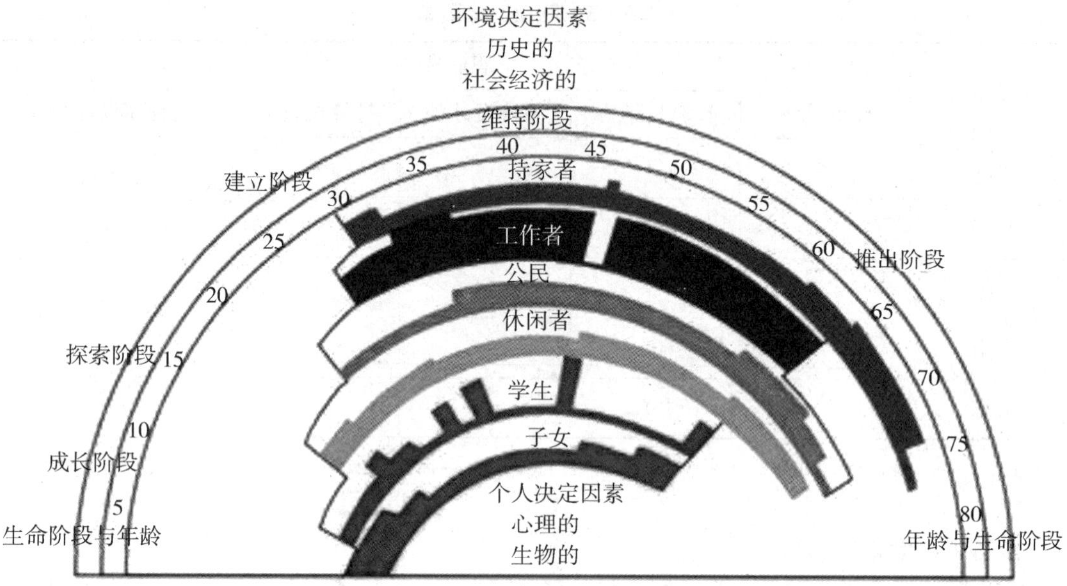

图 1-6 舒伯的生涯彩虹图

二、影响职业生涯发展的因素

职业生涯将贯穿人的一生，个人或处于职业准备阶段、或处于职业选择阶段、或处于职业工作阶段、或处于职业结束阶段。在不同的阶段，每个人的职业生涯受各种不同因素的影响会产生各种截然不同的结果。

(1)个人因素。个人因素在人的职业生涯中起着基础作用，决定着人生的发展方向和前景。它包含健康、性别、年龄、教育、自我价值观等要素。

(2)社会因素。社会因素对每个人的职业生涯和发展都有重大的影响。通过对社会大环境的分析，了解所在国家或地区的经济、法制建设发展方向，寻求各种发展机会。

(3)环境因素。环境对个人的职业影响有着直接或间接的影响，它左右着人所从事的行业，改变着人生的发展轨迹。而环境又有着地理环境、行业环境、企业内部环境之分。

三、职业生涯发展的五个阶段

职业生涯不仅仅是职业活动，而且包括与职业有关的行为和态度等内容，其发展是一个呈现阶段性特征的过程。舒伯把人的职业发展过程分为五个阶段：

(1)成长阶段(出生至 14 岁)，是一个以幻想、兴趣为中心，对自己所理解的职业进行选择与评价。

(2)探索阶段(15~24 岁)，逐步对自身的兴趣、能力以及对职业的社会价值、就业机会进行考虑，开始进入劳动力市场或开始从事某种职业。

(3)确立阶段(24~44岁)，这一阶段是大多数人工作周期中的核心部分。这一阶段包括了三个子阶段：尝试子阶段(25~30岁)、稳定子阶段(30~40岁)、职业中期危机阶段(在30多岁和40多岁之间的某个时段上)。

(4)维持阶段(45~64岁)，劳动者在工作中已经取得了一定的成绩，维持现状，提升自己的社会地位。

(5)衰退阶段(65岁以后)，职业生涯接近尾声或退出工作领域。

处在不同职业发展阶段的人，应考虑不同的事情。例如，在探索阶段，可以多做些探索尝试，在工作中摸索出本人的职业取向、职业锚、职业兴趣等，逐步找到最适合自己的职业。而40岁以上的人，就不应该做过多的尝试，而是应该认真分析清楚本人的职业锚、职业取向，选择本人有优势的职业做长远的打算。这里的年龄阶段划分还应该针对不同的职业加以区分，例如，作为职业足球运动员，30岁或许该退役了；而作为教授，30岁差不多是起步阶段。可以看到，目前在校大学生一般处在第二阶段——探索阶段。

☞【知识链接】

有人曾做过一项调查：当你拥有一笔不必工作也能维持生计的财产时，你会不会脱离职业人的行列？结果发现，竟然有80%的人表示仍然愿意继续工作。理由如下：

· 工作是一种乐趣；
· 希望自己的内心保持充实；
· 以此维持自己的健康；
· 通过工作可以促进人际交往；
· 保持自尊心；
· 在工作中能不断提升自己。

模块3：职业生涯决策理论

一、职业生涯决策的概念

职业生涯决策是个人根据各种条件，并经过一系列活动以后，进行的目标决定，以及为实现目标而制定优选的个人行动方案。职业决策是一个复杂的认知过程，通过此过程，决策者组织有关自我和职业环境的信息，仔细考虑各种可供选择的职业前景，做出职业行为的公开承诺。从这个概念我们可以看出：职业决策是一个过程，而不单单是一种结果。

二、职业决策风格的类型

美国职业生涯专家斯科特(Scott)和布鲁斯(Bruce)于1995年提出：决策风格是在后天的学习经验中逐渐形成的，将决策风格划分为五种类型：理智型、直觉型、依赖型、回避型和自发型。

（一）理智型

理智型以周全的探求和对选择的逻辑性评估为特征。理智型的决策者具备深思熟虑、分析逻辑性强的特性。这类决策者会评估决策的长期效用并以事实为基础做出决策。理智型决策风格是比较受到推崇的决策方式，强调综合全面地收集信息、理智的思考和冷静的分析判断，是其他决策风格的个体需要培养的一种良好的思考习惯。但理智型的决策风格也并不是最理想的、完美的决策方式，即使采用系统的、逻辑的方式，也会出现因为害怕承担决策的后果而不能整合自己和重要他人观点的困扰。

（二）直觉型

直觉型以依赖直觉和感觉为特征，比较关注内心的感受。直觉型的决策风格以自我判断为导向，在信息有限时能够快速做出决策。当发现错误时能迅速改变决策。由于以个人直觉而不是理性分析为基础，这类决策发生错误的可能性较大，因此，易造成决策的不确定性，容易丧失直觉型决策者的信心。

（三）依赖型

依赖型以寻求他人的指导和建议为特征。依赖型的决策者往往不能够承担自己做决策的责任，允许他人参与决策并共同分享决策成果，会受到他人的正面评价，但也可能因为简单地模仿他人的行为导致负面的反应。依赖型的决策者需要理解生活中重要他人对自己的影响程度。

（四）回避型

回避型以试图回避做出决策为特征。回避型的决策风格是一种拖延、不果断的方式。面对决策问题会产生焦虑的决策者，往往因为害怕做出错误决策而采取这样的反应。决策者由于不能承担做决策的责任，不考虑未来的方向，不去做准备，不知道自己的目标，也不思考，更不寻求帮助，因此更容易受到学校等支持系统的忽略。所以，这些学生需要意识到自身的决策风格及其可能造成的危害，努力调整，增强职业生涯规划的意识和动机，才能从根本上得到帮助。

（五）自发型

自发型以渴望即刻、尽快完成决策为特征。自发型的个体往往不能够容忍决策的不确定性以及由此带来的焦虑情绪，是一种具有强烈即时性，并对快速做决策的过程有兴趣的决策风格。自发型决策者常会基于一时的冲动，在缺乏深思熟虑的情况下做出决策，此类决策者通常会给人果断或过于冲动的感觉。

三、制定职业决策的注意事项

（一）制定职业决策需要结合自己的性格、特长和兴趣

职业生涯能够成功发展的核心，就在于所从事的工作要求正是自己所擅长的。如果一个人性格内向、不善与人沟通，没有很好的交际意识，那么这个人就很难成为一名成功的管理人员。制定职业规划一定要认真分析自己的优缺点。

从事一项自己擅长的喜欢的工作，工作会很愉快，也容易脱颖而出。这正是成功的职业规划核心所在。

(二)要考虑到实际情况，并具有可执行性

很多人刚开始时雄心壮志，一心想着出人头地。但是实际工作，有时确实会存在一定跨越，但是更多的时候却是一种积累的过程——资历的积累、经验的积累、知识的积累，所以职业规划不能太过好高骛远，而要根据自己实际情况和社会情况，一步一个脚印，层层晋升，最终方能成就梦想。

(三)职业决策必须有可持续发展性

职业决策不能够制订一个阶段性的目标，应该是一连串的可以贯穿自己整个职业发展生涯的远景展望。如果职业决策定的过短浅，后面又没有后续职业决策点支撑，肯定会使人丧失奋斗的热情，且不利于自己长远发展。

四、做好职业决策的工具和方法

(一)平衡单

“决策平衡单”(Decision-making Balance Sheet)经常被应用于问题解决模式和职业咨询中，用以协助咨询者有系统地分析每一个可能的选项，判断分别执行各选项的利弊得失，然后依据其在利弊得失上的加权计分，排定各个选项的优先顺序，以执行最优先或偏好的选项。

1. 主体框架

(1)自我物质方面的得失(Utilitarian Gains or Losses for Self)。

(2)他人物质方面的得失(Utilitarian Gains or Losses for Significant Others)。

(3)自我赞许与否(Self-approval or Disapproval)。

(4)社会赞许与否(Social Approval or Disapproval)。

实际应用时，由于认为“自我赞许与否”和“社会赞许与否”仍显得笼统，所以台湾生涯辅导专家金树人将最后的两项改为“自我精神方面的得失”与“他人精神方面的得失”，就是从“自我—他人”以及“物质—精神”所构成的四个范围来考虑。

平衡单的设计，是用来协助决策者作出好的重大决定。它可以帮助决策者具体地分析每一个可能的选择方案，考虑各种方案实施后的利弊得失，最后排定优先顺序，择一而行。

2. 步骤

(1)列出可能的职业选项：咨询者首先需在平衡单中列出有待深入评量的潜在职业选项3~5个。

(2)判断各个职业选项的利弊得失：平衡单中提供咨询者思考的重要得失，集中于四个方面，分别是：自我物质方面的得失、他人物质方面的得失、自我赞许(精神方面)的得失、他人赞许(精神方面)的得失。咨询者可依据重要的得失方面，逐一检视各个职业选项，并以“+5”至“-5”的十一点量表(+5，+4，+3，+2，+1，0，-1，-2，-3，-4，-5)，来衡量各个职业选项。

(3)各项考虑因素的加权计分：咨询者在各个方面的利弊得失之间，会因身处于不同情境而有不同的考量。因此，在详细列出各项考虑层面之后，须再进行加权计分。即对当

时个人而言，重要的考虑因素可乘以 1~5 倍的分数(×5)，依次递减。

(4)计算出各个职业选项的得分：咨询者须逐一计算各个职业选项在“得”(正分)与“失”(负分)的加权计分与累加结果，并计算各个生涯选项的总分。

(5)排定各个职业选项的优先顺序：依据各职业选项在总分上的高低，排定优先次序。职业选项的优先次序即可作为咨询者职业生涯决策的依据。

(二)决策树法

决策树法利用了概率论的原理，并且利用一种树形图作为分析工具。其基本原理是用决策点代表决策问题，用方案分枝代表可供选择的方案，用概率分枝代表方案可能出现的各种结果，经过对各种方案在各种结果条件下损益值的计算比较，为决策者提供决策依据。

决策树分析法是常用的风险分析决策方法。该方法是一种用树形图来描述各方案在未来收益的计算。通过比较和选择，其决策是以期望值为标准的。人们对未来可能会遇到好几种不同的情况，每种情况均有出现的可能，人们无法确知，但是可以根据以前的资料来推断各种自然状态出现的概率。在这样的条件下，人们计算的各种方案在未来的经济效果只能是考虑到各种自然状态出现的概率的期望值，与未来的实际收益不会完全相等。

如果一个决策树只在树的根部有一个决策点，则称为单级决策；若一个决策不仅在树的根部有决策点，而且在树的中间也有决策点，则称为多级决策。

决策树法对于职业犹豫者在做职业决策时提供了有效的帮助，如图 1-7 所示。

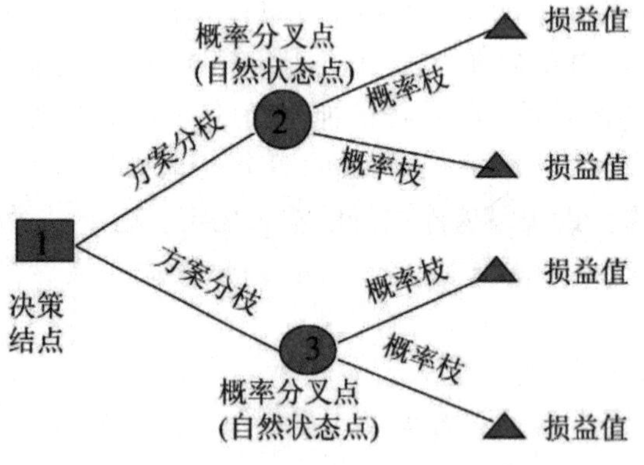

图 1-7　决策树状法

☞【职业测评】

1. 我接触了哪些该行业该职业的前辈，分享了哪些内部消息？
2. 我对该行业该职业进行了“婚前试婚”行为。
3. 列举你选择职业考虑的因素，并加以排序。

单元三　明确意义

☞【导入案例】

分段实现大目标

1984年，在东京国际马拉松邀请赛中，名不见经传的日本选手山田本一出人意料地夺得了世界冠军。当记者问他凭什么取得如此惊人的成绩时，他说了这么一句话：凭智慧战胜对手。当时许多人都认为这个偶然跑到前面的矮个子选手是故弄玄虚。马拉松赛是体力和耐力的运动，只要身体素质好又有耐性，就有望夺冠，爆发力和速度还在其次，说用智慧取胜确实有点勉强。两年后，意大利国际马拉松邀请赛在米兰举行，山田本一代表日本参加比赛。这一次，他又获得了世界冠军。记者请他谈谈经验时，山田本一回答的仍是上次那句话：用智慧战胜对手。这回记者在报纸上没再挖苦他，但对他所谓的"智慧"迷惑不解。

10年后，这个谜终于被解开了。他在自传中写到每次比赛之前，都要乘车把比赛的线路仔细看一遍，并把沿途比较醒目的标志画下来，比如第一个标志是银行，第二个标志是棵大树，第三个标志是一座红房子……这样一直画到赛程的终点。比赛开始后，就奋力地向第一个目标冲去，等到达第一个目标后，又以同样的速度向第二个目标冲去……从而被一次又一次阶段性的成功喜悦激励着，40多公里的赛程，就被分解成这么几个小目标轻松跑完了，这就是目标分解的作用。起初，他并不懂其中的道理，把目标定在40多公里外终点线的那面旗帜上，结果跑了十几公里时就疲惫不堪了，被前面那段遥远的路程给吓倒了。

在现实中，我们做事之所以会半途而废，其中的原因，往往不是因为难度较大，而是觉得成功离我们较远。确切地说，我们不是因为失败而放弃，而是因为倦怠而失败。如果大学生在职业生涯规划中，具有一点山田本一的智慧，职业目标应该就会更容易实现了。

模块1：强化职业生涯意识

大学是人生最富有青春活力的阶段，也是人生最容易留下遗憾的阶段。当代大学生在经过十几年的艰苦学习之后，终于走向了"自我管理"的新生活。进入大学以后，生活、学习、娱乐、交友几乎完全由自己掌握，许多刚踏入大学校门的新生往往没有真正了解大学的地位和作用，缺乏独立生活和自我管理能力，更谈不上进行职业生涯规划，以致在毕业之时回首大学生活，都发出"等到明白大学应该怎样度过时，大学已向我们挥手而去"的感叹。

一、认识职业生涯规划的重要意义

大学生首先要认识到生涯规划的重要意义，职业生涯活动将伴随我们的大半生，拥有成功的职业生涯才能实现完美人生。因此，职业生涯规划具有特别重要的意义。

(一)职业生涯规划可以发掘自我潜能，增强个人实力

一份行之有效的职业生涯规划将会：(1)引导你正确认识自身的个性特质、现有与潜在的资源优势，帮助你重新对自己的价值进行定位并使其持续增值；(2)引导你对自己的综合优势与劣势进行对比分析；(3)使你树立明确的职业发展目标与职业理想；(4)引导你评估个人目标与现实之间的差距；(5)引导你前瞻与实际相结合的职业定位，搜索或发现新的或有潜力的职业机会；(6)使你学会如何运用科学的方法采取可行的步骤与措施，不断增强你的职业竞争力，实现自己的职业目标与理想。

(二)职业生涯规划可以增强发展的目的性与计划性，提升成功的机会

生涯发展要有计划、有目的，不可盲目地“撞大运”，很多时候我们的职业生涯受挫就是由于生涯规划没有做好。好的计划是成功的开始，凡事“预则立，不预则废”就是这个道理。

(三)职业生涯规划可以提升应对竞争的能力

当今社会处在变革的时代，到处充满着激烈的竞争。物竞天择，适者生存。职业活动的竞争非常突出，要想在这场激烈的竞争中脱颖而出并保持立于不败之地，必须设计好自己的职业生涯规划。这样才能做到心中有数，不打无准备之仗。而不少应届大学毕业生不是首先坐下来做好自己的职业生涯规划，而是拿着简历与求职书到处乱跑，总想会撞到好运气找到好工作。结果是浪费了大量的时间、精力与资金，到头来感叹招聘单位“有眼无珠”，不能“慧眼识英雄”，叹息自己“英雄无用武之地”。这部分大学毕业生没有充分认识到职业生涯规划的意义与重要性，认为找到理想的工作靠的是学识、业绩、耐心、关系、口才等条件，认为职业生涯规划纯属纸上谈兵，简直是耽误时间。这是一种错误的理念，实际上未雨绸缪，先做好职业生涯规划，磨刀不误砍柴工，有了清晰的认识与明确的目标之后再把求职活动付诸实践，这样的效果要好得多，也更经济、更科学。

由于每个人的职业兴趣、价值观以及个性、语言能力、动手能力和社交能力、组织管理能力等都有所不同，因此要从这些方面进行系统的分析，得出综合的结论，并对个人提出适合的职业类别、工作环境和单位类别等建议，帮助个人进行职业生涯规划。进行职业生涯规划能够使大学生更好地了解自身的优势及缺陷，使自己有针对性地学习、提高，是大学生成功就业或创业，实现自身价值的重要手段。

(四)职业生涯规划是大学生涯规划的核心内容

大学生涯是指个人完成大学生活学习的整个时期，这是人生发展的重要阶段。3~7年的大学生活往往为个人今后乃至一生的发展奠定坚实的基础。在大学选择某一专业进行学习，是为今后的发展做职业准备，因此大学生涯可称为职业准备阶段或职业准备期。职业生涯发展的起步阶段，是决定能否赢在起点的重要阶段。

二、树立职业生涯规划意识，科学规划大学生活

大学是人生的关键阶段。这是因为进入大学使你终于放下高考的重担，第一次开始追逐自己的理想、兴趣；你离开家庭生活，第一次独立参与团体和社会生活；你不再单纯地学习或背诵书本上的理论知识，第一次有机会在学习理论的同时亲身实践；你第一次不再由父母安排生活和学习中的一切，而是有足够的自由处置生活和学习中遇到的各类问题，支配属于自己的时间。

大学是人生的关键阶段。这是因为，这是你一生中最后一次有机会系统性地接受教育；是你最后一次能够全心建立你的知识基础；可能是你最后一次可以将大段时间用于学习的人生阶段；也可能是最后一次可以拥有较高的可塑性、集中精力充实自我的成长历程；也许是你最后一次能在相对宽容的、可以置身其中学习为人处世之道的理想环境。

大学是人生的关键阶段。在这个阶段里，所有大学生都应当认真把握每一个“第一次”，让它们成为未来人生道路的基石；在这个阶段里，所有大学生也要珍惜每一个“最后一次”，不要让自己在不远的将来追悔莫及。在大学四年里，大家应该努力为自己编织生活梦想，明确奋斗方向，奠定事业基础。

三、树立正确的求职心态

严峻的就业形势同时也是难得的人才发展、培养、成长的机遇。当机遇与挑战并存的时候，大学生唯有通过自身的努力才能获得自身发展并实现自我价值的机会。

(一)转变就业观念，树立正确的择业观

“供需矛盾”决定着毕业生就业职位的分布与就业层次、薪酬水平等状况，每年新增劳动力和需要就业的人数远远高于新增职位数。在这种情况下，大学毕业生必须树立大众化的就业观念。就业目标要实事求是，结合自身的综合实力和专业特色制定一个适中的就业目标显得尤为重要。要打破传统意义上的“就业即终生职业”与“一锤定终生”的择业观和就业观。

(二)完善自我，塑造自身生存本能

要改变错误、狭窄的自我认知与社会认知，要求大学生加强自我理解与分析，以平常心面对，以保持冷静的思维来进行生活中所谓重大的抉择。要持有良好心境，排除不满、嫉妒、焦虑、恐惧等心态对正常思维、决策的干扰，跳出从众、攀比等社会心理陷阱，要继续保持大学时代学习的好习惯、好态度，不断加强学习，不断充实自己，不断提高自己各方面的能力。

(三)认知自己，树立正确的求职心态

面对即将走出校门一脸茫然的毕业生，学校也会积极帮助毕业生们树立正确的求职心态，以帮助毕业生顺利就业。开展大学生择业的心理指导和咨询活动，帮助大学生客观认识自己，做到正视现实，敢于竞争，不怕挫折，放眼未来。进行就业教育和择业指导，开

展创业教育，增强其创业、竞争、挑战意识。开发大学生创造性思维，提高综合素质和实践能力，积极参与社会竞争。

模块2：促进职业生涯发展

职业生涯规划应充分考虑人、环境、职业与成功的事业生涯之间的关系。那么如何规划职业生涯的呢？下面为规划职业生涯应考虑的具体的因素和步骤。

一、确定志向

志向是事业成功的基本前提，没有志向，事业的成功也就无从谈起。俗话说："志不立，天下无可成之事。"立志是人生的起跑点，反映着一个人的理想、胸怀、情趣和价值观，影响着一个人的奋斗目标及成就理想。所以，在制定生涯规划时，首先要确立志向，这是制定职业生涯规划的关键，也是你的职业生涯确立的目标。

二、自我评估

自我评估的目的是认识自己、了解自己。因为只有认识了自己，才能对自己的职业做出正确的选择，才能选定适合自己发展的职业生涯路线，才能对自己的职业生涯目标做出最佳抉择。自我评估包括自己的兴趣、特长、性格、常识、技能、智商、情商、思维方式、思维方法、道德水准以及社会中的自我等。

三、职业生涯机会的评估

职业生涯机会的评估，主要是评估各种环境因素对自己职业生涯发展的影响，每一个人都处在一定的环境之中，离开了这个环境，便无法生存与成长。所以，在制定个人的职业生涯规划时，要分析环境条件的特点、环境的发展变化情况、自己与环境的关系、自己在这个环境中的地位、环境对自己提出的要求以及环境对自己有利的条件与不利的条件等。只有对这些环境因素充分了解，才能做到在复杂的环境中避害趋利，使得职业生涯规划具有实际意义。环境因素评估主要包括：①组织环境；②政治环境；③社会环境；④经济环境。

四、职业的选择

职业选择正确与否，直接关系到人生事业的成功与失败。据统计，在选错职业的人当中，有80%的人在事业上是失败者。正如人们所说的"女怕嫁错郎，男怕入错行"。由此可见，职业选择对人生事业发展是何等重要。

如何才能选择正确的职业呢？至少应考虑以下几点：

(1)性格与职业的匹配。

(2)兴趣与职业的匹配。

(3)特长与职业的匹配。

(4)内外环境与职业相适应。

五、职业生涯路线的选择

在职业确定后，向哪一条路线发展，此时要做出选择。是向行政管理路线发展，还是向专业技术路线发展；是先走技术路线，再转向行政管理路线……由于发展路线不同，对职业发展的要求也不相同。因此，在职业生涯规划中，须做出抉择，以便使自己的学习、工作以及各种行动措施沿着职业生涯路线或预定的方向前进。

通常职业生涯路线的选择须考虑以下三个问题：

(1)想往哪一条路线发展？

(2)能往哪一条路线发展？

(3)可以往哪一条路线发展？

对以上三个问题进行综合分析，以此确定自己的最佳职业生涯路线。

六、设定职业生涯目标

职业生涯目标的设定，是职业生涯规划的核心。一个人事业的成败，很大程度上取决于有无正确适当的目标。没有目标如同驶入大海的孤舟，四野茫茫，没有方向，不知道自己走向何方。只有树立了目标，才能明确奋斗方向，犹如海洋中的灯塔，引导自己避开险礁暗石，走向成功。目标的设定，是在继职业选择、职业生涯路线选择后，对人生目标做出的抉择。其抉择是以自己的最佳才能、最优性格、最感兴趣、最有利的环境等信息为依据。通常目标分短期目标、中期目标、长期目标和人生目标。短期目标一般为1~2年，短期目标又分日目标、周目标、月目标、年目标。

七、制订行动计划与措施

在确定了职业生涯目标后，行动便成了关键环节。没有达到目标的行动，目标就难以实现，也就谈不上事业的成功。这里所指的行动，是指落实目标的具体措施，主要包括工作、训练、教育、轮岗等方面的措施。例如：为达到目标，在工作方面计划采取什么措施来提高工作效率；在业务素质方面计划学习哪些知识、掌握哪些技能，来提高业务能力；在潜能开发方面采取什么措施来开发潜能等，都要有具体的计划与明确的措施。这些计划要具体，以便于定时检查。

八、评估与回馈

俗话说："计划赶不上变化。"影响职业生涯规划的因素诸多。有的变化因素是可以预测的，而有的变化因素难以预测。在未知状况下，要使职业生涯规划行之有效，就须不断地对职业生涯规划进行评估与修订。其修订的内容包括职业的重新选择、职业生涯路线、人生目标的修正、实施措施与计划的变更等。

模块3：成功实现职业目标

一、规划职业生涯

许多职业咨询机构和心理学专家进行职业咨询和职业规划时常常采用的一种方法就是有关5个“W”思考的模式。从问自己是谁开始，然后顺着问下去，共有5个问题：

(1)Who are you？你是谁？

(2)What you want？你想干什么？

(3)What can you do？你能干什么？

(4)What can support you？环境支持或允许你干什么？

(5)What you can be in the end？最终的职业目标是什么？

回答这五个问题，找到它们的最高共同点，形成自己的职业生涯规划。

第一个问题“你是谁？”应该对自己进行一次深刻的反思，有一个比较清醒地认识，优点和缺点都应该一一列出来。

第二个问题“你想干什么？”是对自己职业发展的一个心理趋向的检查。每个人在不同阶段的兴趣和目标并不完全一致，有时甚至是完全对立的。但随着年龄和经历的增长而逐渐固定，并最终锁定自己的终身理想。

第三个问题“你能干什么？”则是对自己能力与潜力的全面总结，一个人职业的定位归根结底在于他的能力，而他职业发展空间的大小则取决于自己的潜力。对于一个人潜力的了解应该从几个方面着手去认识，如对事的兴趣、做事的韧力、临事的判断力以及知识结构是否全面、是否及时更新等。

第四个问题“环境支持或允许你干什么？”这种环境支持在客观方面包括本地的各种状态比如经济发展、人事政策、企业制度、职业空间等；人为主观方面包括同事关系、领导态度、亲戚关系等，两方面的因素应该综合起来看。有时我们在职业选择时常常忽视主观方面的东西，没有将一切有利于自己发展的因素调动起来，从而影响了自己的职业切入点。而在国外通过同事、熟人的引进找到工作是常用和容易的。当然我们应该知道这和一些不正常的“走后门”等有着本质的区别。这种区别就是这里的环境支持是建立在自己的能力之上的。

明晰了前面四个问题，就会从各个问题中找到对实现有关职业目标有利和不利的条件，列出不利条件最少的、自己想做而且又能够做的职业目标，那么第五个问题有关“最终的职业目标是什么？”自然就有了一个清楚明了的框架。最后，将自我职业生涯计划列出来，建立形成个人发展计划书档案，通过系统的学习、培训，实现就业理想目标：选择一个什么样的单位，预测自我在单位内的职务提升步骤，个人如何从低到高逐级而上。例如，从技术员做起，在此基础上努力熟悉业务领域、提高能力，最终达到技术工程师的理想生涯目标；预测工作范围的变化情况，不同工作对自己的要求及应对措施；预测可能出现的竞争，如何相处与应对，分析自我提高的可靠途径；如果发展过程中出现偏差，如果工作不适应或被解聘，如何改变职业方向。

二、调整职业发展目标与计划

职场上常说，计划赶不上变化。对于自己碰到的问题和环境，需要及时调整发展规划，一成不变的发展计划有时形同虚设。

根据职业方向选择一个对自己有利的职业和得以实现自我价值的单位，是每个大学生的良好愿望，也是实现自我的基础，但这一步的迈出要相当慎重。就人生第一个职业而言，它往往不仅是一份单纯的工作，更重要的是它会初步使自己了解职业、认识社会，一定意义上它是职业启蒙老师。

三、落实职业规划

制定好一系列的职业发展规划后，如何将其最终落实是每个规划制定者所必须考虑并面对的一个问题。做一个好的计划若没有实践，就无法保证计划顺利进行。应对职场纷繁信息和变动选择的成功法则就是必须建立有效的信息整理、分析和筛选系统，再结合自身竞争力合理规划职业生涯。这样才能在职业发展过程中凭借良好的职场敏感度达到职业成功的彼岸。

☞【职业测评】

1. 到人才市场去看看各职业的需求状况，找到三个职业分析职业的高、中、低工资水平，并分析不同工资水平的要求有什么不同，以及这三个职业的工资水平为什么会有差距。

2. 你感兴趣的职业对求职者有什么要求？你能不能满足企业的要求？如果不能，应该怎样达到企业的需求条件？

专题二　腾飞的起点：大学生活与自我认识

单元四　认识大学生活

模块1：大学学习特点

大学是一个绚烂缤纷的人生阶段，每一位同学怀揣理想进入大学，将她视为“梦开始的地方”。大学与高中截然不同，她如容纳百川的大海一般，拥有极大的包容性和丰富的可能性。

“当我真正步入大学的时候，我才发现原来大学是这样的，大学校园融入了天南地北与社会方圆，其中有来自五湖四海的同学，有形形色色、丰富多彩的活动，形成了独有的校园文化；大学校园融入了中学时代的纯真，更包罗了世间百态、人间万象。”这是网络上一位大一新生的亲身感受，相信不少同学和他一样，在初入大学时，对精彩的大学感叹不已。

在缤纷的“大学梦”之中，学习必定是其中一抹鲜艳的色彩。敏锐的同学很快会发现，与高中相比，大学真的很不同，即便是学习，也与高中有着不小的区别。

“在高中时期，如果你上课迟到、打盹、不完成作业、熬夜，老师们就会揪着你的耳朵和你讲一些大道理，并且督促你学习。大学就不一样了，你上课睡觉、熬夜到凌晨、不做作业，大学老师可能完全不会去管。你的成绩好坏，老师似乎也没那么关心。”这段话同样来自一名大一的新生，代表了大多数人对大学学习最直观的感受。不少学生，在上大学之前就对大学课堂之“松”有所耳闻，这甚至成为部分学生对大学充满神往的重要原因之一。但大学学习果真如此吗？或者说，大学学习仅仅如此吗？答案是否定的。以上种种，并非大学学习和高中学习的本质区别，而仅仅只是片面的表象。自主、开放、自由，是大学学习的特征，体现在大学学习的方方面面，也是它与高中学习最大的区别所在。

课程与教学，是学习无法回避的两个概念。无论是课程的设计，还是教学的实施，大学学习都与高中学习有所差异。

从课程的设计来看，高中的课程以国家课程为主，教育条件较好的地区、学校还会开设地方课程和校本课程。国家课程，指的就是大家熟知的语、数、外、政、史、地、理、化、生、音、体、美、微机等课程。这些课程每个学校都配备，每个学生都会学习，国家教育部门和地方教育部门也都为其制定了规范的课程标准。而在大学阶段，除了政治、体育、高数、语文、英语等课程外，其他大部分课程并没有统一的、规范的、严格的课程标准，其课程目标、内容、形式等，多取决于授课教师。甚至不同教师所教授的同一学校的同一门课程，在这些方面都存在极大的差别。

除了课程的类别以外，课程的目标也存在差异。尽管高中和大学课程的终极目标都是一致的，紧紧围绕“培养德智体美劳全面发展的社会主义建设者和接班人”①，单就课程本身而言，其最直接的目标显然不同。高中阶段，由于高考指挥棒的存在，不同的课程被“赋予”了不同的使命，国家课程中的语、数、外、政、史、地、理、化、生等9门课程，成为高中学习的“宠儿”。同样也是因为高考，这9门课程最重要的目标是指导学生取得更高的分数。而在大学之中，课程目标脱离了升学的桎梏，分数对保研、考研有影响，但影响远没有高中那样强，那样引人注目。因此，多数课程的目标主要在于帮助学生掌握“学会生存”的能力。

教学的实施方面，以“教学四要素说”为例，可将教学分为教师、学生、教学内容、教学手段。

教师方面。高中阶段的教师，每门课程由固定的人担任，非特殊情况不会更换，高中生也很少会有时间、精力、条件去听其他教师讲授同样的课程。而在大学阶段，同一门课程可能由不同教师共同教学，倘若不适应某位教师的教学，学生也有时间、精力通过一些非正式渠道学习其他教师的课程。此外，高中教师一般专攻某一学科，自始至终只教授这一门学科，而大学教师同时可能教授不同的课程，甚至可能因为一些学术界的新突破，开创并教授一门崭新的课程。至于对待教学的态度，因为高中学习的目标是考上大学，因此高中老师重视讲知识。大学的教育目标主要是培养高素质的专门人才，重在传承知识和创新知识，因此大学教师重视讲思路。与之相应，教学方法上也存在一些差异，高中教师更多的是“手拉手”领着教，过于强调讲授，轻视学生主观能动性的发挥。老师安排得详细周到，久而久之，不少学生养成依赖老师、只会记忆和背诵的习惯。而大学老师则倾向于“引导式”教学，提倡生动活泼地学习，提倡勤于思考，鼓励学生以小组的形式讨论学习，充分发挥学生的潜能，增强学生合作的意识，培养学生独立思考的能力。考核方式上，高中的课程结束后，教师皆以考试作为评价方式，而大学考核方式相对多样化，教师会采用考试、论文、小组展示等方式考查学生的学习情况，平时成绩也是一项重要参考。

学生方面。在学习方式上，高中阶段的学生在学习上的主要活动为上课、作业、考试。而在大学里，课堂讲授相对减少，自学时间大量增加。大学也为学生学习提供了良好的自主学习环境，有藏书丰富的图书馆、设备先进的实验室、丰富多彩的课外科研活动。大学的教学计划还安排了大量的教学实验、实习、社会调查、毕业设计等教学环节。除此之外，大学还更强调学习共同体的作用，相比之下，高中学生多为“单兵作战”。

教学内容方面。高中阶段的学习内容精、课程少，主要讲授一般性的基础知识。而在大学里，学习内容广、课程多、难度大。每个专业都有自己独特的内容体系，且这些内容已经不再是基础知识，多为高深、前沿的知识。在教学内容的选择上，学生也有了更多的自主权，学生可以为谋求更多的成长而选修、旁听教学计划外的课程，或是通过辅修、转

① 全国教育大会[EB/OL].[2022-02-01]. http://www.moe.gov.cn/jyb_xwfb/s6052/moe_838/201809/t20180910_348145.html.

专业等途径调整自己的课程，甚至有些学校还会让学生自主决定自己的培养计划，根据个性化的培养计划确定个性化的教学内容。

教学手段方面。高中的教学大多在教室，部分在实验室，教学手段相对单薄。而在大学，教学手段相当丰富，可以根据教学需要，选择最合适的教学手段。例如，为锻炼师范生的授课技巧，大学可以为其提供微格教室，让其模拟教学，并将模拟过程录制成视频，课后进行总结；为了解植物杂交相关的知识，大学可以提供试验田，让其研究探索；为提高医学生的临床水平，大学可以为其提供实习机会，跟随临床医生观摩学习。教学手段的丰富和更新，让大学的教学能够充分、有效地达到理想的教学效果。

自主、开放、自由绝不意味着大学学习是散漫的。大学学习之所以会让人产生“散漫”的错觉，是因为自主、开放、自由的大学学习，并不适合高中严格、单调的学习模式。李开复说：“大学是人生的关键阶段。这是因为，进入大学是你终于放下高考的重担，第一次开始追逐自己的理想、兴趣。这是你离开家庭生活，第一次独立参与团体和社会生活。这是你不再单纯地学习或背诵书本上的理论知识，第一次有机会在学习理论的同时亲身实践。这是你第一次不再由父母安排生活和学习中的一切，而是有足够的自由处置生活和学习中遇到的各类问题，支配所有属于自己的时间。”①大学时全面提升自我、发展能力的重要平台，是“丑小鸭变天鹅”的最佳天地，是个人职业生涯发展的关键时期。如果想要在大学毕业时不因为就业、升学而愁眉苦脸，首先必须认识到，大学并非安逸享受的“象牙塔”，而是磨炼意志、锻炼能力的“修炼场”，正视大学学习就是这场修炼的第一步。

模块 2：大学生活与职业发展

大学是奠定职业发展的基础阶段，大学生在此阶段要完成从“学生”到“社会人”的过渡，完成对将来自身职业的探索，从而做出理性、科学的职业决策并付诸实施。大学也是知识能力的储备阶段，大学生可以充分地利用学校提供的各种资源和平台进行初步的系统的知识积累、视野拓展、能力提升，初步形成职业意识、职业思维和职业技能，为今后的职业发展打下坚实的基础。诚如李开复所言：“大学是人生的关键阶段。这是因为，进入大学是你终于放下高考的重担，第一次开始追逐自己的理想、兴趣。这是你离开家庭生活，第一次独立参与团体和社会生活。这是你不再单纯地学习或背诵书本上的理论知识，第一次有机会在学习理论的同时亲身实践。这是你第一次不再由父母安排生活和学习中的一切，而是有足够的自由处置生活和学习中遇到的各类问题，支配所有属于自己的时间。”

大学时代，在老师和家长的帮助下，同学们逐渐走向成熟，形成自己独立的、独特的价值观，开始作为成年人对自己的行为负责；离开校园、进入社会的第一份工作，应该就是大家对自己成年后的第一份礼物。如何迈出大学的第一步，如何更快更好地融入大学生

① 李开复，许效礼，Brad. 大学是人生的关键阶段——李开复给大学生的第四封信(节选)[J]. 英语沙龙(实战版)，2005(11)：42-44.

活，如何更充实更有意义地度过短暂的大学生活，如何为自己未来的职业生涯做好准备，这是摆在每位同学面前的重要课题。本模块从大学生活切入，系统地阐述大学生活与职业发展的关系、大学生活对职业发展的影响，从而引导大学生合理规划大学生涯，奠定职业发展基础，在适应和发展中树立职业生涯规划意识，促进大学生健康成长成才。

一、大学生活与职业发展的关系

大学生活大体上分为专业学习(第一课堂)、课外活动(第二课堂)和社会活动(第三课堂)三个部分。不管你处于大学的哪个时期，它们都将伴随着你并帮助你构建知识、培养能力、提升素养，为职业发展做好准备。

(一)专业学习与职业发展

专业是指依照学科分类和社会职业分工的需要分门别类地进行高深专门知识教学活动的单位。专业学习是大学学业最重要的组成部分，是贯穿大学生活的主线。按照专业设置组织教学，进行专业训练，培养专门人才是现代高等教育的重要职能之一。

1. 做好专业选择

选择专业是人生中的一件大事，是人生道路上关键的一步。然而，许多学生关于专业的选择是非理性的。其原因主要有以下几个方面：第一，学生关于自身性格、兴趣和学科专长并不真正了解；第二，学生关于立即所学专业的外延和内涵，包括对所学专业对应的职业类别，以及相关职业和行业的就业形势等不甚清晰；第三，学生选择专业时仅凭一种感受，一眼看上去觉得新兴、风光的专业就认定是热门专业，是好专业。我们选择专业应本着以下四点原则：择己所爱，择己所长，择世所需，择世所利。选择专业应当依照自己的兴趣爱好，参考社会的就业形势，做出自己的正确推断，把实现个人价值与实现社会价值结合起来。

选择专业时，我们应当辩证地看待热门专业与冷门专业。依照市场经济规律，某些时下的热门专业，由于需求饱和，几年内或许都会“滞销”；相反，某些时下的冷门专业，却在几年后出现紧俏。比如，前些年为大伙儿所热衷的会计、国际经济与贸易、金融、计算机等专业到现在却成为就业的难点；水利、气象、环境爱护等当年的冷门专业却因就读人数稀少反而供不应求。因此，我们在选择专业的时候不要随波逐流、追赶时髦而不顾自身条件和社会状况。

2. 增强专业与职业的匹配度

专业知识是大学生知识结构的核心部分。随着现代科学技术的迅速进展，现代职业的分工越来越细，职业的种类也越来越多，从而关于从业者的能力和知识结构、专业素养的要求也越来越高、越来越具体。虽然专业不完全决定职业，但拥有与从事职业相关的精深的专业知识是职业进展过程中实现生涯目标的核心依据。因此，大学生首先就是要根据自己的爱好特长、气质特征、发展方向、市场需求等去选好自己的专业，因为这关系到未来自己将从事的职业。据调查显示，在49%的公众的眼中，专业选择会阻碍今后的就业乃至前途；34%的人认为，专业即便不是“千钧之重”也是颇有重量的。越早确定职业目标，打下坚实的专业基础，越有利于职业的进展。

（二）课外活动与职业发展

课外活动是课堂教学的必要补充，是丰富学生精神生活的重要组成部分，也是培养全面发展人才的不可缺少的途径。大学生课外活动与职业发展有着重要联系。

一是提高道德素质，培养职业精神。丰富多彩的课外活动有利于大学生陶冶情操，增强责任感。健康有益的课外活动，如：时政学习、形势与政策报告、演讲、课外阅读等活动，既可以满足大学生关心国内外大事、思索人生价值的精神需要，帮助他们树立正确的人生观、世界观，提高他们分辨是非、真伪、善恶、美丑的能力，也能通过活动培养他们热爱家乡、热爱祖国和社会主义事业的思想感情、缜密的科学态度，为实现一个目标而努力的集体主义精神和克服困难的毅力，以及团结互助、爱科学、爱劳动、遵守纪律、爱护公物等中华传统美德。

二是促进身心发展，奠定职业发展基础。积极参与各种课外活动，一方面可以缓解学习生活中的压力、愉悦身心，另一方面也能在课外活动中学到新的技能和本领，让大学生产生课堂上无法拥有的成就感，缓和由学习就业等带来的压力，促使他们更加热爱生活，充满青春活力，从而增进身心健康。

三是培养实践创新能力，提升职业综合素养。课外活动有助于培养学生的实践能力和创造能力。在创造性的实践活动中，学生提出问题、认识问题、解决问题，这一过程有利于发挥学生的独立性和创造性，培养他们的实践能力。同时也为他们将来走向社会、独立生活、独立从事职业工作打下坚实的基础。

（三）社会活动与职业发展

社会活动一般包括社会调查、社会实践和青年志愿服务等活动。社会活动是大学生走向社会的一个专门且重要的锻炼环节，也是教育与实践相结合的具体体现。新时代大学生职业进展除了对专业知识和业务水平提出较高要求之外，社会实践能力也尤为重要。

社会活动对职业发展的作用包括：(1)促进自我认识、自我完善。(2)帮助职业定位、契合职业要求。(3)提升职业素养、培养职业品质。(4)积累职业经验、增加就业机会。因此，要积极引导和鼓励大学生参与社会实践，使大学生了解自己、了解职业要求、了解自己与职业要求之间的差距，从而不断缩小差距、适应职业角色。

1. 以职业要求为“镜子”，形成自我认识

大学生的成长一般是从学校到学校，接触社会、接触生产劳动第一线的机会较少。大学生走出校门，到与自己专业相关的企业、事业单位进行实践，能够了解专业知识、技能以及其他方面的素养在实际工作中的作用，自己在该单位做好相应的工作需要具备哪些素养、能力；哪些知识是在学校能够学到的，哪些是需要在课堂以外通过自己主动学习得到补充的；通过自己的劳动体会工作的欢乐与艰辛，体会团队合作对成功的重要性。这些都有利于了解自身存在的问题和不足，形成对自我的正确认识。带着这些认识回到学校，就能够有针对性地查漏补缺，进一步深化提高自己的优势，弥补自身存在的不足，促进自身综合素养的进一步提高，增强就业的综合竞争力，并形成良好的职业观和价值观。

2. 以社会需求为标尺，确定职业定位

大学生的实践活动是职业生涯的“导入期”，其目的确实是为以后走上社会和工作岗位做预备。通过实践活动，结合一些职业进展规划测评系统的测试，使大学生主动分析自

身适合的职业进展方向，并依照自身的专业、兴趣以及社会实际需求确定今后的职业进展定位。社会的实际需求是大学生成功就业的基础。通过实践活动，可以提高大学生对就业形势、难度和需求情况的认识，自觉调整择业、就业的定位，使大学生个人的进展空间、待遇等方面的期望值更加符合用人单位的实际，使大学生能主动适应用人单位对人才的要求，缩小两者间的差距。

大学生活与职业发展既互相联系、密不可分，又相互作用、缺一不可。一个良好的大学生活需要一个正确的职业生涯规划，有自我生涯规划的大学生会有清晰的发展目标，有目标的人才能抗拒短期的诱惑，才会坚定地朝着自己的方向前进。这样的大学生活也才是更充实、更有意义的大学生活。

二、大学生活对职业发展的重要意义

第一，大学生活帮助你发掘自己的潜能。如何选择自己的职业发展道路？一份行之有效的职业规划可以帮助学生正确认识到自己的个性特点、潜在价值；引导学生对自己的综合优势与劣势进行对比分析；帮助学生发掘自己的潜能，从而确定自己的职业发展道路。

第二，大学生活帮助你确定职业目标、职业规划。职业锚清楚地反映出个人的职业追求与目标，同时，根据职业锚还可以判断个人达到职业成功的标准。例如技术或职能型职业锚的人，其志向和抱负在于专业技术方面的事业有成；而管理型的人，其职业成功在于升迁至更高的职位，获得更大的管理机会。明确自己的职业锚，可以帮助确定自己的职业目标及成功的标准，从而确定职业角色形象。

第三，大学生活帮助你增强发展的目的性和计划性。职业生涯发展要有计划、有目的，不可盲目地“撞大运”，很多时候我们的职业生涯受挫就是由于职业计划没有做好。“预则立，不预则废”，好的计划是成功的开始。

第四，大学生活帮助你提高个人工作技能和竞争力。现今社会竞争十分激烈，要想在这场激烈的竞争中脱颖而出并立于不败之地，必须设计好自己的职业规划。有计划，有目的，并付诸行动，随着个人工作经验的丰富、知识的增长，个人的职业技能将不断增强，个人职业竞争力也会随之增加。

三、合理规划大学生涯，奠定职业发展基础

所谓“大学生涯规划”，是指学生个人结合自身实际情况和大学环境等因素，为自己确立大学在校四年的学习、生活以及择业和就业的打算。它是人生规划的一部分。大学是一个人的人生观、价值观、世界观形成的重要时期。尽早做好大学生活规划，其重要性和必要性不言而喻。

（一）大学生涯规划的“五个时期”

大学生活对于一个人的影响是深远的。大学生所处的年龄时期一般在17~23岁，这一时期普遍被认为职业探究和职业预备时期。大学生职业进展规划应按照大学学习时刻分时期进行，每个时期面临不同的情况与任务，注意的问题也不一样，各个时期具有各自的特点、目标和规划重点。分析各时期实际情况，结合个人条件进行大学生职业进展与规划，有利于大学生职业进展与规划的针对性、具体性和明确性。一般来讲，大学生职业进

展规划可分五个时期：适应时期、成长时期、冲刺时期、分化时期和实现时期。

(1)适应时期：这一时期作为大学一年级学生进入新环境的起点，具有重要意义。这一时期的重要任务是尽快熟悉和适应大学生活，对专业进行初步认识，了解专业人才培养目标和实施途径并对自我价值观念进行澄清，对个人特质进行评估，逐步养成自己的学习生活适应，并在认识自我的基础上，结合对专业的认识，进行专业兴趣培养。大学生在搞好学习的同时，应当通过参加学生团体等学生组织，提高人际交往能力和组织治理能力。

(2)成长时期：这一时期又称为综合素养提升时期，重要任务是结合自己的性格特长，在进行专业进展的基础上，着力提高自身的素养，包括个性优化、技能培养、心理素养提升、学习和交际能力提高等方面，并进一步调整自己的职业理想与目标。具体来讲，学生能够通过担任学生干部、积极参与学校各种活动，提高自己的综合素养和能力；通过英语和计算机的相关证书考试，增强英语应用的能力和计算机操作能力；尝试社会兼职等实践活动，最好能在课余时间长期坚持从事与自己以后职业或本专业有关的工作，在工作中增强自己的责任感、主动性、意志力和应变能力。

(3)冲刺时期：通过两年或三年的大学生活和学习，学生个体综合能力有了明显提高，职业选择有了进一步的定位，目标更为细化与明确，因此本时期亦可称为职业进展定向时期。这一时期，大学生的重要任务是对前2~3年的自我进展状况进行总结，通过对自我的再认识和再评估，确定下一时期的进展方向——就业或接着深造。预备就业的学生，在进一步加强专业学习的基础上，应该注重提高求职技能，关注就业信息和就业政策。预备报考研究生的同学应多收集和了解报考研究生的信息，尽早确定报考学校、专业方向和导师。同时通过各种途径获得备考技巧，并开始进入考试的复习时期。在大三的时候，学生要积极地参加各种实践活动，也能够得用假期到相关的单位进行实习。通过一段时间的实习后，会发觉自己的能力与职位要求之间的差距、原来的职业规划与社会现实之间的差距、自己的理想职业与社会能够提供的职位之间的差距。通过全面反思后，再重新建立更加切合社会现实的工作理念及自我认知，学习和实践目的更加明确。可以说，三年级学生的职业目标逐渐明确，开始为实现职业目标而进行有针对性的预备。因此在这一时期学生要为实现职业目标做充分的心理预备，包括对自己所选目标的正确认知、对目标实现的困难性的心理预期等，同时也要注意锻炼学生锲而不舍的心理品质。

(4)分化时期：找工作的找工作、考研的考研、出国的出国，在这一时期学生的选择开始出现了分化，只是，大部分学生的目标应该锁定在工作申请及成功就业上。这一时期，大学生通过三到四年的学习生活，不管是知识积淀还是个人综合能力都有了全面的提升，职业目标多已较为明确，职业目标与个人能力之间的差距进一步缩小，已具备针对性地进行学习生活规划的能力。大学生在保证如期毕业的基础上，可先对前三年的预备作一个总结：预备接着深造的大学生，应依照自身的兴趣、具备的能力、深造的专业和社会进展的趋势进行职业生涯规划，为深造之后的职业进展打下坚实的基础。预备就业的大学生、应首先检验自己确立的职业目标是否明确，前三年的预备是否已充分；然后积极利用学校提供的条件，了解就业形势与政策、法规，猎取就业信息，进行模拟面试等训练，强化求职技巧，积极参加招聘活动，在实践中检验自己的积存和预备，实现顺利就业。该时期生涯目标的特点是：目标更具有现实性和可操作性。

(5)实现时期：有些学生在大四的第一学期可能就顺利地完成了就业，第二学期就走入了社会，真正开始进入自己的职业生涯。毕业后，学生进入职业进展与规划的实现时期，在此过程中有成功的喜悦，更有充满挫折甚至失败的泪水。这时，需要依照社会需求、自身情况和机遇不断对自己的职业进展与规划进行必要的调整，以保证职业进展目标的实现。

(二)培养职业发展的“四种能力”

职业发展能力是指建立在职业素质基础上，能适应经济和职业发展要求而不断获得增强和发展的职业能力。大学时期培养好的职业发展能力能为未来的职业生涯奠定良好的基础。具体而言：

一是培养社会适应能力。大学生的社会适应能力主要指大学生离开大学校园走上社会，根据社会需求及时改变自己以适应社会变化的能力。社会适应能力并不是一成不变的，它会随着外在的客观条件的变化而变化，个人与社会之间是一个动态的调节变化过程。大学生踏入社会后通过逐步了解社会需求改变自己，以达到与社会相适应。因此，除了重视专业学习外，要适当参加一些学生组织、社团组织、校园文化活动或社会活动，尤其是需要加强与未来学习目标与就业目标相关的社会各类优秀人才的联系，不断提高自己的综合能力与社会适应能力，缩短与社会的距离。

二是培养专业能力与工作能力。无论学什么专业，都要扎实学好自己的基础知识，同时，要将理论知识与实践相结合。现在学习的方式方法多种多样，比如通过课堂教育、导师交流、朋辈交流、论坛学习、专业书籍阅读、网上猎取与分析等，只要能很好地把学习内容与学习方法结合起来，大学四年就能培养好自己扎实的专业功底和工作能力。

三是培养团队协作与沟通能力。团队精神体现的是一种集体组织文化，它以尊重个人兴趣与爱好为前提条件，充分发挥集体成员之间个性、特长，保证任务目标的实现。在工作中很多事情都是需要通过团队协作来完成的，每位员工应合理地进行自我定位，发挥应有的作用，同时给予他人支持。当发生问题或矛盾时，应尊重他人，坦诚沟通，接纳不同的观点，并妥善处理冲突，促进工作目标的完成。现在的大学生大多是独生子女，生长环境较优越，个人意识比较强烈，需要更多地培养团队协作与沟通能力，通过参与团队活动、团队建设项目等方式加强沟通、加强合作，从而更好地培养团队协作与沟通能力。

四是培养持续学习能力。在高速发展的新经济时代，社会对人才的需求也有更深层次的要求，新技术革命带来知识的变革，不但知识总量增长速度惊人，知识的更新周期更是大大缩短。因此，现在的社会对人才的要求也水涨船高。所以，为满足社会对人才的需要，除了革新教学内容和形式，更重要的是培养大持续学习的能力。首先，持续学习将有利于步入职业生涯。大学的学习其实就是为以后的职业生涯做准备的，终身学习的观念促进了职业生涯的可持续发展。在一个人的职业生涯中，单靠十几年的学校教育是不够的。要使自身能够“保值”“增值”，必须把正规的学习和非正规的学习融合在一起，只有时刻地学习才能不断更新自身的知识结构，这样才能保证自身能力和知识的持续发展。其次，终身学习有助于职业生涯的个性化发展。传统的专业学习的深度以及广度都是有限的，只是依据统一的教材、统一的要求、统一的进度、统一的学习内容。这样培养出来的学生必定是缺乏个性的，无个性的学生是无法适应多样化的社会的。终身学习思想破除划一性的学习，要求尊重每个学生的个性和独立选择，给出一定自由的时间让学生可以选择最适合自己的学习形式，以便通过自主自发的学习在广度和深度上得到最好的发展。最后，持续学习可以促进职业生涯的全面发展。现在的社会对员工在文化素质、职业技能、社会意识、职业道德、心理素质等方面都有一定的要求，持续学习是一切有求学需求的学生可在自己需要的任何时候进入学习状态，以适合自己的方式参与学习过程。它突破了传统思想的束缚，更具有职业发展的适应性。

单元五　自我认知

抱着高考余下的热情，满怀对全新的大学生活的期望，我们以一颗激动的心踏入大学的校园。脱离了高中的应试性教育，我们开启与过往完全不同的新的学习生活。面对陌生的大学生活，我们不免兴奋、激动，却也紧张、迷茫。面对新的环境、新的老师、新的教学方法，我们好像有些无所适从，我们不知大学的路在何方，更不知步入大学后的自己要何去何从。其实，前路最大的障碍就是我们自己，突破自己的生理和心理障碍才是最关键的一步。因而在正式学习之前，我们必须对自己有一个充分且准确的认识，从而更好地认识自我、发展自我，迎接自己新的人生。

苏格拉底曾说："认识你自己，未经省察的人生是不值得的。"①正确认识自我是大学生开启大学生活必不可少的第一步。在高中求学时期，我们每天埋头于书卷和作业，每天关注成绩和名次，很少有时间来好好认识和审视自己，自己也可能无法明确说出自己究竟是怎样一个人。自己究竟是一个怎样的人呢？我们身体里住着的又是一个什么样的灵魂？我们外在表现出来的又是什么性格？自己又对什么有着浓厚的兴趣，能让我们思之如狂、见之不忘？而什么又最能够激发自己身体里的兴奋因子？自己又拥有什么样的超能力，有着怎样的本事？自己究竟在哪几个方面会格外擅长？自己对于这个世界又有着怎样的认识？面对事情和矛盾时又是否能够分出对错……以上种种都是我们对于正确认识自我应该注意到的点。总的来说，认识自我可以分为四大模块：性格认知、兴趣认知、能力认知、价值观认知。相信从这四个方面出发，刚入大学正式成为一个大学生的我们一定能够更好地认识自己，更好地了解自己，更好地做出属于自己的大学规划。

在真正地分模块认识自己之前，应该先大概了解一下什么是正确认识自我。从专业角度来说：正确认识自我就是指一个人对自我的认识要与自我的实际情况相符合。它主要分为三个方面：(1)正确、全面认识自己的特点和长处。我们既要看到自己的优点和长处，又要看到自己的缺点和不足。(2)正确认识自我与社会、个人与集体的关系。认识到个人的成长离不开集体，自我的人生价值主要在十对社会的贡献。(3)用发展的眼光看待自己。事物总是发展变化的，没有一成不变的事物。俗话说"士别三日，当刮目相看"，我

① 柏拉图. 苏格拉底的申辩[M]. 吴飞，译，北京：华夏出版社，2017.

们每个人也都是在不断发展变化的，我们的优点和缺点也不是一成不变的。因此，我们必须要用发展的眼光看自己，及时发现自己的新优点和新缺点，通过自己的努力，争取变缺点为优点，不断改正自己的缺点来完善自己。本专题会详细告诉大学新生该如何进行正确的自我认知。

模块1：性格认知

性格是每个人的环境和后天学习所产生的，都是自己独有的，很难改变。我们都知道，世界上永远不可能有长相完全相同的两片树叶，同样，我们每一个人的性格也不可能完全相同。因此，我们必须着眼于自身的性格特点去分析自己，而不能一味地从他人身上寻找自己的影子，东施效颦。从学术上讲，性格是人对现实的态度和行为方式中较稳定的个性心理特征，它是个性的核心部分，最能表现个别差异。也因此，最先从性格上分析自己是正确全面地认识自己的最佳途径。那么我们就要先弄清楚自己究竟拥有什么样的性格。本模块会带领大家去准确认识自己的性格，经过专业的性格测试，通过专家理论的深刻研究分析，了解到性格与学业和职业的关系，明白性格对我们的成长必不可缺。

☞【导入案例】

某大学女生，学习成绩在班上为第一名，但是很自卑，提不起信心，经常看不起自己。在大众场合之下不敢发言，跟别人交流时总是不能恰当地表达自己，尤其是在跟老师或陌生人谈话时，总觉得十分局促，举手投足间不知如何是好，并且脸红得很厉害。她很羡慕别的同学在公共场合能够从容不迫，侃侃而谈。强烈希望改变自己，虽然做出过很大的努力，但一直得不到明显的改变，内心非常苦恼和怯懦。从高中到大学很少与异性同学交往，因而别人总是评价她是个冷漠、孤傲的人。因为她从小养成了以自我为中心的习惯，从而在成长和交往的过程中，朋友越来越少，她慢慢地脱离了群体，把自己封闭起来。后来她开始反省自己，却很自责，觉得一切都是自己的错。时间一长，发现自己好像已经没有脾气了。不管跟谁发生矛盾，不管原因是什么，都认为是自己的错，然后深深自责，或者把怨气都闷在心里。总觉得难以和周围的同学建立一种和谐的关系。非常担心毕业后不能适应社会生活。近来更是觉得自己一无是处，极度自卑，没有勇气参加任何活动。

而另外一个女大学生则是性格开朗、待人热情、坦诚，思想良好积极向上；善于与人相处、乐于助人，具有远大的理想，敢于挑战自我，严格要求自己，有强烈的责任心和进取心，有较强的组织、管理能力；重视团队合作，善于团结他人，以大局为重，有优秀的合作精神，不拘小节，协调能力强，善于向他人学习，能开放地接受别人的意见。也因此，她与周围的同学相处得很好，甚至交了好几个知心的朋友，每天都快乐地生活。同样是女大学生，为什么会出现两种不同的局面呢？从根源上来说，他们从性格上就产生了差异，一个内向，一个外向，这就导致了两人大学生活的不同。

☞【拓展训练】

认识自己的性格，不能仅仅通过自己的主观判断，我们应该通过MBTI性格测试来全面了解自己的性格。

MBTI的理论基础来源于瑞典心理学家荣格有关知觉、判断和人格态度的观点，由布莱格斯和她的女儿迈尔斯研究发展成为心理测评工具。MBTI有许多研究数据的支持，属于信度、效度都较高的心理测评工具。它的用途非常广泛，常被应用于自我探索、职业发展、人才选拔、团队建设、管理培训、恋爱与婚姻咨询、教育(专业)咨询及多元文化培训中。

下面我们通过一些测试题来探究一下自己身体内究竟住着怎样的灵魂，看一下自己究竟有着什么样的性格。

(1)请选择更合适描述你的词语：A. 热诚的 B. 安静的

(2)请选择更合适描述你的词语：A. 含蓄的 B. 爱说话的

(3)请选择更合适描述你的词语：A. 富于同情心的 B. 合乎逻辑的

(4)请选择更合适描述你的词语：A. 令人信服 B. 令人感动

(5)请选择更合适描述你的词语；A. 说话 B. 书写

(6)请选择更合适描述你的词语：A. 客观的 B. 热情的

(7)请选择更合适描述自己的词语；A. 内向 B. 外向

(8)请选择更合适描述你的词语：A. 感同身受 B. 公平公正

(9)请选择更合适描述你的词语：A. 矜持 B. 健谈

(10)请选择更合适描述你的词语：A. 有条不紊 B. 思维跳跃

(11)请选择更合适描述你的词语：A. 朋友众多 B. 朋友不多

(12)你更注意：A. 人的感情 B. 人的权利

(13)在日常工作中，你会：A. 颇为喜欢处理迫使你分秒必争的突发事件 B. 通常预先计划，尽量避免在压力下工作

(14)你认为每日遵循例行的常规：A. 是使你感到自在的完成任务的方法 B. 即使在必要时也会使你感到痛苦。

(15)当你参加聚会时，你喜爱：A. 帮忙组织活动 B. 让其他人按照各自的方式取乐

(16)当你要外出游玩一整天，你会：A. 计划你要做什么和在什么时候做 B. 说去就去

解读你的性格特征：MBTI量表的四种维度代表八种相对的性格特点：(1)内倾型(I)与外向型(E)维度，(2)感觉型(S)与直觉型(N)维度，(3)思考型(T)与情感型(F)维度，(4)判断型(J)与知觉型(P)维度。

表 2-1　MBTI 量表

ISTJ（检查者）	ISFJ（保护者）	INFJ（劝告者）	INTJ（策划者）
严肃认真、通情达理，重视承诺，值得信赖，能坚定不移地完成任务，工作缜密，对细节记忆出色，做事有次序，有条理；冷静的外表下很少有强烈表露的情绪反应，重视传统和忠诚	友善、谨慎、有责任感，务实、做事贯彻始终，准确无误；替人着想、细心、关心别人的感受；有强烈的职业道德，有传统的价值观，十分保守，稳定；努力创造一个有秩序、和谐的人际环境，能在困难中与人相处，有强烈的情感体验但不喜欢表达	寻求思想、关系、物质之间的意义和联系，希望了解什么能够激励人；对于怎样更好地服务大众有清晰的远景；有洞察力、尽职尽责、能履行他们坚持的价值观；理念清晰，能有条理地去实现他们的理念	精于理论，善于洞察外界事物的规律并形成长远计划，热衷于创造性地实现自己的想法，追求个人自由和能力，思维严谨，不受批评的干扰，坚持性强，独立，有批判精神，喜欢以自己的方式行事
ISTP（手艺者）	ISFP（创作者）	INFP（化解者）	INTP（建筑师）
平和寡言、容忍、有弹性，是冷静的观察者，当问题出现便迅速行动，找出可行的解决办法；重视逻辑和前因后果，重视效率，好奇心强，善于观察，信服可靠的事实，能很好地利用资源，善于把握时机	友善、敏感，灵活，很容易与人相处，忠于自己的价值观，忠于自己所重视的人，不喜欢争论和冲突，很少支配别人，很客观，善于观察周围的人和物，但不寻求发现其更深的动机和含义；在生活中需要和睦的人际关系	很少显露强烈的感情，沉默而冷静；理想主义者，忠于自己的价值观和所重视的人，能为自己看重的事业献身，忙于实现理想，坚定于自己的选择；好奇心强，思维开阔，能很快看到事情的可行与否，试图了解别人、协助别人发展潜能，避免冲突，没有兴趣支配别人	沉静、有弹性，善于分析，喜欢探寻理论上的合理解释，有非凡的能力去专注而深入地解决问题；追求精细，有独立见解，乐于为了改进事物的目前状况而思考，想法很复杂，有很好的逻辑性，善于有创见地解决问题
ESTP（创业者）	ESFP（表演者）	ENFP（奋斗者）	ENTP（发明家）
灵活，忍耐力强，实际，注重结果，对理论和抽象的解释不感兴趣，重视行动，通过亲身感受来学习新事物，享受与他人相处	外向、友善、热爱生活、擅长交际，常常是别人注意的中心；喜欢与人共事。在工作上讲究实用性和趣味性，容易接受新环境；对理念和概念上的解释感到不耐烦，希望以行动解决此时此刻的问题；喜欢通过实践来学习	热情洋溢、有魅力，富有想象力、充满新思想；灵活，有很强的即兴发挥的能力；自信、也乐于欣赏和支持别人；关心他人的发展，喜欢和睦，保持一种广泛的人际关系；好奇，不墨守成规，常常发现新方法；善于从周围人当中获得能量，能把自己的才能与别人的力量成功地结合	思维敏捷、能激励他人、重视灵感，有想象力，试图把新想法转变成现实；乐于争论，能随机应变地应对有挑战的问题；善于有策略地分析问题，善于洞察别人，人际交往有感染力，朋友多；对日常的理性事务感到厌烦

续表

ESTJ(监督者)	ESFJ(供应者)	ENFJ(教导者)	ENTJ(领地)
灵活、实际、注重结果，积极采取行动解决问题，能果断做出实际可行的决定；可以组织人员最有效率地完成工作，有一套清晰的逻辑标准，以强硬的态度执行计划	有责任感，喜欢合作完成任务，重视细节上的精确，讲求实际，安排有序；追求和谐的人际环境，能体察别人的所需并全力帮助，致力于创造友善的人际关系，希望得到他人的认可，对批评比较敏感	温情、反应敏捷、有同情心、有责任感，以热情的态度对待生活，对敬佩的人和事业非常忠诚；精力充沛，锲而不舍，善于发现别人的潜能，并帮助他们成长，能成为个人或群体成长和进步的催化剂	天生的领导力，果断，能系统解决问题，善于制订长期计划和设定目标，把事实看得高于一切，渴望不断增加知识基础，乐于钻研复杂的理论性问题，能控制环境，有预见能力，并善于传播观点，陈述想法时坚定有力

☞【知识链接】

通过简单的几道题目，以及对性格特征的解读，我们大致可以对自己的性格做出分析，然而分析性格是一个很复杂的过程，它大致有以下几个特征：

(1)对现实和自己的态度的特征，如诚实或虚伪、谦逊或骄傲等；

(2)意志特征，如勇敢或怯懦、果断或优柔寡断等；

(3)情绪特征，如热情或冷漠、开朗或抑郁等；

(4)理智特征，如思维敏捷、深刻、逻辑性强或思维迟缓、浅薄、没有逻辑性等。

通过这些特征，我们可以初步判断出自己究竟有着怎样的性格，可能是诚实的，也可能是虚伪的；可能是勇敢的，也可能是怯懦的；可能是热情开朗的，也可能是冷漠抑郁的等。

全面了解了自己的性格之后我们便要进行下一步，如何让有着这种性格的自己在陌生的大学生活中立足。

首先我们需要了解到性格在我们生活中扮演着怎样的角色，又起到怎样重要的作用，对我们的生活又有着怎样的意义，大体可以分为三个方面：

(1)性格既是人们日常行为的基本法则，也是人们用以处世为人的方式、方法；

(2)性格既是人们在成长环境制约下形成的行为方式，也是人们适应环境选择的产物；

(3)性格是一生都在变化的行为方式，只不过个人自己没有觉察罢了。每个人都会存在一定性格缺陷和弱点，而人的一生其实也就是一个不断自我完善的过程。

总结下来即为人处世、适应环境、自我完善。由此可见，性格在我们的日常生活中发挥着极大的作用。因此，更好地全面地对自己的性格有清晰的认知可以帮助我们更快更好地适应大学这个陌生的环境，适应大学这个全然不同的生活节奏，适应大学的学习生活，让自己更快地融入大学的更深层的学习。

我们都知道，世上没有天生的完人，个人性格上存在一些缺陷与弱点是很正常的。只要能够主动觉察自身的弱点与不足，就表明我们自身具备强大的自我纠错的主观能动性，因而其进步与发展是可以期待的，也是大有希望的。这也是我们要进行自我性格认知的一个重要意义。我们应该做的就是有目的、有理想地去改变和优化自身性格，使之有预见性地、主动地去适应生存环境。而不是在环境的倒逼下被动地去适应改变。如是才会拥有一个平坦、光明的人生道路。因此，在大学之中，我们需要根据自己性格方面的优势、缺陷与不足，去调整和优化自己的性格。

众所周知，大学是半个社会，在大学里，我们会见到各种各样的人，碰上各种各样的事。但与此同时，我们的生活也是多姿多彩的。大学里有着图书丰富的图书馆，有着丰富多元的社团，也有着各种各样的学生组织，我们可以根据自己的性格去选择适合自己的。例如：热情开朗的人可以积极参加志愿者协会，尽己所能帮助有需要的人。这对性格开朗的人来说是一件很容易的事情，而对性格有些内向的大学生来说，就要从心理上有意识地改变自己的状态。首先根据上述的方法清晰的认识到自己的性格特征，并正视自己性格中所有的缺陷，就如上所说，有目的有理想地改变和优化自身的性格，有预见性地、主动地去适应所在大学的生活环境，突破自己的心理障碍，勇于跨出第一步，做万全准备，勇敢地参加自己心中感兴趣的组织，并尽自己最大的努力为之一搏。最重要的是做出改变自己的长远规划。我相信，在不断的努力与尝试中，自己会变得越来越有自信，逐渐爱上大学这个集体，自己的性格会更加完善，自己的大学生活会更加丰富多彩。

☞【职业导航】

如何找到适合自己的职业——将性格探索应用于生涯规划。

(1)将性格类型与职业相连接。

我们可以通过 MBTI 性格测试，根据表 2-1 中的人格类型找出与自己性格相似的，由此可以判断出自己适合哪方面的工作。从而将自己的性格与职业相联系，在工作中，发挥自己性格的最大优势，从而使工作达到最好状态。

(2)在职业中充分利用性格优势。

认识到自己性格的优缺点，我们便可以充分发挥自己性格的优势，并根据自己的职业，弥补性格的缺陷，从而提升自己的职业价值。让自己的职业生涯更加的充实，让职业生活过得更有意义。

☞【职业测评】

那么不一样性格的人都适合哪些职业呢？相信很多同学对这个问题抱有疑问。用 MBTI 性格测试的分类给予同学们一个大概的职业推荐。通过表 2-2，希望可以给各位同学以导引。

表 2-2　MBTI 性格测试职业推荐表

ISTJ	ISFJ	INFJ	INTJ
工商业、政府机构、金融银行业	医护、服务业、教育等	咨询服务、教学、艺术等	科研、科技应用、技术咨询等
ISTP	ISFP	INFP	INTP
技术、证券、金融、运动等	手工艺、艺术领域、医护领域等	创作型行业、艺术类、教育等	计算机技术、理论研究等
ESTP	ESFP	ENFP	ENTP
商业、贸易、服务业等	健康护理、教学、教练等	咨询服务、教学、艺术等	投资顾问、项目策划等
ESTJ	ESFJ	ENFJ	ENTJ
管理者、行政管理等	教育，健康护理、旅游业等	培训、教育、咨询等	管理咨询、培训、专业领域等

当然，每个性格特征适合的行业不只这些，还有更多的职业让大家去探索。希望大家能够找到最适合自己性格的职业，也希望每个人在未来的生活中找到更加完美的自己。

模块 2：兴趣认知

《论语》有言："知之者不如好之者，好之者不如乐之者。"同样，美国芝加哥大学心理学教授 Mihaly Csikszentmihalyi 研究发现：当人们在专心致志地积极地从事某种活动，忘记了时空和自己的时候，他们感到最为愉快和满足。他将这种状态称为"Flow""聚精会神""忘我"的状态。中外贯通，两者提到的都是兴趣的重要性。兴趣与学习投入度和成就感之间存在密切的关联，是我们进入大学生活需要培养的第一步。我们不难发现兴趣在我们的日常学习和生活中发挥着重要的作用。人格心理学家阿尔波特(Allport)认为人类有一种"自主性功能"，就是兴趣，兴趣是感情状态，而且处于动机的最深水平，它可以驱策人去行动。因此，我们可以明白进行兴趣认知的重要性。兴趣主要有以下几个方面的作用。

第一，对未来活动的准备作用。在明白了自己的兴趣之后，我们便会有目的地去准备有关这方面的内容，从而使自己对将来要做的事情更有把握。

第二，对正在进行的活动起推动作用。兴趣能够让我们专心致志地沉浸在正在做的事情中，从而高效地将这件事情完成，达到最好的结果。

第三，对活动的创造性态度起促进作用。兴趣会促使人深入钻研、创造性地工作和学习。举例来说，一个大学生对学习某一科目产生极大兴趣，那么他就会深入学习和钻研这个科目，从而在这个科目上有着很高的造诣，实现创造性发展。由以上兴趣的作用可见，兴趣对我们生活和工作的动力有着重要的推动作用，本单元就来探索兴趣的产生，我们自己有着什么样的兴趣，以及兴趣会给我们带来什么，相信通过对兴趣认知的探索，大家会更了解自己一点，会对未来的目标有一个更加清晰的认知。

☞【导入案例】

(1)晋代书法家王献之自小跟父亲王羲之学写字。有一次，他要父亲传授习字的秘诀，王羲之没有正面回答，而是指着院里的十八口水缸说："秘诀就在这些水缸中，你把这些水缸中的水写完就知道了。"王献之心中不服，认为自己人虽小，字已经写得很不错了，下决心再练基本功，在父亲面前显示一下。他天天模仿父亲的字体，练习横、竖、点、撇、捺，足足练习了两年，才把自己写的字给父亲看。父亲笑而不语，母亲在一旁说："有点像铁划了。"王献之又练了两年各种各样的钩，然后给父亲看，父亲还是不言不语，母亲说："有点像银钩了。"王献之这才开始练完整的字，足足又练了四年，才把写的字捧给父亲看。王羲之看后，在儿子写的"大"字下面加了一点，成了"太"字，因为他嫌独生子写的"大"字架势上紧下松。母亲看了王献之写的字，叹了口气说："我儿练字三千日，只有这一点是像你父亲写的!"王献之听了，这才彻底服了。从此，他更加下工夫练习写字了。

王羲之对孩子骄傲的学习态度，不打骂、不批评，默不出声地以一个"点"，来引起孩子的兴趣，最后王献之的字也写得炉火纯青、力透纸背，人们还把他和王羲之并列。

(2)比尔·盖茨是微软公司主席和首席软件架构师。微软公司在个人计算和商业计算软件、服务和互联网技术方面都是全球范围内的领导者。在2008年6月截止的上个财年，微软公司的收入达620亿美元，在78个国家和地区开展业务，全球的员工总数超过91000人。

盖茨出生于1955年10月28日，和两个姐姐一块在西雅图长大。他们的父亲是西雅图的律师。盖茨已故的母亲是学校教师、华盛顿大学的董事。

盖茨曾就读于西雅图的公立小学和私立的湖滨中学。在那里，他发现了他在软件方面的兴趣并且在13岁时开始了计算机编程。

1973年，盖茨考进了哈佛大学，和现在微软的首席执行官史蒂夫·鲍尔默结成了好朋友。在哈佛的时候，盖茨为第一台微型计算机开发了Basic编程语言的一个版本。

在大学三年级的时候，盖茨离开了哈佛并把全部精力投入他与孩提时代的好友在1975年创建的微软公司中。在计算机将成为每个家庭、每个办公室中最重要的工具这样信念的引导下，他们开始为个人计算机开发软件。盖茨的远见卓识以及他对个人计算机的先见之明成为微软和软件产业成功的关键。在盖茨的领导下，微软持续地发展和改进软件技术，使软件更加易用、更省钱和更富于乐趣。

(3)1910年，华罗庚出生在江苏省的一个小县城——金坛。小时候，他家中清贫，父亲在小镇上开了个小杂货铺，代人收购蚕丝，一家人过着半饥不饱的生活。华罗庚上初中时，对数学产生了特殊的兴趣，他的老师王维克很器重这个聪明机灵的少年，常常单独辅导他，给他出一些难题进行训练，这使少年华罗庚受益匪浅。

华罗庚在金坛中学念完初中后，因家里无力再供他上学，只得辍学到父亲的小杂货店里帮忙料理店务。可这位酷爱数学的年轻人虽然守在柜台前，心里经常琢磨的还是数学。王维克老师借给他几本数学教材：一本大代数，一本解析几何，一本微积分。华罗庚便跟着这几位不会说话的老师步入了高等数学的大门。华罗庚 18 岁那年，在王维克老师的帮助下，到金坛中学当了一名会计兼管学校事务工作。他曾回忆当时艰难的生活："除了学校里繁重的事务外，早晚还要帮助料理小店的事务。每天晚上大约 8 点钟才能回家。清理好小店的账目之后，才能钻研数学，常常到深夜。"不久，金坛县流行伤寒，华罗庚不幸染病，卧床半年。后来病慢慢好了，可是左脚却弯曲变形，落了个跛足的终身残疾。

华罗庚在贫病之中刻苦自学，不但读了许多书，而且还勤于独立思考，敢于向权威挑战。19 岁那年，他发觉一位大学教授的论文写错了。便把自己的看法写成一篇文章，题目叫《苏家驹之代数的五次方程式解不能成立之理由》，于次年发表在上海的《科学》杂志上。随后，华罗庚又连续发表了几篇数学论文，署名"金坛人"。

这个在数学论坛上崭露头角的"金坛人"，引起了清华大学数学系主任熊庆来教授的注意。当他打听到这个数学奇才原来是个只读过初中的小青年时，深为震惊，便写信邀华罗庚来当时北平的清华大学数学系当管理员。到清华后，华罗庚的进步更快了。他自学了英语、德语。24 岁时，已能用英文写作数学论文。25 岁时，他的论文已引起国外数学界的注意。28 岁时，他当上了西南联大教授。后来，他又被熊庆来教授推荐到英国剑桥大学去深造。

华罗庚成功了！在走过坎坷的自学之路后，他成了世界著名的数学大师，国外数学界这样评价他："华罗庚教授的研究著作范围之广，足可使他堪称为世界上名列前茅的数学家之一。"

20 世纪 40 年代后期，华罗庚应美国伊利诺斯大学之聘，在那里当教授。华罗庚在那里有着优渥的生活和科研环境：他的住屋有 4 间卧室、2 间浴室，还有一间可容纳五六十人开酒会的客厅。大学还给他配备了 4 个助手、1 个打字员。

但是，当中华人民共和国成立的消息传来时，华罗庚却不再留恋美国的优渥条件，踏上了返回祖国的旅程。他说："为了抉择真理，我应当回去！为了国家民族，我应当回去！为了为人民服务，我应当回去！"1950 年的一天，这位已担任了中国科学院数学研究所所长的著名教授，在填写户口簿时，"文化程度"一栏里写了"初中毕业"4 个字。这虽然使许多人惊讶不已，却是事实：他的的确确只有一张初中毕业证书。这位数学大师的数学知识，几乎都是通过自学获得的！

1983 年 10 月，华罗庚重游美国，接受了美国科学院外籍院士的荣誉称号。这是美国科学院 120 年历史上第一次把这个荣誉称号授予一位中国科学家。美国科学院院长在向华罗庚致赞词的时候说："他是一个自学出身的人，但他教育了千百万的人们。"

通过上述三个案例，我们可以看到，名人的诞生与兴趣有着脱不开的关系，相信即使是普通人兴趣也会给大家带来不一样的收获。

☞【拓展训练】

霍兰德的兴趣类型理论：从20世纪60年代至今，职业生涯规划领域广泛使用的探索兴趣的方法称作“霍兰德职业兴趣测评”，它是由一种探索个人职业兴趣的理论——霍兰德的职业兴趣理论在实践中发展而来的。霍兰德将大多数人的兴趣归于六种类型：实用型、研究型、艺术型、社会型、企业型和事务型，同时也将社会中的职业归纳为以上六种类型。每个人去追求与自己相契合的工作环境，从而最大限度地施展自己的才能，展现个人的价值。我们暂不说霍兰德具体的兴趣类型特征，先通过做几道题目来简单认识一下自己的兴趣所在。

☞【自我兴趣探索】

(1)仅仅从兴趣出发，写出你最喜欢的几个行业。

(2)回忆使自己感到幸福的3件事，并思考为什么它会令自己感到幸福。

(3)闲暇时间，你喜欢做什么，会做多长时间？

(4)回想自己从上学以来担任的职务，并思考哪些是自己喜欢的、哪些自己不喜欢以及为什么。

(5)你最崇拜的人是谁？你觉得你最崇拜他的哪里？

☞【知识链接】

明白自己的兴趣所在，知晓兴趣对我们的学业及职业有着重要的作用，我们又该如何去培养我们的兴趣呢？

如何培养一个兴趣，便要从以下几点出发：

(1)增加知识储备，培养兴趣的基础。知识是兴趣产生的基础条件，因而要培养某种兴趣，就应有某种知识的积累。因而我们要去主动地获取更多的知识，进入大学的我们便可以充分利用学校的一切资源，通过老师进行疑难解答，通过有着丰富馆藏的图书馆来阅读专业书籍和业余读物，从而提高自己的文学水平，通过与同学之间的交流，来增长自己的见识、开阔自己的视野，从而为培养积极向上的兴趣打好基础。

(2)开展有趣活动，培养直接兴趣。所谓直接兴趣就是人对事物或活动本身的外部特征发生的兴趣，是我们对新鲜的事物或内容在感官上产生的一种新异的刺激。通过开展有趣的活动，又培养我们在文体、音乐等方面的直接兴趣，丰富我们充实的业余生活。

(3)明确目的意义，培养间接兴趣。所谓间接兴趣就是人对活动的结果及其重要意义有着明确认识之后所产生的兴趣。这种兴趣是由于认识到学习的意义和价值而引起了求学的状态，既有理智色彩，与个人的指向密切连带，既有远景行，又持久的定向作用，且不会偶遇挫折便轻易悔改。这就与我们的学习生活关联度较大。可能有些同学考进的并不是自己理想中的专业，这时对间接兴趣的培养就尤为重要，通过挖掘自己专业的一个兴趣点，朝着那个点出发，从而将兴趣扩展到整个学科，相信我们的大学专业学习生活会过得快乐而满足。

下面我们来具体认识一下霍兰德几个兴趣类型的特征。

1. 社会型：(S)

共同特征：喜欢与人交往、不断结交新的朋友、善言谈、愿意教导别人。关心社会问题、渴望发挥自己的社会作用。寻求广泛的人际关系，比较看重社会义务和社会道德。典型职业：喜欢要求与人打交道的工作，能够不断结交新的朋友，从事提供信息、启迪、帮助、培训、开发或治疗等事务，并具备相应的能力。如教育工作者(教师、教育行政人员)、社会工作者(咨询人员、公关人员)。

2. 企业型：(E)

共同特征：追求权力、权威和物质财富，具有领导才能。喜欢竞争、敢冒风险、有野心、抱负。为人务实，习惯以利益得失，权利、地位、金钱等来衡量做事的价值，做事有较强的目的性。典型职业：喜欢要求具备经营、管理、劝服、监督和领导才能，以实现机构、政治、社会及经济目标的工作，并具备相应的能力。如项目经理、销售人员，营销管理人员、政府官员、企业领导、法官、律师。

3. 常规型：(C)

共同特点：尊重权威和规章制度，喜欢按计划办事，细心、有条理，习惯接受他人的指挥和领导，自己不谋求领导职务。喜欢关注实际和细节情况，通常较为谨慎和保守，缺乏创造性，不喜欢冒险和竞争，富有自我牺牲精神。典型职业：喜欢要求注意细节、精确度、有系统有条理，具有记录、归档、据特定要求或程序组织数据和文字信息的职业，并具备相应能力。如秘书、办公室人员、记事员、会计、行政助理、图书馆管理员、出纳员、打字员、投资分析员。

4. 实际型：(R)

共同特点：愿意使用工具从事操作性工作，动手能力强，做事手脚灵活，动作协调。偏好于具体任务，不善言辞，做事保守，较为谦虚。缺乏社交能力，通常喜欢独立做事。典型职业：喜欢使用工具、机器，需要基本操作技能的工作。对要求具备机械方面才能、体力或从事与物件、机器、工具、运动器材、植物、动物相关的职业有兴趣，并具备相应能力。如技术性职业(计算机硬件人员、摄影师、制图员、机械装配工)、技能性职业(木匠、厨师、技工、修理工、农民、一般劳动)。

5. 调研型：(I)

共同特点：思想家而非实干家，抽象思维能力强，求知欲强，肯动脑，善思考，不愿动手。喜欢独立的和富有创造性的工作。知识渊博，有学识才能，不善于领导他人。考虑问题理性，做事喜欢精确，喜欢逻辑分析和推理，不断探讨未知的领域。典型职业：喜欢智力的、抽象的、分析的、独立的定向任务，要求具备智力或分析才能，并将其用于观察、估测、衡量、形成理论、最终解决问题的工作，并具备相应的能力。如科学研究人员、教师、工程师、电脑编程人员、医生、系统分析员。

6. 艺术型：(A)

共同特点：有创造力，乐于创造新颖、与众不同的成果，渴望表现自己的个性，实现自身的价值。做事理想化，追求完美，不重实际。具有一定的艺术才能和个性。

善于表达、怀旧、心态较为复杂。典型职业：喜欢的工作要求具备艺术修养、创造力、表达能力和直觉，并将其用于语言、行为、声音、颜色和形式的审美、思索和感受，具备相应的能力。不擅长事务性工作。如艺术方面(演员、导演、艺术设计师、雕刻家、建筑师、摄影家、广告制作人)、音乐方面(歌唱家、作曲家、乐队指挥)、文学方面(小说家、诗人、剧作家)。

从霍兰德兴趣类型特征中，我们需要找寻自己的霍兰德兴趣特征，而找寻它的重要性就在于它与实际生活有着紧密的联系。它有以下两个重要作用：

(1)寻找兴趣类型与所学专业的良好匹配。

(2)为多种兴趣找到职业平台。

当然，分析自己的兴趣不仅仅拘泥于霍兰德兴趣探索方法，也可以根据回顾总结法来探索自己的兴趣所在。

☞【职业导航】

(1)如何选我所爱、爱我所选，将兴趣探索应用于生涯规划？

(2)永远重视兴趣在职业生涯中不可替代的促进作用。

(3)寻找专业或职业中的兴趣点，将兴趣与学习和工作完美结合。

(4)将兴趣与其他因素相融合，各个因素之间相互配合。

(5)坚持对兴趣的探索，明晰自己的兴趣所在。

☞【职业测评】

通过大量的分析与试题测验，确定好自己的兴趣和理想的职业之后，我们需要一个简单的职业测评。为了使测评结果更加专业和准确，我们仍然可以使用 MBTI 测评和霍兰德职业测评，下面我们通过几道题来简单测试一下。

(1)强壮而敏捷的身体对我很重要。

A. 符合我的情况　　B. 不能确定　　C. 不符合我的情况

(2)了解事实的真相对我来说很重要。

A. 符合我的情况　　B. 不能确定　　C. 不符合我的情况

(3)我的心情会被音乐，事务，色彩所影响。

A. 符合我的情况　　B. 不能确定　　C. 不符合我的情况

(4)人际关系对我来说很重要也很有意义。

A. 符合我的情况　　B. 不能确定　　C. 不符合我的情况

(5)我相信一定会成功。

A. 符合我的情况　　B. 不能确定　　C. 不符合我的情况

(6)通过完整的霍兰德职业测评，大家可以对自己的兴趣和未来有一个更加充分地了解，从而找到自己心仪的职业，在快乐而充实的工作中走向成功。

模块3：能力认知

人贵有自知之明，世上不可能会有完美的人，动画片中的超人也永远不会真实地存在于现实生活中。我们每个人既独特又普通，既出众又平凡。我们每个人有专属于我们自己的“超能力”，也有自己力所不能及的缺陷。进入大学，我们就要对自己的能力有个清晰的认知，了解自己会做什么，知道自己不会做什么，全方位地正确地认识自己的能力所及，才会让我们在大学中明白自己的不足，弥补自己的不足，获得更好的提升。

高中的应试性教育某种程度上限制了我们的个性化发展，这让我们在进入大学之后迫切地想要施展自己的才华，因而有什么活动或组织都迫切地想要参加。然而我们并没有想过，我们是真的适合这份工作吗？我们真的能在这个组织这个岗位发光发热吗？我们真的能够把事情做得尽善尽美吗？为了让大学更有意义，我们就必须对自己的能力有个清晰的认知，有其才，再谋其职。

☞【导入案例】

吴刚今年36岁，在一家国际互联网公司做创意总监。他个人的职业满意度非常高，公司也很欣赏他的业务能力和管理能力。中学时吴刚的成绩中等，且语文和数学这两科成绩较差，因此吴刚未受到父母和老师的重视，他自己对未来的职业成就也没有过多的期待。但吴刚一直喜欢绘画和摄影。他喜欢观察生活的细节，并用画笔或镜头表现出来。在当时这被家长认为是“耽误学习”的活动。吴刚进入大学后，学的是平面设计，他的个人能力开始展现出来，他设计的作品常常受到老师的称赞。大学毕业后，吴刚顺利进入这家国际互联网公司，从美编做起，一直做到了创意总监。在他进入职场后，数学和语文方面的能力已不是他工作的重点，而较高的视觉—空间智能成了他的优势。

吴刚正是发挥了他自己独特而出色的能力才获得如此成就，可见个人能力对我们的发展有多么重要。

☞【拓展训练】

在进入真正的能力认知之前，我们先简单做几道题测试一下自己的能力。

(1)请写出自己所具备的能力，不论大小，可以涵盖各个方面。然后按照能力的强弱，以十分为满分给每项能力打分。

(2)给这些能力分类，说说每一类别中各项能力有什么共性。

(3)通过系统的教育，我掌握的知识技能有什么？

(4)通过参加社会实践活动，我掌握的知识技能有什么？

(5)通过兼职或单位实习，我掌握的知识技能有什么？

(6)通过其他途径，我掌握的知识技能有什么？

☞【知识链接】

多元智能理论是由美国心理学家霍华德·加德纳提出的，它对于学校的教学改革和探讨人的发展价值都有积极的意义。该理论认为，智能是人在特定情境中解决问题并有所创造的能力。我们每个人都拥有 8 种主要智能：语言智能、数学—逻辑智能、音乐智能、肢体—运动智能、视觉—空间智能、自然智能、人际智能、自省智能。这 8 种智能在个人的智能结构中处于同等重要的地位，但是它们以不同的方式、不同的程度组合起来，从而使每个人的智能各具特点。传统上学校较注重学生在数理—逻辑方面(数学)的能力和读写方面(语文)的能力的发展，但这两个方面并不是人类智能的全部。不同的人会有不同的智能长项和智能组合，例如，建筑师的空间感(视觉—空间智能)较强，舞蹈演员的动作技能(肢体—运动智能)较强，公关专家的人际交流能力(人际智能)较强等。人类的 8 种主要智能特征如表 2-3。

表 2-3 人类的 8 种主要智能特征

智能种类	智能特征
语言智能	善于表达，驾驭文字的能力强
数学—逻辑智能	能有效运用数字，推理能力强
音乐智能	对音高、音色、节奏、旋律等较为敏感
肢体—运动智能	有良好的身体技巧和控制平衡的能力
视觉—空间智能	能够准确地感觉视觉空间，并能把感觉到的表达出来
自然智能	能够识别自然界的各种动物和植物，并能进行分类
人际智能	能够察觉别人的情绪、意向，辨别不同的人际关系
自省智能	能很好地控制自己的情绪，并善于自我分析，有自知之明

多元智能理论让每个人都能看到自己的长处，使人们有信心在职业生涯规划中找到适合自己的方向。了解到自己具备哪些智能就能够知道自己的个性特征，从而知道应重点培养自己哪个方面，从而全面认识自己。

在这里，请同学们对照表 2-3 来识别自己的优势技能。

☞【职业导航】

如何判断自己的能力水平，如何在大学中明晰自己适合的位置，从而让自己迅速融入大学生活，需要我们详细地了解能力的基本分类。

在日常生活中，我们熟悉一个人之后，会在某些方面感叹“这个人好强啊”，并产生技不如人的心理。这里的强便是能力的高，这里的技不如人同样是指能力。那么基本的能力分类就是能力，当然也有更多的方面。大致可以分为以下几类。

1. 一般能力和特殊能力

一般能力是指观察、记忆、思维、想象等能力，通常也叫智力。它是人们完成任何活动所不可缺少的，是能力中最主要又最一般的部分。特殊能力是指人们从事特殊职业或专业需要的能力。例如音乐中所需要的听觉表象能力。人们从事任何一项专业性活动既需要一般能力，也需要特殊能力。二者的发展也是相互促进的。一般能力几乎是每个人都具备的，对人们来说是最基本的能力。我们每个大学生都有最基本的智力，简单来说，也就是在大学中学习的基本能力。而特殊能力就有明确的特殊对象的要求，绝大部分大学的学生组织会有具体部门的分类，而进行部门分类其实就是学校组织对大学生特殊能力的要求，有些同学可能在宣传方面很出众，而在组织能力上就有所欠缺，有些同学能说会道，但在细节方面的事情上却做得不够到位，这就是每个人在特殊能力上的区别。

2. 模仿能力与创造能力

模仿能力指通过观察别人的行为、活动来学习各种知识，然后以相同的方式做出反应的能力。而创造能力则是指产生新思想和新产品的能力。很多专攻表演的高校，专门表演的系别和一些学校中的表演及话剧社团就对面试的大学生的模仿能力有很高的要求。例如学校的话剧社团，对于想要加入该社团的学生来说，最基本的要求就是突出的模仿能力，这就需要有这个意向的同学们增强自己的模仿能力。而创造能力在学习生活中表现得就更为突出，可以毫不夸张地说，现如今我国的高校都在加强学生创新能力的培养，甚至不定期开展大学生创新创造大赛，为的就是增强国家的创新力量，吸收国家创新的青春血液。而创造能力较好的同学便可以酌情参加创新项目，使自己的创新能力得到长远的提高。

3. 认知能力、操作能力和社交能力

认知能力：认知能力指接收、加工、储存和应用信息的能力。它是人们成功地完成活动最重要的心理条件。知觉、记忆、注意、思维和想象的能力都被认作认知能力。美国心理学家加涅提出 3 种认知能力：言语信息(回答世界是什么的问题的能力)、智慧技能(回答为什么和怎么办的问题的能力)、认知策略(有意识地调节与监控自己的认知加工过程的能力)。

操作能力：操作能力指操纵、制作和运动的能力。劳动能力、艺术表现能力、体育运动能力、实验操作能力都被认为是操作能力。操作能力是在操作技能的基础上发展起来，又成为顺利地掌握操作技能的重要条件。认知能力和操作能力紧密地联系着。认知能力中必然有操作能力，操作能力中也一定有认知能力。

社交能力：社交能力指人们在社会交往活动中所表现出来的能力。组织管理能力、言语感染能力等都被认为是社交能力。社交能力包含认知能力和操作能力。

这三种能力与我们日常和学习生活更为贴近。首先是认知能力，我们每个人对基本的事物都有一个最基本的认知，然后通过自己的加工和各种认知器官的反应对事物进行深层认知。大家的基本认知可能没有太大的区别，而深层认知的能力区别可能就比较明显，对事物分析能力强的同学的认知能力就会非常出色，很适合对深奥理论进行分析与加工，在学术理论界闯出一片天。其次是操作能力，理工科的同学可能在实验上的操作能力就比较强，体院的同学体育操作能力就会相对其他较强，艺院的同学艺术表演操作能力相较而言就会强上很多，而善于动手制作的同学操作实践能力则更为突出……操作能力有着很多类别，这时大家就可以根据自己的操作能力加入相应的组织或学院。最后是社交能力，也是和我们生活最贴近、我们最需要的一项能力。人类从来都是群居动物，生活中永远不可能离开社交。我们在大学中会认识各种各样的人，我们需要和更多的人打交道来开拓自己的交际圈。这就对大家的性格做了要求，对性格开朗、平易近人的同学来说，进行大学的人际交往是一件相对容易的事。而对那些性格较为腼腆、容易害羞的同学来说就是较为困难的一件事，这就需要这些同学多多锻炼自己的社交能力，在大学中开拓自己的天空。

依据以上的基本概念与分类，相信大家已经对自己的能力有一个较为清晰的认知，这时我们就会理性分析、认真对待，从而根据自己的能力来参与大学生活，让大学生活更有意义。需要提到一点，想要提高或锻炼自己的能力，首先要有提高自己能力的态度，其次是付出行动，这样才能收获更好的大学生活。

那么当能力不足时又该如何应对呢？这时就需要我们树立正确的能力观念。

(1)发展能力的重点是发挥优势还是恶补短板。任何一件事情想要成功，不仅仅取决于单一的因素。补能力的短板也是完善自己的途径之一，但在现代社会中，自己所具有的独特能力才是与他人区分的根本标志。所谓扬长避短，便要充分发挥出自己的优势，避开自己的短处。

(2)合理接纳自己的能力限度。每个人都不是完美的，不可能在每个领域都有所建树，这就需要我们以平和的心态对待我们的能力不及之处，尽我所能便好。

(3)找到应该重点发展的能力。每个人所面临的情况不同，所处的环境也不同，因而需要重点发展的能力也不同。需要根据自己的现实需要去培养和提高自己的能力。

☞【职业测评】

大家仍然可以用MBTI性格测试，以及霍兰德职业测评来初步评判一下自己，或者通过回忆的方法，找出自己能力强的地方和有所欠缺的地方，从而与职业相联系，将能力与职业相匹配，相信我们会有更多更好的收获。

模块4：价值观认知

作为朝气蓬勃刚踏入大学的大学生，作为走在时代最前沿的弄潮儿，作为中国新一代传递梦想火炬的青年人，我们要尽自己最大的努力以自己最好的实际行动去实现目标。而这个就涉及比较宏观的更是比较深奥的问题，即价值观导向。价值观是每个人在后天形成的对整个世界的认识，价值观有正确的也有错误的，作为一个有思想的人，我们每个人必定有着属于自己的价值观，而这个价值观就潜藏于我们思想的最深处。为了做一个积极向上的大学生，为了做一个为时代有贡献的人，为了做一个有志向敢努力的青年人，我们也应该对自己进行一个最基本的价值观认知，从而培养、发展和树立自己的清晰而正确的价值观。

我们国家以社会主义核心价值观为准则，在国家层面要求富强民主文明和谐，在社会层面要求自由平等公正法治，在个人层面要求爱国敬业诚信友善。那么认识自己的价值观，树立正确价值观就要从最基本的层面出发，以社会主义核心价值观为准则。本模块我们就来探索价值观认知。

☞【导入案例】

江涛是一名大三学生，经济学专业，成绩优异。面临求职选择，他很想去非政府组织工作，实现他为社会做出贡献的抱负。江涛的父母都在国家事业单位工作，他们的人生经历让他们持有传统的价值观，他们希望江涛拥有一份稳定、高薪的工作，有较好的收入、较高的社会地位和发展前景。父母认为物质基础是很重要的，可以为实现人生抱负奠定经济基础，而不是让人生抱负成为空中楼阁，并且需要考虑照顾家庭和教育子女等现实问题，工作地点固定、生活规律也是很重要的。

但在江涛看来，人生有很多拼搏和尝试的机会，一成不变的职业时代已经过去了，他喜欢多元的发展空间，做自己想做的事情。但是江涛并没有马上去实现他的想法。因为传统的价值观念仍然影响着他，他在金融机构实习期间拿到了很高的工资，这让他看到了自己在金融行业的发展前景，而对于闯荡世界过不安稳的生活他也有些担忧。因此，他陷入了纠结中，开始考虑一种折中的方案：能否先在金融行业积累一些经济基础，之后再去非政府组织实现个人的梦想？

在这个例子中，我们可以看到传统的价值观与现代的价值观在江涛身上发生了碰撞，江涛同时受到这两种价值观的影响，不再只有一种选择。在多元社会里他可以选择富于变化的生活，这是一种进步；同时，他要做出改变还是有些困难的，因为家庭的价值观念根深蒂固地影响着他。年轻人追求自我、独立和时尚，但是不可避免地还要考虑传统社会的价值评判。

☞【拓展训练】

首先我们做一个活动探索一下自己的价值观。人的一生中总有许多东西难以割舍。在同学们的生活中，同样也有一些东西非常重要。现在，用五分钟的时间，请大家安静地认真思考，写下你们认定的生命中最宝贵的五样东西。接下来，请同学们逐一删去你们认为五样中不那么重要的项目，最后只留下一项。练习结束后，请同学们仔细思考，最终留下的，是不是你们生命中最宝贵的东西，是不是你们生命存在的意义。这是一个探索个体价值观的练习，会让同学们意识到什么对自己来说有价值，而什么没有价值，进而确定同学们自己的价值观。

☞【知识链接】

价值观是基于人的一定的思维感官之上而作出的认知、理解、判断或抉择，也就是人认定事物、辨别是非的一种思维或价值取向，从而体现出“人、事、物”一定的价值或作用。同时，价值观也是人们关于什么是价值、怎样评判价值、如何创造价值等问题的根本观点。价值观的内容，一方面表现为价值取向、价值追求，凝结为一定的价值目标；另一方面表现为价值尺度和准则，成为人们判断事物有无价值及价值大小、是光荣还是可耻的评价标准。思考价值问题并形成一定的价值观，是人们使自己的认识和实践活动达到自觉的重要标志。

从价值观的含义中，我们可以认识到，价值观与我们的追求、目标以及个人原则紧密相连，此时我们便可以明晰价值观对我们来说究竟意味着什么。其次，我们要了解价值观的特点。相信很多在高中学过政治的同学可以脱口而出，没错，就是以下三个特点：稳定性和持久性、历史性与选择性、主观能动性。其中最需要我们大学生重视的便是价值观的后两个特点。就历史性与选择性来说，历史长河川流不息，我们的国家和我们的时代每天都在发生着巨大的变化。我们的价值观必须要随潮流而改变，紧跟时代步伐，勇当时代先锋。而主观能动性则涉及我们的个人问题，每个人的脑部构造不同，理所当然地每个人的思想也就不同，价值观也就不可能完全相同，可能一致，也可能完全相悖。这就看我们自己的主观选择，去选择自己认可的价值观。但不同的价值观也有不同的效用，接下来我们便要谈到价值观的作用。

(1)价值观对动机有导向的作用，人们行为的动机受价值观的支配和制约，价值观对动机模式有重要影响，在同样的客观条件下，具有不同价值观的人，其动机模式不同，产生的行为也不相同，动机的目的方向受价值观的支配，只有那些经过判断被认为是可取的价值观，才能转换为行为的动机，并以此为目标引导人们的行为。而拥有一个正确的价值观，便会产生一个好的动机，进而去引导正确的行为。例如，现在社会上受到广泛关注的老人倒地扶不扶的问题，如果有着善良帮助他人为己任的正确价值观的话，我相信，每一个倒地的老人都会得到应有的帮助。而那些拥有自私自利以自我为中心的价值观的人则会漠然无视，甚至恶语相向，长此以往整个社会会变得自私而冷漠，世界的爱就会慢慢消失。

(2)价值观反映人们的认知和需求状况，价值观是人们对客观世界及行为结果的评价和看法，因而，它从某个方面反映了人们的人生观和价值观，反映了人的主观认知世界。这就涉及我们对一个失误或一件事情的基本判断能力，作为大学生，我们应该拥有基础的明辨是非的能力，用正确的价值观去引导自己对一件事情做出正确的判断，而不是在错误价值观的引导下做出冲动而让自己后悔一生的行为。

在20世纪60年代，以马斯洛为首的心理学家们发现，价值观对于我们的内在决策过程起到至关重要的作用，我们的内在需求决定了我们会做出怎样的价值选择。马斯洛认为，人都潜藏着在不同层次的需要，这些需要共分为5个层次，分别是生理的需要、安全的需要、归属与爱的需要、尊重的需要、自我实现的需要。这些需要在不同的时期表现出来的迫切程度不同，人最迫切的需要是激励人行动的主要动力。马斯洛的需求层次模型与对应的价值观如表2-4所示。

表 2-4 不同需求层次对应的价值观表

需求层次	对应的价值观
自我实现的需要	发展和成长、兴趣、创造性、社会意义
尊重的需要	成就、声望、地位、自主性
归属与爱的需要	人际关系、团队合作
安全的需要	工作稳定、工作条件
生理的需要	经济保障、工资待遇

☞【职业导航】

通过对价值观的概念、特点以及作用的分析，并通过马斯洛价值观的判断，我们基本可以认识和了解到什么是价值观，同时也可以对自己的价值观有一个更为明确的认识。那么我们如何纠正错误的价值观，又如何树立一个更好的价值观呢？紧跟时代潮流，抓好时代脉搏。世界在发展，中国在发展，社会也在发展，我们就要时刻紧跟时代浪潮，塑造符合世界，符合国家，符合社会大流的价值观，让自己的人生也紧跟时代发展。坚持以社会主义核心价值观为准则。社会主义核心价值观是国家对我们每个人提出的最基本的要求，只要我们每个大学生能够铭记于心，付诸行动，相信我们会形成更好的正直的价值观。多读书，读好书。书籍是人类进步的阶梯，通过阅读，我们能够在无形之中对我们的价值观进行塑形。刘向曾言："书犹药也，善读之可以医愚。书也犹标杆，善读之可以矫思。"通过阅读书籍，让我们循序渐进地形成良好的价值观。我们个体的价值观体现在生活中的方方面面，因而对价值观的探索和培养，能够让我们在生活和职业中做出更好的成绩。

☞【结语】

认识自己是为了更好地生存，也是为了更好地服务于社会，实现个人的价值。这是一种进步，更是一种永恒的主题。认识自己才能发展自己，发展自己才能收获更好的自己。通过对自己的性格认知、兴趣认知、能力认知和价值观认知，相信我们每个大学生对自己都会有一个更清晰的认识和了解，从而更好地规划我们的大学生活和未来的职业生活，攀登新阶梯、登上新高度、享受新人生。卢梭曾说："伟大的人是决不会滥用他们的优点的，他们看出他们超过别人的地方，并且意识到这一点，然而绝不会因此就不谦虚。他们的过人之处越多，他们越认识到他们的不足。"通过对自我的认知，发展自己，放飞自己的梦想，愿所有的大学生都能够找寻到自己生活的意义，在不断的探索中，提升自己的价值，找寻适合自己的职业，迎接全新的生活。

专题三　因势利导：大学生职业生涯环境分析

☞【专题导读】

工作的世界是职业生涯探索的重要内容，对于大学生而言既是熟悉的，也是陌生的。说它熟悉，是因为我们虽未正式踏入职场，但每个人身边都有身处工作世界中的人，比如父母、亲戚、朋友、老师等，包括我们自己，或许也有过一些短暂的工作体验。说它陌生，是因为我们对工作世界的认识可能还只是通过间接的方式，没有切身、深入的体会。

工作的世界，是每一位大学生今后都必须面对的。在即将迈入职场时，我们更多的是怀着一种朦胧的感觉去想象、去猜测，或有向往、或有不安或有焦躁。神秘的工作世界到底是个什么样子？我们应该怎样对待工作和职业？我们通过什么渠道可以更加客观真实地了解工作世界？本章，我们就将开始一场探秘之旅。希望每位同学通过了解工作世界，逐渐找到揭开职业神秘面纱的方法，纠正对职场的错误认识，树立正确的世界观，挖掘自己不曾发过的潜在机会，为科学规划个人职业生涯打好基础。

☞【导入案例】

注重锻炼职业素养，铸就未来事业成功

小陈，某高校2013届机械专业毕业生，一个来自农村的性格内向的小伙子。在校期间，他曾他给自己树立了明确的目标：专业学习力求成绩优异，同时抓住一切机会接触社会和职场，培养个人职业能力与职业素养。大学四年，小陈曾担任学院记者团团长、学长班主任等工作，重视与人沟通交流，努力协调各种关系。课余时间，他积极参加实习实训以及兼职活动，接触并了解职业世界，积累了丰富的兼职工作经验。四年的经历是他人生最宝贵的财富，培养了乐于奉献、不计得失的职业心态，训练了组织管理的职业技能，磨炼了主动沟通、专注敬业的职业素养。这些都为他今后的职业发展奠定了坚实的基础。毕业后，小陈成功就职某央企，因其突出的工作表现，29岁时就升职成为公司中层管理干部，担任某研究院负责人。可以说，正是校园里培养的职业素养，让他在工作中迈向成功。

一个电商青年的星辰大海

小叶，某高校2011届电子商务专业毕业生。大学期间，小叶便打开了淘宝创业、SIYB创业的大门，立志在电商领域做出一番事业，围绕职业发展方向，有目标、有针对性地进行自我学习，自我提升，努力为未来发展开拓空间。他创建了学校第一届电商协会，凭淘宝创业项目参加了全国某电商创业大赛，并获得了省级一等奖、全国三等奖。2011 年大学毕业后小叶在杭州正式开始创业，从 45 平方米的商住楼，自己一人打包、发货、售后服务；到 2015 年，小叶的业务以每年 300% 的增量飞速发展，2016 年利润达到 300 万元；再到 2017 年，他经营的线上店铺在杭州已有 2000 平方米的仓库，日发货量达到 3000 单，爆款有 50 多种；再到 2021 年他终于拥有了自己的工厂，管理着 30 多人的团队，年销售额达到 5000 万元！十年如一日，小叶辛勤守护着他的电商小店，业务运营蒸蒸日上，“守候家居”以惊人的爆发力占据淘宝家居鳌头，创造了属于自己的未来。

单元六　认识职业环境

模块 1：职业环境分析

一、走进职业世界

（一）职业概述

随着社会的进步和发展，人类在长期生产活动中产生了劳动分工，职业由此产生和发展。职业是由于社会分工而形成的具有特定专业和专门职责，并以所得收入作为主要生活来源的工作。职业既是人们谋生的手段又是人们参与社会交往的重要渠道。

1. 职业的含义

从汉语词义的角度看“职业”一词，它是由“职”和“业”构成，“职”是指职位、职责，“业”是指行业、事业。从社会劳动学的角度来说，职业是劳动者能足够稳定地从事的有酬工作。从科学的角度看，职业是指人们从事的相对稳定的、有收入的专门类别的社会劳动。职业是一个人的权利、义务、社会职责和社会地位的综合表现，同时也是人们的生活方式、经济状况、文化水平、行为模式、思想情操的综合反映。职业是由职业名称、职业主体、职业客体、职业报酬、职业技术等诸方面要素构成的，如表 3-1。

表 3-1　职业构成要素表

职业构成要素	
职业名称	指职业的符号表征，一般以社会通用称谓来命名
职业主体	指从事一定社会分工的劳动者须具备承担该职业活动所需的资格和能力
职业客体	指职业活动的对象内容、场所和劳动方式等
职业报酬	指通过职业活动所取得的各种报酬
职业技术	指劳动者在从事职业活动中所运用的自然技术、社会技术和思维技术的总和与人们从事职业活动所使用的工具材料和工艺方法等

职业构成要素，体现了职业是社会与个人、整体与个体的联结点。整体依靠个体通过职业活动来实现目标，个体则通过职业活动对整体作出贡献，并索取一定的报酬维持生活。众多职业分工和从业者的工作，构成了人类共同生活的社会基本结构。

☞【拓展训练】

我看“职业”

补充完成一下句子，体会职业对人生的意义。

操作：下面是一系列待完成的句子。首先，请个人认真独立完成；然后和同学们一起分享，互相交流；最后，将同学们能够形成共识的内容进行归纳。

1. 我将来想干的事业是________________________________。
2. 我以后会是个________________________________。
3. 到了一定年龄，每人都应该有自己的________________________________。
4. 在事业方面我最大的期望是________________________________。
5. 我认为事业成功成是________________________________。
6. 对我来说，职业是________________________________。

2. 职业的特征

(1)社会性。

职业的社会性即劳动者承担生产任务，扮演社会角色，履行公民义务。职业并非人类一出现就存在的，而是社会分工的结果。每一种职业的产生都体现了社会分工的细化，体现了社会生产力的提高和社会的不断进步。因此，职业是劳动者获取的一种社会分工角色，是个人与社会结合的体现。社会成员通过从事职业活动为社会做出自己的贡献，社会也以全体成员的劳动作为积累而持续发展和进步。

(2)价值性。

职业价值性即劳动者从中创造价值取得收入。劳动者利用专门的知识和技能从事职业活动，以获取一定的收入作为物质生活的来源，这就是职业的经济性。获取一定的收入既是劳动者从事职业活动的基本动机，也是其从事职业活动的结果。可以说，直到现在职业仍然是人们谋生的手段，是维持个人和家庭生存的基础。

(3)稳定性。

职业的稳定性即劳动者从事的职业活动是相对稳定的，是持续的。职业一直处在不断发展变化之中，随着生产力和社会分工的发展，新的职业不断出现。但是，某种职业一旦形成，便会在较长的一段时期内存在和发展。职业的生命周期具有相对的稳定性，这是因为决定职业存在的社会条件的变化是比较缓慢的。职业的稳定性使人们学习、掌握专业知识和技能成为可能，也使人们职业生涯的规划和发展成为可能。

(4)多样性。

职业的多样性即不同职业之间有很大差异。职业不仅种类繁多，而且不同种类职业的劳动内容、生产工具、知识与技能要求等都存在很大差异。俗话说，“隔行如隔山”，职业间的差异会给人们的职业转换带来一定的障碍和困难，同时也使社会分工更加细化，有利于提高工作效率。

(5)规范性。

职业的规范性应该包含两层含义：一是指职业内部要求的操作规范性，二是指职业道德的规范性。不同职业的劳动者在其劳动过程中都有一定的操作规范性，这是保证职业活动的专业性要求。当不同职业在对外展现其服务时，还存在一个伦理范畴的规范性，即职业道德。这两种规范性构成了职业规范的内涵与外延。

(6)技术性。

职业的技术性即劳动者在职业活动中需要具备一定的才能和专长。职业的技术性揭示了职业的专业性。虽然不同职业对技术的要求有所不同，但都需要劳动者具有一定的技术。可以说，自职业产生起，就不存在一种没有技术要求的职业。目前，许多职业都对学历、专业、职业资格等有明确的要求。

☞【导入案例】

别人的朋友圈

张慧和李文是武汉某大学企业管理专业的毕业生，两人是至交好友，毕业之后多年仍保持联系。大四那年，同为优秀应届毕业生，摆在他们面前的工作机会很多，权衡之下，张慧选择了公务员工作，李文选择了IT公司的运营工作。在张慧的眼中，朋友李文的运营工作是值得羡慕的：灵活自由的工作环境，富有挑战的工作内容，与搜狐、腾讯等行业顶尖企业以及各种高科技产品等接触。在李文的眼中，朋友张慧的公务员工作也有着无可替代的优点：朝九晚五准点上下班，家庭工作与事业的完美平衡，稳定的工作岗位等。工作之余，两人在聊天时都会忍不住吐槽自己工作的种种不顺心，萌生出"要是我当初选择了××职业就好了"一类的感叹。但内心深处，两人都明白，自己的职业是自己的选择，有欢乐也有痛苦。虽然羡慕对方朋友圈里展现的工作内容和生活方式，但自己的工作也是千金不换的。

3. 职业的意义

法国启蒙思想家卢梭认为："选择职业是人生大事，因为职业决定了一个人的未来。"

(1)职业是人的生活方式。

无论男女，无论年长、年少，无论家庭背景、教育程度、个人志向，在人的一生中，都要遇到职业问题。在一个人漫长的一生中，有着长达三四十年的职业生涯；在进入职业之前的十几年，甚至二十几年，其学习经历和生活经历与未来的职业预期有一定联系；年老退休以后的生活，也与以前的职业关系甚大。因此，职业是关系着每一个社会成员一生的重大问题，是人的一种重要生活方式。

(2)职业是人的社会角色。

随着人类社会的发展，有了劳动的分工，也就产生了种种职业。社会越发展，社会分工就越细致，职业种类也就越多。可以说，职业是一个有着广泛内容的博大精深的领域。

人一般都在某种职业岗位上工作，这就使每个人都成了“职业”这个社会劳动大机器中的一个部件，受到社会方方面面因素的影响。同时，他们又在社会的运转中扮演一个特定的职业角色，如工人、厂长、工程师、经理、自由职业者、演员、导演、教师、军官等。

(3)职业是关系各层面的大事。

职业是一种重要的社会现象，在人类社会的各个层面都体现出它的重要性。从个人的角度看，职业是一个人的生存方式，是其生活的物质基础，同时也是个人从事社会活动的主要领域。在适宜的条件下，职业及其活动内容可能成为个人奋斗的目标和为之奉献的事业。可以说，职业是关系到个人前途的大事。

从家庭的角度看，职业是需要做出重大选择的事情，甚至是家庭得以建立和维系的重要因素。人们说：“男怕入错行，女怕嫁错郎。”前者即职业问题，后者所嫁的“郎”，除了人品、个性等因素外，无疑也有丈夫的职业问题。因为“郎”的不同职业，可以带给家庭不同收入、不同名誉地位、不同社会关系、不同的社会资源，从而影响家庭的组合模式和总体利益，也带来夫妻关系的不同。在现代社会，女性从“锅台”旁解放出来走向社会，同样有着择业问题。因此，“女”也有怕入错“行”的问题。

从全社会的角度看，职业是构成社会存在的基础，是构成社会运行的一种具体方式，也是构成社会成员的阶层划分与社会地位的归宿。职业涉及人们从事社会生活的动力，涉及人的社会关系，涉及社会的矛盾和冲突，涉及社会财富和利益的分配，涉及一个社会的平等与效率选择。

(4)职业造就人的命运。

人们都有着对好际遇和好命运的渴望，但是人的际遇和“命运”，往往是难以符合自身渴望的。即使人们为自身的前途已经做出了努力，但外部因素却不是自己能够改变的。事实上，所谓的命运问题不是一个纯哲学的问题，不是一个抽象的社会心理问题，而是一个实实在在的如何看待人的社会存在，特别是如何看待自己的社会存在与相应的社会生活态度的问题。

大学生毕业后融入社会，有两项重要问题要解决，一是寻找工作岗位，二是组建家庭。“工作岗位”即职业社会化问题，“组建家庭”即婚姻社会化问题。所谓职业社会化，就是一个人走上社会，寻求一定的职业岗位并在这个岗位上工作，适应职业、适应工作环境(物质环境与人际环境)，在社会中找到适合自己的位置。从这个意义上说，人的职业生涯造就了人的命运。

(5)职业体现人与人的社会关系。

职业实质上实现了劳动者与生产资料的结合，体现着人与人的社会关系。人们通过职业活动不仅满足了自身的需要，而且通过各自劳动成果的交换，满足了彼此的需要。因此，职业及职业活动对于个人和社会都有非常重要的意义。对个人而言，职业生活是人生的重要组成部分，职业问题解决得好坏，对个人一生能否顺利发展具有重要的意义。

职业活动为人们提供物质生活的基本条件，是人们赖以生存的手段，是个人收入的主要来源。生产劳动是人类社会发展中最重要的活动，而人们的职业和生产劳动是紧密相连的。在现实生活中，人们从事职业活动是为了取得一定的报酬，职业活动区别于其他活动的重要标志就是，职业是以获取经济收入、取得报酬为目的的。而人们在职业活动中取得个人经济利益的同时也为社会创造了财富，实现了社会物质财富和精神财富的积累。因此，职业是经济性和社会性的统一。

职业是个人获得名誉、地位、权利以及友谊、交往等精神需要的重要来源。同时，在人们按照一定的社会规范从事特定的职业时，由于各种职业都有不同于其他职业的活动内容和形式，必然对从业者的生理和心理产生重大影响。当这种工作能够使个人的才能得到发挥、个性得到不断发展与完善时，就成为促进个性健康发展的捷径。而随着才能的逐步提高，人们自我实现的需要也得到满足。对社会而言，职业和职业活动构成了人类的社会生活，是社会存在和发展的基础。

（二）职业的分类

原始社会中，人类劳动最早只按男女性别进行分工，男人打猎、捕鱼，女人采摘果实、挖掘茎块，所以不存在职业。在原始社会末期，出现了最初的社会大分工，农业、手工业和畜牧业开始成为专门的职业。以后随着生产力的发展，社会分工越来越细，职业也越来越多，职业是社会分工和人类文明的标志。人类历史上职业的产生和发展，一方面体现了社会生产力发展水平和科技进步的结果；另一方面又促进了社会生产力的提高，促进了生产的社会化和专业化的发展。

职业分类是在社会分工的基础上按照职业性质、工作方式、技术要求及行业范围等的同一性所进行的划分归类。目前世界上有超过20000种职业，对于大多数人来说，都有数种职业适合他们。

1. 西方国家的职业分类

（1）根据劳动的性质层次进行分类。这种分类方法把工作人员划分为白领和蓝领。白领工作人员包括：专业性和技术性的工作人员，农场以外的经理和行政管理人员、销售人员、办公室人员。蓝领工作人员句括：手工艺及类似的工人、非运输性的技工、运输装置机工人、农场以外的工人、服务性行业工人。随着行业的发展，又出现了“灰领”工作人员，指既能动脑又能动手，具有较高的知识层次、较强的创新能力、掌握熟练的心智技能的新兴技能人才。目前，广告创意、会展策划、服装设计、软件开发工程师、装饰设计师等25个大类的岗位从业人员，都被冠以“灰领”。

（2）根据职业性向进行分类。基于美国著名职业心理学家霍兰德创立的“人职匹配理论”我们可以把职业分为六类：现实型、企业型、社会型、事务型、文艺型、研究型。

（3）根据职业的主要职责或从事的工作进行分类。国际劳工组织（ILO）于1958年颁布的首部《国际标准职业分类》，提供了包括8个大类、83个小类、284个细类、1506个职业项目，总共列出职业1881个，每个职业都有一个5位编码，并有相应的职业名称以及关于一般职权、主要职责和任务的职业定义。其中8个大类是：专家、技术人员及有关工作者；政府官员和企业经理；事务工作者和有关工作者；销售工作者；服务工作者；农业、牧业、林业工作者及渔民、猎人；生产和有关工作者、运输设备操作者和劳动者；不能按职业分类的劳动者。加拿大曾于1970年组织300多位专家历经7年编制了《国家职业分类辞典》职业词条多达7000个，内容丰富全面、实用性强，具有很大的影响力。

2. 我国的职业分类

（1）《中华人民共和国职业分类大典》的分类。

2015 年 7 月 29 日国家职业分类大典修订工作委员会全体会议在京召开，会议颁布了 2015 年版《中华人民共和国职业分类大典》，明确我国职业分类结构为 8 个大类、75 个中类、434 个小类、1481 个职业。与 1999 年版相比，维持 8 个大类、增加 9 个中类和 21 个小类，减少 547 个职业(新增 347 个职业，取消 894 个职业)。新增职业包括“网络与信息安全管理员”“快递员”“文化经纪人”“动车组制修师”“风电机组制造工”等。取消职业包括“收购员”“平炉炼钢工”“凸版和凹版制版工”等。8 个大类如下：

第一大类：党的机关、国家机关、群众团体和社会组织、事业单位负责人。

第二大类：专业技术人员。

第三大类：办事人员和有关人员。

第四大类：社会生产服务和生活服务人员。

第五大类：农、林、牧、渔业生产及辅助人员。

第六大类：生产、运输设备操作人员及有关人员。

第七大类：军人。

第八大类：不便分类的其他从业人员。

(2)国民经济行业分类。

《国民经济行业分类》(GB/T4754—2017)中明确我国行业分类共有 20 个门类、97 个大类、473 个中类、1380 个小类。与 2011 年版比较，门类没有变化，大类增加了 1 个，中类增加了 41 个，小类增加了 286 个。其中，为体现新产业、新业态、新商业模式，主要增加以下几种行业类别：

a. 农、林、牧、渔业门类中的种子种苗培育活动、畜牧良种繁殖活动、畜禽粪污处理活动。

b. 采矿业门类中的海洋石油开采。

c. 制造业门类中的生物质液体燃料生产、生物质致密成型燃料加工、基因工程药物和疫苗制造、特种玻璃制造、工业机器人制造、特殊作业机器人制造、增材制造、装备制造、新能源车整车制造、高铁车组制造、可穿戴智能设备制造、智能车载设备制造、智能无人飞行器制造、服务消费机器人制造。

d. 电力、热力燃气及水生产和供应业门类中的生物质能发电、海水淡化处理。

e. 建筑业门类中的节能环保工程施工、核电工程施工、风能发电工程施工、太阳能发电工程施工。

f. 批发和零售业门类中的互联网批发。

g. 交通运输、仓储和邮政业门类中的公共自行车服务、多式联运。

h. 住宿和餐饮业门类中的民宿服务、露营地服务、外卖送餐服务。

i. 信息传输、软件和信息技术服务业门类中的互联网生产服务平台、互联网生活服务平台、互联网科技创新平台、互联网公共服务平台、其他互联网平台、互联网数据服务、物联网技术服务、地理遥感信息服务。

j. 金融业门类中的小额贷款公司服务、消费金融公司服务、网络借贷服务、创业投资基金、天使投资。

k. 租赁和商务服务业门类中的园区管理服务、商业综合体管理服务、供应链管理服务。

l. 科学研究和技术服务业门类中的工业设计服务、新能源技术推广服务、环保技术推广服务、三维(3D)打印技术推广服务、创业空间服务。

m. 水利、环境和公共设施管理业门类中的土地管理业等。

☞【拓展训练】

头脑风暴——“手机”

(一)规则和程序

(1)6~8个同学为一小组，选出组长与记录员。

(2)请组员用头脑风暴法列举出与手机相关的尽可能多的职业，并将所有联想到的职业都记录下来。

(3)各组挑选1名代表分享成果。

(二)讨论

(1)大家所列的职业有哪些是与自身所学的专业相关或相近的。

(2)你从这个活动中得到了什么启示?

(三)活动意义

通过头脑风暴，激发同学的发散思维，扩宽对职业世界认识的视野，引导学生学会检索职业信息、将职业信息分类。

(四)总结

通过对手机相关职业的探索，可以了解到一个物品的制造与使用涉及许多的人工和职业，比如从管理到制造，从研发到市场。帮助学生了解学习专业知识的目的是帮助他们更好地发展自己，绝不是限制他们的发展。

职业环境对于一个人的成长和职业发展有着重要的影响，任何人的职业选择和职业发展都无法摆脱家庭、学校和社会关系环境及当前社会流行的工作价值观、政治经济形势、产业结构变动等客观环境带来的巨大影响。因此，在进行职业生涯规划时要对其做深入的分析和研究。

☞【知识链接】

未来需要什么样的人才

(一)“一”字型人才

“一”字型人才掌握的知识面非常广，他们平常可能很喜欢阅读，所以懂的东西非常多。但对于各种类型的知识他们都只停留在表面，没有深入了解。

这种人的性格很可能是活泼型，他们对新鲜的事物非常感兴趣，但没有耐性去深入学习，很容易被新的知识点给吸引过去!

知识面广的人有一个好处，在面对难题的时候他们可以想出许多不同的解决方案。他们会有很多主意，有非常广的知识与较多的思路，面对问题总是有新的想法与方案。

(二)"1"字型人才

"1"字型人才属于典型的研究型人才，大学里做研究的人就属于这一类。他们喜欢深入了解一件事情，有钻研精神，在自己专属的领域是绝对的专家。但如果不是在研究范围内的东西，他们可能了解得就比较少了。

"1"字型人才的性格多是完美型或和平型，能够耐得住寂寞与新事物的诱惑，他们的专注力非常强大。如果研究的成果属于当下趋势，这类人才可能一辈子心血花上去，最终可以取得巨大的成就。

但如果你不是做研究的或研究的东西很冷门，那么潜在危机就是外在环境的改变让你不得不离开熟悉的区域，由于过度地专注在一个领域，很可能无法适应新环境的需求。

(三)"T"字型人才

"T"字型人才是中国现在比较推崇的人才，这类人有较宽广的视野与知识面，且在某一领域他们又可以称得上是专家。宽广的视野在一定程度上可以让他们的专业知识得到升华，可以让他们跳出专业的思维陷阱从另外的角度去审视问题。

他们有时候也可能做过研究，有较高的学历，只是他们乐于接受新鲜的事物。很可能这类人在知识面的宽度上不及"一"字型人才，在深度上也不及"1"字型人才，但好处在于他们比较平衡，所以适应能力比较强。

(四)"钉耙"型人才

前三种人才模型都比较常见，但随着退休年龄不断推后，人的一生可能会经历多个不同的职业生涯，加上公司结构越来越复杂，工作的复杂度越来越高，一个人往往身兼数职，既需要有全局观，又要能从不同专业的角度看问题。慢慢就产生了"钉耙"型人才。

"钉耙"型人才是在"T"字型人才上演变而来的，这类人不仅有较广的知识面，在某一领域有较强的竞争优势，还在许多不同领域有一定知识与技能的积累。这样他们就可以在不同的部门之间进行协调，在做决策之前也可以站在不同专业角度进行有深度的思考。

如果看完后发现没一项符合自己，那是时候好好反思一下，自己是否应该提升知识了？是应该先开发知识的宽度还是深度呢？参考建议是：先开发自己知识的宽度，明确目标后开发知识的深度。

☞【知识链接】

八类大学生更容易获得用人单位青睐

(一)在最短时间内认同企业文化

某石油企业人力资源部的负责人介绍说："我们在招聘时，会重点考查大学生的求职心态与职业定位是否与公司需求相吻合，个人的自我认识与发展空间是否与公司的企业文化与发展趋势相吻合。"

专家提示：如果想加入这个企业，就要使自己的价值观与企业倡导的价值观相吻合，以便进入企业后，自觉地融入这个团队中，以企业文化来约束自己的行为为企业尽职尽责。

（二）对企业忠诚，有团队归属感

企业宁可要一个对企业足够忠诚，哪怕能力差一点的员工，也不愿意要一个能力非凡但朝三暮四的员工。员工对企业的忠诚表现在员工对企业事业兴旺和成功的兴趣方面，不管老板在不在场，都能认认真真地工作、踏踏实实地做事。

专家提示：企业在招聘员工时，除了要考查其能力水平，个人品行也是重要的评估方面。那种既有能力又忠于企业的人，才是每个企业需要的最理想的人才。

（三）不苛求名校出身，只要综合素质好

某网络公司的人力资源表示："我们公司不苛求名校和专业对口，即使是比较冷僻的专业，只要综合素质好，学习能力和适应能力强，遇到问题能及时制定出可操作的解决方案，同样会受到欢迎。"

专家提示：随着企业竞争的加剧，企业更加关注人才的质量，因为人才是创造产品、提供服务、为企业赢得利润的主要因素，个人综合素质比学历更重要。

（四）有敬业精神和职业素质

某电子公司的人力资源说："现在有的年轻人职业素质比较差，曾经有一个年轻人，早晨上班迟到的理由居然是昨晚看电视节目看得太晚了。不及时与同事沟通交流，等到领导过问时才汇报，耽误工作的进展，这些都是没有敬业精神和职业素质差的表现。"

专家提示：企业把高素质、忠诚负责的员工视为最宝贵的财富。敬业精神体现在责任感、主人翁意识、为做好工作而主动学习、注重细节、先付出后回报等方面。

（五）有专业技术能力

某科技公司人力资源部经理说："专业技能是我们对员工最基本的素质要求，IT行业招人时更是注重应聘者的技术能力。进入公司后学历高低就不是主要的衡量标准了。会更看重实际操作技术，谁能做出来，谁就是有本事，谁就拿高工资。"

专家提示：专业技能是技术含量高的企业很看重的用人标准，对专业人才的选拔可以说是精挑细选。

（六）沟通能力强，有亲和力

某科技集团人事部的负责人说："我们公司认为，大学生最需要提高的能力是沟通能力。企业需要的是能够运用自己良好的沟通能力与企业内外有关人员接触，能够合作无间、同心同德，完成组织的使命和目的的人。"

专家提示：企业特别需要性格开朗、善于交流、有好人缘的员工。

（七）有团队精神和协作能力

某软件公司人力资源说："我们特别欣赏有团队精神的员工，因为在软件开发和使用过程中，如果有一名员工在一个环节上出现问题，将会影响整个项目的进程。"

专家提示：从人才成长的角度看，一个人是属于团队的，要有团队协作精神和协作能力。只有在良好的社会关系氛围中，个人的成长才会更加顺利。

（八）带着激情去工作

某科技公司人力资源表示："企业需要带着热情去工作的人！我们在对外招聘时

特别注重人才的基本素质。一个没有工作激情的人，我们是不会录用的。”

专家提示：热情是一种强劲的激动情绪，一种对人、对工作和信仰的强烈情感。一个没有工作热情的员工，不可能高质量地完成自己的工作，更别说创造业绩。

模块2：职业发展趋势

职业的产生与发展是人类文明的标志之一，是人类社会发展与进步的客观反映。近几十年来，职业世界与就业市场发生了天翻地覆的变化，只有了解过去、把握当前，才能对个人对未来职业生涯做出恰当的预判和决策。

一、地球村概念下的职业发展

21世纪是信息时代，是知识经济时代，随着时代的发展，广播、电视、互联网和其他电子媒介的出现，以及现代交通方式的飞速发展，人与人之间的时空距离骤然缩短，整个世界紧缩成了一个“村落”，就是人们常说的“地球村”。它的主要含义不是指发达的传媒使地球变小了，而是指人们的交往方式以及人的社会和文化形态发生了重大变化。

颠覆性创新的强势出现，快速地改变着世界。例如，阿里巴巴在大数据、苹果在移动互联领域的颠覆性革命，GE、西门子等传统制造企业向数字化服务的转型探索，搜索引擎巨头谷歌在自动驾驶、无人机、高速光纤网络、机器人方面的大胆涉足，微博、微信等社交网络的大范围普及，滴滴利用大数据在商业模式上的成功突破。无一不是创新改变了世界，包括平台创新、营销方式创新、管理理念创新、生产策略创新、设计创新、商业模式创新等。创新使原有的管理壁垒被打破，旧的价值体系逐渐崩溃，新的体系开始建立，一个人人参与的、新型的、整合的地球村模式正在形成。由此，在新经济模式下，全球各国的分工、发展层次的不同带来了新的变数。

由创新技术、创新模式带来的新型业态不断出现，使职业环境有了很大的改变，世界经济处于重要变革期。以区块链、大数据、移动互联、物联网、云计算、人工智能、算法应用、认知技术、虚拟现实、格网应用等为代表的新一轮技术革命强势登场，创新增长与数字经济成为各国政府共同关注的发展主题。与此同时，以“德国工业4. 0”“美国工业互联网”“中国制造2025”“日本机器人战略”“欧洲数字化战略”等为代表的新工业革命浪潮锐不可当，制造业等实体经济及其相关服务业的转型升级进人快车道。新型业态的出现给我们的职业选择带来很大的变数。

在地球村理念下的世界经济新格局中，科技革命推动着产业发展新业态的出现，高度融合后的新产业、新模式展现在我们眼前，传统产业的业态被快速改变，职业环境也随之而变。

二、我国职业发展趋势

当前世界正经历百年未有之大变局，我国“十四五”期间将推动经济高质量发展、建设创新型国家，实现新型工业化、信息化、城镇化和农业现代化。职业作为人类社会发展到一定历史阶段的产物，往往随着社会的不断进步，而出现不断加速变迁的趋势。职业世界的变化是客观的，也是必然的，当前职业世界正发生着天翻地覆的变化。现代社会职业兴衰演化迅速，职业的更新速度不断加快，导致一个人一生面临的职业变化也会越来越频繁。处理好职业历程问题，特别是处理好职业的选择和适应期，对个人的一生起关键的作用。

(一) 职业发展趋势

科学技术的发展使社会分工和职业分化的势头进一步加快，未来职业的发展呈现出综合化、智能化等特点。

第一，全球化趋势。全球化指的是物质和精神产品的流动冲破区域和国界的束缚，影响到地球上每个角落的生活。约翰·奈斯比特在《2000 年大趋势》一书中写道："我们所处的时代，变化速度之快，前所未有，其中最惊人的变化也许是全世界正迅速成为一个统一的经济体。"未来的世界是全球化的世界，择业与创业呈现出全球化的趋势。部分高层次职业由发达国家转向发展中国家。

全球化影响着国内职业的调整变化，随着科技的高度发展和知识的不断更新，必然引起产业结构的调整，产业结构的调整又导致产品结构的调整，而产品结构的调整又引起工作技能、专业知识的调整。这些调整势必使得一些职业消失，而产生新的职业，这种调整每天都在发生。

第二，职业要求的综合化。随着科学技术的发展，有些职业的专业化要求越来越高，若不具备一定的专业知识，达不到专业的要求，就不能从事该职业。有的职业与另一种职业之间交叉延伸，从事一种职业时需要具备另一种职业的要求。如以前的科研人员只管科研成果，但现在的许多研究人员既是研究者又是开发者，有的还是经营管理者。职业要求的综合化，要求职业工作者有较高的综合素质和较强的应变能力。有的学生在校期间攻读双学位甚至多学位，有的考取多种职业资格证书，以此适应未来工作的需要。

第三，自由职业化趋势。自由职业化是指未来终身依附一个组织的固定职业被不断削弱，独立的、不依赖于任何组织的自由职业不断产生。这是因为在这样一个日新月异的高科技信息时代，固定职业已不再是完成各种任务的最有效模式。我们最有效率的生产方式已经发生了改变。事实上，许多成功的组织在实现其目标的过程中，对固定职业的依赖性已经大大减少。这就是为什么今天传统的固定职业中有相当一部分正在被临时性工作、项目分包、专家咨询、交叉领域的合作团队或者自我管理的自由职业者所代替。自由职业化趋势还包括人们从事第一职业的同时，可能兼职做第二份、第三份工作。除了有的行业和组织不允许兼职之外，多数组织对工作人员的业余之外的兼职采取宽容的态度。全球化、信息化、高科技化、文化创意化、自由职业化互为依托，将共同繁荣新时代职业的发展。

第四，信息化趋势。信息化是指由计算机和互联网生产工具的革命所引起的工业经济转向信息经济的一种社会经济过程。它包括信息技术的产业化、传统产业的信息化、基础设施的信息化、生产方式的信息化、生活方式的信息化等几个方面。信息化是一个相对的概念，它对应的是社会整体及各个领域的信息获取、处理、传递、存储、利用的能力和水平。进入 21 世纪后，信息化对全球经济社会发展的影响愈加深刻，信息化与经济全球化相互交织，推动着全球产业分工深化和经济结构调整，重塑全球经济竞争格局。在十九大报告中的第三部分中有这样的一段话：“必须坚持和完善我国社会主义基本经济制度和分配制度……推动新型工业化、信息化、城镇化和农业现代化同步发展……不断壮大我国经济实力和综合国力。”从报告中我们看到，信息化已经被提到了很高的层次，在“工业化、信息化、城镇化、农业现代化”这“四化”中排在第二位。信息化工作是《国家中长期科学和技术发展规划纲要》中制造业科技发展的重点方向和任务，也是《2006—2020 年国家信息化发展战略》的重要任务。持续推进国民经济信息化是应对经济全球化、提高国际竞争力的迫切需要，信息化在政治、经济、文化教育和国防建设中有着极其重要的作用。

信息化给我国的经济发展，尤其是职业发展带来了诸多机遇。它对工业化、城镇化和农业现代化的作用是显而易见的，其他“三化”的实现都离不开信息化的支撑，在全球发展日新月异的今天，信息化成为决定“职场”成败的关键因素，也是实现跨地区、跨行业、跨所有制，特别是跨国经营的重要前提。信息正在悄悄地重构经济形态与社会形态，工业化、城镇化和农业现代化进程的加快，也为信息化“职场”的发展带来巨大的挑战和发展机会。

第五，高科技产业化趋势。一般认为，高科技是一种人才密集、知识密集、技术密集、资金密集、风险密集、信息密集、产业密集、竞争性和渗透性强、对人类社会的发展进步具有重大影响的前沿科学技术。按联合国组织的分类，“高科技”主要包括以下几种：信息科学技术、生命科学技术、新能源与可再生能源科学技术、新材料科学技术、空间科学技术、海洋科学技术、有益于环境的高新技术、计算机智能技术和管理科学技术（又称“软科学技术”）。高科技的“高”，是相对于常规技术和传统技术而言的，因此它并不是一个一成不变的概念，而带有一种历史的、发展的、动态的性质。

今天的高科技，将成为明天的常规科技和传统科技。从世界各国高科技的发展来看，高科技不是一个单项技术，而是科学、技术、工程最前沿的新技术群。这个群体的各种成分，互相影响、互相补充、互相促进。在新经济时代，高科技的生物工程作为一种新生力量，直接导致农业、医药卫生、食品工业和化学工业革命，推动着新经济的进步；高科技的新材料作为新经济的里程碑，将重构新经济的材料基础；高科技的新能源将使人们不再为资源的短缺而忧愁，作为新经济的火车头，它将带来人类社会的可持续发展；航天技术使人们从地球的怀抱中飞向太空，新经济也随着航天技术的发展而腾飞；海洋技术将开拓人类新经济社会生活新空间；软科学技术使人们的管理效率更高，决策更正确，分析更透彻，一切经验性的东西都变成可操作的东西。高科技是无国界的，人类共同的命运问题需要全球高科技产业联合应对，由此看出，高科技产业化在 21 世纪的职业发展趋势中将占据重要地位。

第六，第三产业的职业数量大增。随着科学技术水平的提高，不少职业的寿命相对缩短，职业之间的地位兴衰不断变迁，尤其是第三产业的职业数量增加迅速，就业人数显著增加，在发达国家均已超过 50%。劳动力市场预测专家认为，未来的新职业会越来越多地出现在服务部门，特别是与健康、通信和计算机相关的行业。第三产业在劳动者数量增加的同时，对从业人员质量的要求也在不断提高，产生了知识型服务性职业，而且是吸纳社会劳动力的主要渠道。例如，传统的职业介绍演变为职业指导或猎头服务，实际上是原先的简单提供信息或中介活动，发展为利用知识提供信息咨询服务。

第七，文化创意产业化趋势。文化创意产业本质上是以创意和知识为核心的产业。核心价值是其产品具有精神内涵，是一种文化资源与其他生产要素紧密结合，文化、科技与经济互相渗透、互相交融、互为条件、优化发展的经济模式。它虽然也要求高度发达的高新技术，但又不完全依赖高新技术。它强调人的主体地位和主导作用，强调的是以文化为发展经济的理念，依靠的是文化资源优势，既可以在发达国家发展也可以在发展中国家发展，甚至在经济欠发达地区也可以通过发展文化创意产业，使人文资源和文化优势成为新的经济增长点。

近年来随着文化产业的兴起，创意产业成为创业领域的关注热点，创意产业将成为新一轮经济发展水平与国家软实力竞争的重要指标。

☞【知识链接】

根据《韦氏大词典》，自由职业者是指独立工作，不隶属于任何组织的人；不向任何组织做长期承诺而从事某种职业的人。具体来讲，他们自己制订工作计划，灵活安排时间，与客户之间不是劳动关系而是合作和服务关系，经常但不是一律在家里工作。也有的称其为“SOHO 一族”，SOHO 是英文“Small Office Home Office”的首字母的缩写，指在家办公的自由职业者。例如，写作、编辑和出版类工作的技术撰稿人、自由职业编剧、自传撰稿人、宣传小册子撰写人、自由职业的新闻工作者；生活管理类工作，如色彩顾问、礼品经营、形象顾问、家庭护理员、理疗师、医疗助理、宠物饲养服务、个人购物服务、私人侦探、旅行顾问、包办伙食服务、迪斯科指导、化妆艺术家、摄影师、花草养护、维修服务、个人培训员、团聚联谊策划、瑜伽教练、打扫房间、整理物品、食品采购、安排婚礼、洗衣服、遛狗、做饭、备车等；咨询服务类工作的零售业咨询内容，如店址特色、租约谈判、店貌策划、信用建立、广告与营销策划、形象设计、商业礼仪指导；市场开发和推销类工作，如 T 恤衫、桑拿设备、狗食、餐具刀叉销售等。

（二）未来的劳动者类型

据有关专家预测分析，21 世纪主要需要如下 4 种类型的劳动者。

第一，智能型劳动者。智能型劳动者是指掌握一定的专业知识，具有熟练工作技能，从事以知识和智力为基础的工作的劳动者。智能型劳动者分布于各行各业，如科学家、工程师、技师、医师、经理、艺术家、推销员、智能型工人及智能型农民等。智能型劳动者与传统的体力劳动者的区别在于：他们有较高的文化程度，有一定的理论知识和分析能力，有较熟练的动手操作能力，能够根据工作实际进行分析判断或思维决策，是体力和脑力互相结合、互相补充的新型劳动者。

一个企业纵使有周密的发展计划和宏伟蓝图，有先进的设施设备，但如果在生产第一线缺乏足够的有较高分析判断能力的操作工人，企业的一切努力也将事倍功半，并会因缺乏竞争能力而带来生存危机。从这个意义上来说，一个企业的成败还取决于在生产第一线是否拥有能够正确执行决策者意图的智能型劳动者，取决于他们的智能和创造力。

当今社会正在由工业经济时代走向信息与知识经济时代，高新技术对工作岗位的影响越来越大，岗位的“智能化”对劳动者在理论知识、专业技术和专业技能等方面不断提出更高的要求。科学和技术的飞速发展促使产品的更新速度不断加快。在知识经济时代，企业开发、生产的主要是知识型、智力型的产品，而从业人员既是设计者、开发者，同时又是生产者。因此，从业人员必须是智能型劳动者。

第二，复合型劳动者。复合型劳动者就是拥有多种技能的劳动者。随着社会的发展，越来越多的专项技能将成为新时代劳动者的通用技能，因此，要求劳动者能够具有复合型技能。例如，机器维修方面，以前的维修工人要么只懂机械，要么只懂电路的原理。而现在先进的机器却要求维修工人既要懂机械，又要懂电路原理，即机电一体化，甚至还须具备一些计算机网络的知识和技能，否则便不是一个称职的维修工人。

复合型技能是相对于专项性技能而言的。它不仅体现在掌握多种通用技能、单项技能方面，而且还体现在掌握一类职业共同的专业理论方面，并能在这些专业理论的基础上，把已掌握的技能迁移到新的职业岗位所需要的技能中去。

随着职业更换的加速，一个人一生可能从事多个职业。如果是单一型劳动者，失去原有工作岗位就可能一时找不到工作，必须通过重新培训才能上岗。只有成为复合型劳动者，在职业生活中具有较强的应变能力，才能比较容易地将已掌握的技能迁移到新的职业岗位所需的技能上去，缩短失业时间或者避免失业。

第三，社会型劳动者。社会型劳动者是指除了掌握一定的专业知识、具有熟练的工作技能外，还要具备一定的组织能力、协调能力，以及人际交往、公共关系、职业道德环境意识等社会活动能力的劳动者。传统的劳动者一般固定在某种工作岗位上，不断地重复相同的操作，与他人合作的要求不高，许多人几乎不需要与外界打交道。现代社会使自然人转换为社会人，相互封闭、相互隔绝的劳动岗位将不复存在。

而在信息时代，人们随时随地被置于数字化、网络化、智能化的环境中，多种相互结合、相互支撑的岗位结构将作为具有社会型特征的岗位架构。在这种岗位架构下，个人的力量越来越渺小，更多的成果需要依靠集体的智慧。因此，还要求劳动者具备从事职业活动所必备的社会活动能力。

第四，创业型劳动者。创业型劳动者是指既有创业意识和精神，又具有相应的创业能力的劳动者，由于我国人口众多、就业矛盾将长期存在，人们对就业岗位的竞争会表现得更加激烈，自主创业不仅可以实现自我就业，还可以创造出更多的就业岗位。从广义上讲，创业是指创业者的各项创业实践活动，其功能指向是成就国家、集体和个体的大业：从狭义上讲创业则是指创业者的生产经营活动，主要是开创个体和家庭的小业。作为新时代的创业者必须具备坚定的信念、超常的胆量和魄力、坚强的毅力，以及市场意识、竞争意识、信誉意识和艰苦奋斗的精神等创业意识和精神，同时还必须具有信息收集处理、生产和经营管理、分析决策、选拔用人、公关协调以及创新的能力。

第五，应用型人才劳动者。当下社会呼唤的互联网人才最为显著的类别是“应用型人才”。应用技术是“互联网+”的核心而其重点在于学科交叉、应用领域交叉即所谓的“复合型应用人才”。为此时代需要具有更快速更敏捷更开放的混合型人才。同时，具有创新性的互联网管理手段、模式和思维方式的管理人才及具有思想洞察力的领军人才也是社会急需的人才类型。

随着知识经济时代的到来，职业越来越向高科技化、智能化、专业化方向发展，当前与高新技术有关的职业得到蓬勃发展。职业的发展趋势影响选择未来职业的发展方向，因此每个大学生必须带着一定的前瞻性的认识和高度，力求分析社会的最新需求，预测未来热门和有前途的职业，并结合自身条件用冷静客观的态度和科学的方法进行选择。

根据专家建议，对于未来的职场新人，大学生在校阶段应该打好专业基础，做一个富有激情富有创造力的人培养跨学科的能力。除了学校的课程外，应该多关心当下的发展趋势多学习吸纳行业从业者的经验多参加一些互联网培训课程，丰富自己的专业知识将自己的专业技能和实际工作有效结合，在学习实践中逐步成为市场所需要的专业复合型人才。现如今机遇与挑战的风口已经来临，能否把握风口，需要我们花费大量时间去观察、思考和实践，借力而为，顺势而行。而这最基本的前提，就是睁眼看世界，了解世界的发展趋势和对人才的要求，使自己迅速充实和成长。

☞【知识链接】

对话消失的职业

2015 年 7 月 29 日，国家职业分类大典修订工作委员会召开全体会议审议、表决通过并颁布了新修订的 2015 版《中华人民共和国职业分类大典》(简称《大典》)。与 1999 版大典相比，新版大典新增了“快递员”等职业，取消了“话务员”“制版工”等职业。

这些被取消的职业，也都曾经一度热门过，让从业者感到无限荣光。他们经历着职业的兴衰，也感受着社会产业结构的巨大变化。新版大典中被取消的职业之一，就有“话务员”。不少老电影里，经常会出现一些打电话的场景，电话是手摇的，用户之间还需要话务员手动连接。中国电信黄山分公司退休职工张秀娟曾经就是一名话务员。最初就是人工接线，用户摇进邮电局，邮电局中用户对应的牌子就掉下来了，她就用一根塞绳插进去，“喂，你要哪里，他说我要酒厂，然后我就找到酒厂那个孔子，然后用这根塞绳插到酒厂那个孔子，把它们连接起来，他们就可以通话了”。在她的记忆里，20 世纪 80 年代末话务员这个职业不仅光荣而且忙碌。女话务员那个时候被称为话务小姐，在当时的人眼里是很高贵的一种职业。那个时候设备比较落后，打电话都是排队，有的用户为了打一个长途，往往要等候一天的时间。直到 20 世纪 90 年代中期，电话可以直拨了，话务员职业就走向了没落。

张秀娟说：“慢慢地有几条自动的线路，用户就可以直接拨到对方去了，后来就是全部改成自动了。”话务员就慢慢淡出历史的舞台了。同样被取消的还有“凸版凹版制版工”。20 世纪 80 年代初，在安徽淮南某印刷厂做制版工的曹维信说。当年他刻苦研习半年，才从 60 多位候选人中脱颖而出，成为厂里唯一一位制版工。最鼎盛的时间不过 10 年光景，后来就不行了。他说：“从拿到照片能出版子的人很少。要适合制版的那种片子，非常硬，黑白分明，再把锌板上涂布上的感光胶放上去，就跟洗照片一样，用光给它照，这个感光胶形成抗腐蚀膜，再放到硝酸里面烧，烧得鼓的洼的，鼓的就能印上，洼下去的就印不上，这就是制版。1991 年以后，我们就把这全部卖掉了，铅字都当废料卖掉了，做铅字的机器都卖掉了。”

虽对过去有留恋，但面对如今科技含量更高的平版印刷技术，曹师傅更是心服口服。他说：“过去从记者写文字稿，拍来照片，照相要有时间，制版子要有时间，印版要有时间，一个周期下来，你最快也要一天，现在快到什么程度呢？国际印刷展览会，我们没到九点在广场上等着进门，上面有摄像头拍我们，我们进门的时候，就拿着那个小册子，我们的照片也在上面。”

新版大典还新增“快递员”“网络信息安全管理员”“文化经纪人”等职业，另外首次将“环境监测员”“轮胎翻修工”等具有环保特性的职业分类为绿色标识职业。人社部劳动科学研究所所长郑东亮表示，及时调整职业分类。对于反映国家经济、产业结构以及人口就业的变化，有重要意义。社会经济发展引起的职业变化越来越快，需要及时地修订。大典相当于职业的一个标准，所以也是行业发展参考的依据。

央广特约观察员、公共管理学专家丁兆林则认为，新版大典为预测我国劳动力市场需求，提供了科学依据。用高科技手段改变商业形态的一些行业肯定是最需要人的。另外，他也指出有价值的方向：你如何用技术让环境更加有可持续发展的可能性，如果选这样的专业，未来肯定受欢迎。

☞【探究与思考】

1. 你知道的新兴的职业有哪些？
2. 试分析职业兴衰更替的原因。

☞【知识链接】

新职业激发新潜力

职业目录是社会发展的一面镜子，它总是与时俱进、推陈出新。今天，越来越多的职业正朝着高价值、数字化、个性化方向发展。

新职业层出不穷，是社会分工不断细化的必然。新职业的诞生并不只关乎部分人的就业，也关系到未来人与人如何分工协作。人力资源社会保障部等部门发布13个新职业信息，其中包括人工智能工程技术人员、电子竞技运营师、工业机器人系统操作员等。这批新职业因充满时代感而引发广泛关注。职业目录是社会发展的一面镜子，它总是与时俱进、推陈出新。在2015版《中华人民共和国职业分类大典》修订时，话务员、BP机寻呼员等职业因为逐渐消失，自然而然地被移除，而快递员等新兴职业则被请进目录。一出一进，可说是“芳林新叶催陈叶”。产业转型升级，职业不可能不更新。当人工智能等产业风起云涌，数字化管理师、物联网安装调试员取代旧职业是大势所趋；当电子竞技逐渐被主流认可，电子竞技运营师和电子竞技员位列新职业目录，也就水到渠成。

今天，很多人说不清楚全社会究竟有多少种岗位，但有一个共同感受，即越来越多的职业正朝着高价值、数字化、个性化方向发展。高价值，意味着简单重复劳动的工种将被陆续替代，而诸如数字化管理师、剪辑创意师、游戏架构师等比拼创新创意的工作会持续增加；数字化，意味着传统岗位也会焕发新生，比如传统农田上，无人机驾驶员等新职业让农民这个古老职业融入“互联网+”；个性化则意味着职业发展更讲求兴趣导向，比如有的年轻人成为调酒师、宠物美容师，只因“我喜欢”。

新职业层出不穷，是社会分工不断细化的必然。社会发展也像树的生长，越向上，越能分出新枝。如今，鲜有人既是农夫又是渔民还是猎手，人们都专注于一样工作甚至一道工序，但生活需求却被极大地满足了，这是交换与合作使然。事实上，社会越朝专业化发展，合作的节点就越多，新职业诞生的概率就越大。现实中，美甲师、代驾员、闪送员、淘宝模特的诞生，都源于此。可以预计，随着社会分工进一步精细化，还将有更多新职业接踵而至。当然，从合作角度，也能反过来理解某些职业的消亡。比如，因为简政放权力度加大，一些“代办”“代理”就面临被淘汰的压力。这是因为改革删繁就简，减少了信息不对称，挤出了一些“不必要的合作”。

听闻新职业的到来，未必所有人都是喜上眉梢。正如有人所说：假如电话出现时你是个电报收发员，纺织机出现时你是个裁缝，汽车出现时你是个马车夫，它就是不小的挑战。然而，从社会发展的整体来看，只要新职业不断涌现、职业谱系日渐丰富，人们面临的机会就能不断增加。比如，电的发明让很多蜡烛工失业，但由此创造的带“电”岗位数却千百倍于制烛工人。正是沿着这个逻辑，我们无需为人工智能时代的“机器换人”忧心忡忡。智能的火花，必将点亮更多创造性的工作。最近发布的新职业信息，便是有力的证明。

新职业的诞生并不只关乎部分人的就业，也关系到未来人与人如何分工协作。因此，有关部门应积极引导新职业发展，在高校培育相关专业，并及时做好职业培训等。对于个人而言，一方面需要深耕自己的专业领域，提高自身工作的专业性，同时也要具备应有的敏锐与自觉，让学习成为一种习惯，保持与新职业连接的能力，在与各行业更好的合作中不断推动社会向前发展。

三、掌握变迁中的职业环境

（一）职业环境分析概述

大学生的职业生涯规划总是受到环境因素的影响，大学生进行职业生涯规划时必须对各种环境因素有一个比较充分的了解和分析，否则，仅凭自我兴趣甚至是想当然地制定的规划会脱离实际，无法实施。

所谓职业环境分析就是对大学生所处的环境进行一个相对全面和科学的认识、评估和分析，就是要了解学校、院系、家庭以及朋友等构成的小环境中的可利用资源，了解国家、社会地方区域等大环境中的相关政策法规、经济形势。认清所选职业在社会大环境中的发展状况、技术含量社会地位、未来发展趋势等并分析环境因素对自身职业生涯可能产生的影响，从而为制定个人职业生涯规划提供依据。职业环境分析与自我分析、职业分析一样，都是大学生进行职业生涯规划的重要环节。

每个人都生活在特定的环境中，其成长与发展都与环境息息相关。环境是个人职业生涯发展的外部约束条件，只有充分认识到外部条件的影响，个人的职业定位才会更加合理和现实，否则，脱离现实的规划和定位只会给求职者带来打击和失望。所以，在制定个人的职业生涯规划时，要分析环境的特点，环境的发展变化自己与环境的关系，自己在特定环境中的地位，环境对自己提出的要求或挑战以及环境对自己的有利条件与不利条件等。

进行职业环境分析，就是要弄清楚环境对个人职业发展的要求及影响，对各种影响因素加以衡量、评估并做出反应。一般来说环境分析包括宏观环境分析和微观环境分析两方面的内容。宏观环境分析包括政治法律环境分析、经济环境分析、社会文化环境分析和技术环境分析等；微观环境分析包括学校环境分析、家庭环境分析、社会关系分析等。要进行环境分析，首先必须了解环境，掌握信息。

（二）宏观职业环境

社会因素对每个人的职业生涯发展都有重大影响，而且任何人都无法摆脱，其内容广泛，既涵盖国家、社会、地方区域等大环境中的经济形势，也包括社会文化状况和相关政策法规等。面对如此繁杂的内容，宏观环境分析应从何处着手呢？

目前，在对宏观环境进行分析时一般采用 PEST 分析法。PEST 分析法最早应用于企业的行业分析，后扩展到职业生涯领域。宏观环境分析的具体内容虽常有差异，但一般都应包括对政治法律环境（Political）、经济环境（Economic）、社会文化环境（Social）和技术环境（Technological）这四大类主要外部环境因素的分析，所以称为 PEST 分析法。

1. 政治法律环境分析

政治法律环境包括一个国家的社会制度，政府的方针、政策、法律法规等，大学生求职者主要应关心诸如政治环境是否稳定、国家政策是否会改变、政府的经济政策是什么、政府所持的市场道德标准是什么等问题。

从职业发展的角度看，政治稳定、政府经济决策、法律法规等因素对大学生的影响最大。没有稳定的政治环境，就不会有经济的持续发展；没有经济的持续发展，就无法解决新增就业人口的问题。政府经济决策常常决定政府投资的重点。这与职业发展有密切关系。法律法规对企业与个体行为具有指引、评价、教育、预测和强制的作用，是最基本的社会规范。其中，劳动法律法规是切实保障大学生就业权益的法律依据。因此，大学生应该重视对社会有关政策和法律的了解，分析其中蕴藏着哪些职业发展机会，以便在进行职业设计时利用这些机会。

2. 经济环境分析

宏观经济环境包括国家和区域两个层面。国家宏观经济环境主要是指一个国家的人口数量及其增长趋势，国民收入、国民生产总值及其变化情况以及通过特定指标能够反映的国民经济发展水平和发展速度。反映国家宏观经济环境状况的关键要素包括 GDP 的变化发展趋势利率水平、通货膨胀程度及趋势、失业率居民可支配收入水平、汇率水平等。区域经济状况主要是指在一定区域内经济发展的状况，主要包括一个地区的经济结构、产业布局资源状况、经济发展水平以及未来的经济走势等。

个体的职业发展与宏观经济环境有直接关系。宏观经济景气时，社会就业率通常也较高；反之，则会走低。具体到某一个区域的经济状况来说，通常经济发展水平高的地区，个人的发展机会也较多；反之，在经济落后地区，个人的发展不得不受到一定的限制。

3. 社会文化环境分析

社会文化环境是指影响人们行为、思想的基本因素，包括一个国家和地区的居民教育程度和文化水平、宗教信仰、风俗习惯、审美观点、价值观念等。认真分析社会文化环境，尤其是有利于大学生进行职业规划的社会价值观，因为个人的成功需要得到社会的认可。只有符合社会主体价值观念的行为，才会被社会认可、接受。另外，价值观也会随着社会的不断发展和进步而发生不同程度的变化，从而使人们对职业的认识和需求也发生变化。

一个人生活在社会环境中，必然会受到社会价值观念的影响。分析一个人的思想情况，从某种层面上来讲，就是了解其对社会主体价值观念接受的程度。社会价值观念正是通过影响个人价值观念而影响个人的职业选择。例如，中国传统文化崇尚学而优则仕，官本位思想严重，轻视商业、服务等行业，对大学生择业也会有一定的影响。因此，有一段时间很多大学毕业生选择考公务员，而不愿意从基层做起，宁愿在写字楼里做一名普通文员，也不愿到一线去开创一份新事业。

4. 技术环境分析

技术环境主要包括国家对科技开发的投资和支持重点、技术发展动态、技术转移和技术商品化速度等。重大技术革命总是会对人类生产和生活方式产生深远影响。技术的发展不仅会带来理论的更新、观念的转变、思维的变革技能的补充，也会深刻影响人们的职业观念。

例如，自20世纪90年代中期以来，互联网及信息技术在全球范围内的迅速发展，引发了人们生活方式和工作方式的历史性变革。信息技术的应用，使人类的活动突破了对传统交通、通信手段的依赖，拓展了发展空间和交往空间；促进了劳动者与劳动工具、劳动对象在空间上的灵活安排及有机结合，优化了人类的生产方式；提高了人们的生活质量；人们获取、传输和利用知识的能力空前提高。

因此，一个大学生，必须紧密关注技术环境的变化，以作参考来确定职业发展方向。只有符合科技发展潮流的职业，才具有持久的生命力，从而取得成就。

☞【导入案例】

吴芳的困惑与成长

吴芳，24岁，某职业院校，大专学历，工作年限2年左右，先后跳槽5次之多，行业涉及房地产、化妆品、教育咨询、传媒等，所从事的具体工作有服务营销、策划、编辑等。吴芳在大学所学的专业为国际贸易，但她的长项比较倾向于中文，写作能力和口头表达能力均非常优秀。在校期间，她一直担任教师助理，并且独自寻找过一个加盟项目，在家乡担任整个城市的代理商，前期运作比较成功。因为这些经历，吴芳在毕业时对自己的期望较高，不甘心在大公司从底层做起，而是想进入一家规模不大但是有发展前途的公司，这样可以从一开始就受到领导的重视，得到锻炼机会，以最快的速度成长，然后再自己创业。

在职业生涯的前期，岗位变动频繁可以理解。但是每次变动都应该给跳槽者带来不同的经验增长值，跳槽者都应该学习到真正的东西，也就是说，回头来看，在那些看似杂乱的变动中，应该有一条清晰的轨迹。在做岗位变动时，不要轻率下决定，要经过全面的考虑。建议每位初入职场者，都应为自己设计一个职业规划，设定每一个阶段的目标，这样在换工作时才会少一些盲目。

（三）微观环境职业环境

所谓微观环境，就是指学校、家庭以及朋友等构成的小环境。小环境中既存在有利于自己职业发展的资源，也存在不利于自己职业发展的因素。如何去辨别、利用有利资源，规避不利因素，应成为大学生必须学会的技能。

1. 学校环境分析

学校环境是大学生活和成长的主要环境。所谓学校环境，主要指所在学校的传统、专业特色与学校声誉、校友去向等。

任何一个学校都有自己独特的传统，这会对其学生产生潜在的影响。学校的传统和其他因素共同构成学校的校园文化。校园文化是大学生生活和成长的软环境，具有独特的育人功能。大学生要选择适合自己的职业道路就不能不分析学校的文化。实际上，校园文化对学生的影响，许多时候大学生自己并不了解。

近些年来，各高校纷纷开设“热门”专业，造成不同高校专业设置趋同。实际上，每所大学所开设的专业都会有自己的特色。同样是计算数学专业。如果开设在计算机学院往往会强调其应用性，所设置的课程与计算机专业所学习的课程类似；如果开设在数学学院，往往会强调其与数学的关联性所设置的课程会更多地突出数学特色。所以大学生在进行职业选择时要分析自己的专业特色，以便准确定位。另外，学校声誉也是不得不考虑的因素。有的大学在某一区域的社会认同度较高，但是在其他区域就较低。

校友去向是大学生在进行职业选择和职业规划时必须加以考虑的因素。经验表明，一个学院的毕业生通常会具有相似的毕业去向，校友聚集在某一地区、某一行业甚至某一单位的情况经常发生。究其原因，有以下三点：一是特定的专业适合特定的职业，专业对口是许多职业的选才标准；二是某所学校或某个学院的社会认可度常常有一定的范围，许多单位已经与该学校或该学院形成了良好的合作关系；三是在就业中如果能获取校友的帮助，将有利于大学生顺利就业和适应职场。

2. 家庭环境分析

任何人的成长和发展都无法摆脱家庭环境的影响。大学生在进行职业生涯规划时，必须充分考虑家庭环境的影响，如家庭经济状况、家人期望、家庭文化等。家庭环境不仅会影响到个体的性格，还会影响到其职业目标的确立。因为个人职业发展目标的确立，总是同自身的成长经历和家庭环境相关联。个人在成长过程中，也会根据其成长经历和接受教育的情况，不断修正、调整，并最终确立自己的职业理想和职业规划。对家庭环境的了解和分析主要应包括以下几个方面。

第一，家庭经济状况。

如果个人家庭经济条件不好，家庭需要自己尽快在经济上提供帮助，那么我们就应该首先解决经济问题，找一份比较安稳的工作，一步一个脚印积累实现自己职业理想所需要的资本；如果家庭经济条件允许，则可以挑选适合个人发展的职业，而无须顾及生存问题。

第二，家人期望。

大学生的职业选择常常体现了家人的期望，融合了家长的意志。可以说，父母的意志对子女的职业选择具有重要影响。子女经常被看作父母希望的延伸或者家庭的代表，他们的使命就是实现父母的理想。所以许多大学生往往选择父母正在从事或者希望其从事的职业，尽管这种做法并不可取。心理学家研究认为，父母在子女的职业发展过程中处于核心地位，父母通过奖励和惩罚引导孩子的行为，通过教导和说理启发孩子考虑父母期望他们选择的职业，通过树立榜样影响孩子的职业计划。

第三，家庭文化。

家庭是社会的细胞，是人们生活的重要场所，家庭文化和生活环境对一个人的职业选择也具有重要影响。“父母是孩子的第一任老师，家庭是孩子的第一所学校”，人的生活习惯、价值观念和行为方式往往是从幼年时期就开始受到家庭环境的深刻影响，长期潜移默化而形成的。所以，家庭不仅会影响到个体对某些职业知识和技能的认识和兴趣，还会从根本上影响个体的职业分析和职业目标、职业选择的方向和种类、决定选择中的冒险和保守程度、对职业岗位的认可态度以及工作中的种种行为和表现等。

一般来说，如果父辈从事的是社会声望较高的职业，子女经常会“子承父业”；如果父辈从事的职业社会声望不是很高，作为子女的大学生可能就会拒绝选择父母所从事的职业。例如，艺术家庭出身的大学生，在与家庭成员的长期接触中，很可能继承父母的职业价值观，从而走上与父母相同的职业道路。

第四，家庭社会关系分析。

一般来说，个人在职业生涯中都会或多或少地寻求他人的帮助，为了顺利就业并获得事业成功，个体需要就自己的社会关系进行评价和分析。据北京大学“高等教育规模扩展与劳动力市场”调查显示，人际关系网络仍是大学生寻找就业机会的理想途径，有41.61%的学生认为通过家庭和个人社会关系、托熟人是最有效的求职途径。在来自大城市的学生中，这一比例更是高达51.29%。另外，通过分析自己的社会关系，也有利于大学生在职业生涯中寻求经验和指导。

通常人们都认为人脉关系的形成往往依托于家庭关系背景，其实它的其他部分来源于大学生自己在学习和工作过程中有意识的积累。因此，大学生除了对自己的社会关系进行分析和评价以外，还应积极合理地拓展自己的社会关系，不断累积自己的社会资本，这也是个人能力的重要组成部分。

☞【拓展训练】

我的职业家庭树

你知道家族中的成员都从事些什么工作吗？你对他们的工作有什么看法呢？让我们借助家庭树的探索，来帮助你了解家人对你的职业期待，以及你的自我期许究竟与家族职业有哪些关联。

首先，请你将家庭中的亲属及他的职业填写在下方的家庭树上。

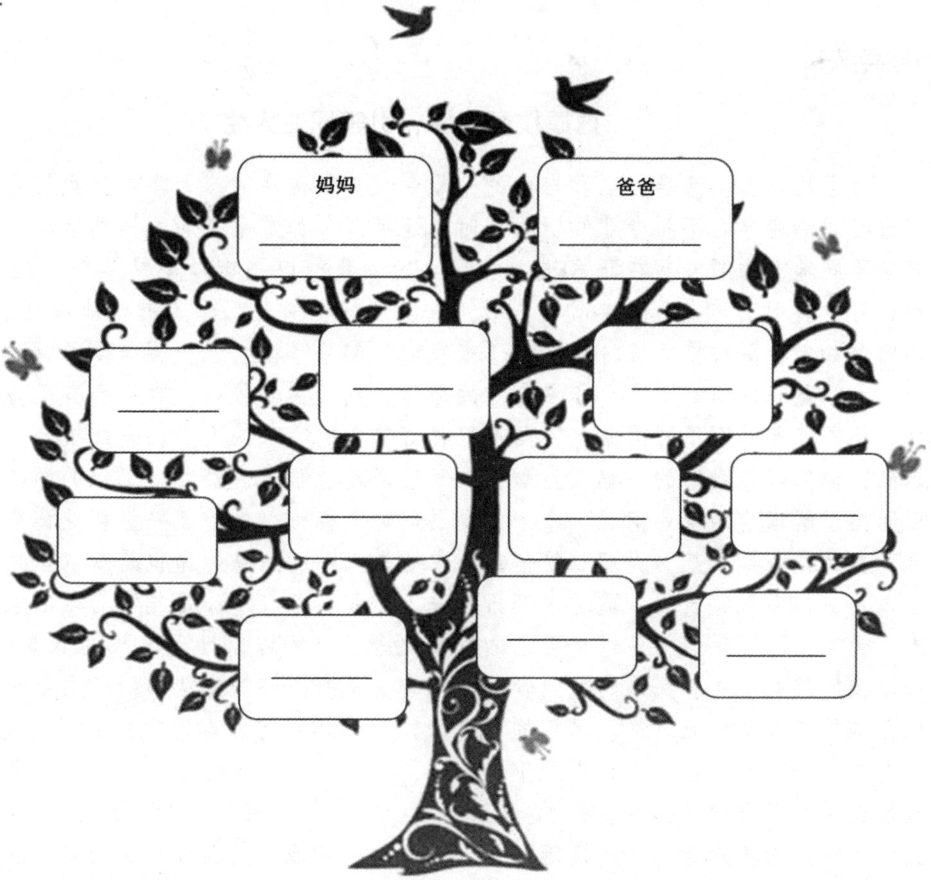

填好了吗？完成后，请回答下列问题。

1. 我的家族中最多人从事的职业是？

2. 我想要从事这种职业吗？为什么？

3. 爸爸如何评价他的职业？爸爸平时会提到哪些职业？他是怎么说的？

4. 妈妈如何评价她的职业？妈妈平时会提到哪些职业？她是怎么说的？妈妈的想法对我的影响是？

5. 家族中还有谁对职业的想法对我影响深刻？他们怎么说？家族中对彼此职业感到满意或羡慕的是什么？例如，“堂哥在医院当医生，不仅收入高，社会地位又高”……家族彼此羡慕的职业是？对他们的想法我觉得？

6. 我觉得家人对我未来选择职业的影响是？

7. 家人对各职业的评价往往表现了他们的好恶，例如“千万不要当艺术家，可能连三餐都吃不饱”。“当医生好，不仅收入高，社会地位又高”……我的家人最常提到有关职业的事是？对我的影响是？

8. 哪些职业是我绝对不考虑的？

9. 哪些职业是我考虑过的？

10. 选择职业时，我还会考虑哪些条件？

☞【职业导航】

把握校园资源，引领职业人生

大学的校园生活是独立和自由的，是令人心驰神往的。大学里，我们可以自主地安排时间，在学习不同专业知识的同时，还可以参加丰富多彩的校园活动，可以结交来自不同地方的朋友。在正式进入职场之前，我们应该充分享受缤纷灿烂的大学生活。可是对于大学生活的丰富与多彩，我们了解多少呢？为了更好地规划职业生涯，我们要如何善用学校的资源呢？接下来我们一起分享在大学校园需要了解的资源吧。

大学是我们结交朋友、积累人脉的最佳时期。在学校里，我们会有很多与不同地区、不同专业甚至不同国家、不同性格喜好等各有特色的人交朋友的机会。我们要认识到，他们就是我们的一笔人生财富。我们通过与学习、实习、工作的同学交流，可以间接了解当前的就业情况、未来的发展趋势，也可以知道某一类职业需要的个体素养、自己是否喜欢某一类职业等信息。求职季人际的信息传递也是获取信息的主要途径之一，很多事实表明，通过内部推荐进入企业实习或工作是非常有效的求职途径。

大学校园里我们除了进行自己的探索之外，还可以求助于学校的专业辅导部门，如学校的就业中心、院系的就业辅导老师等。每所高校的就业中心，主要负责学生的职业辅导工作及就业政策、信息的传递。作为工作世界与学生的校园官方信息枢纽，就业中心是我们了解工作世界的重要途径，而且在就业中心发布的信息的真实性和准确性都是可以得到保证的。

大学是培养创新人才的摇篮，是孵化理想的基地，是实现梦想的舞台。每个学校都有创新创业的服务平台，我们可以好好学习并利用。在大学的四年时光里，我们有足够的时间可以将自己的想法具体化，将自己的创意形象化，将自己的设计产品化，将自己的梦想变成现实。创业也是一些同学的选择方向，也是职业生涯规划需要考虑的方面。

在良好的校园文化的催化和熏陶下，同学们的决策能力、创造能力、社交能力、组织能力、学习能力、心理协调能力、统筹策划能力等均有显著提高。许多大学生在走入社会后就能很快适应社会，并在社会竞争中表现出各种能力，这与他们进入大学校园积极参加各项活动有着直接的关系。充分利用学校里的资源，并且在不断的尝试中发现、完善自己，这样才能够制定更适合自己的职业生涯规划。

☞【导入案例】

比尔·拉福的职业生涯规划

有一个美国小伙子，他立志做一名优秀的商人。

中学毕业后他考入麻省理工学院，没有去读贸易专业，而是选择了工科中最普通、最基础的专业——机械专业。大学毕业后，他没有马上投入商海，而是考入芝加哥大学，攻读为期三年的经济学硕士学位。出人意料的是，获得硕士学位后，他还是没有从事商业活动，而是考了公务员。在政府部门工作了5年后，他辞职下海经商。又过了2年，他开办了自己的商贸公司。20年后，他的公司资产从最初的20万美元发展到2亿美元。

这位小伙子就是美国知名企业家比尔·拉福。后来，比尔·拉福率团来中国进行商业考察，在接受《中国青年报》记者采访时，他谈到他的成功应感激父亲的指导，他们共同制订了一个重要的职业生涯规划。最终这个设计方案使他功成名就。我们来看一下这个成功的简图：工科学习→工学学士→经济学学习→经济学硕士→政府部门工作→锻炼处世能力、建立广泛的人际关系→大公司工作→熟悉商务环境→开公司→事业成功。

案例分析：比尔·拉福的准备工作，几乎考虑到了每个细节。他的职业生涯设计脉络清晰，步骤合理，充分考虑了个人兴趣、个人素质，并着重职业技能的培养。这种生涯设计在他坚持不懈的努力下，终于变为现实。

职业实地考察

肖晓现在武汉某大型国有企业从事人事工作。回想起当初高考填报志愿，她有一种庆幸的感觉。当初填报高考志愿时，本来她想报新闻专业，因为她想当一名记者。她觉得记者这一职业非常好，很体面，看起来很“风光”。当妈妈的同事得知她这一想法时，觉得肖晓不仅对记者这一职业的认识不全面，而且还带有偏差。因此，他建议肖晓对记者这一职业进行实地考察。在他的帮助下，肖晓联系到了武汉一家知名报社的记者，并全程跟随这名记者工作了一个星期。第1天，她带着兴奋回来，觉得记者很自由，可以经常到外面出差。第2天，她带着几分沮丧、失望回来了。因为她跟着这名记者出去采访时，不仅被粗暴地拒绝了，而且还挨了骂。第3天，通过与这名记者交谈，肖晓得知记者这一职业的压力非常大，不仅经常要到外地去采访，而且还要加班加点赶稿子。第4天，肖晓有点想打退堂鼓了。可是，在妈妈的一再要求下，她不得不继续自己的实地调查之旅。经过7天的调查，肖晓对记者这一职业有了更加全面、客观的了解，认识到自己并不适合从事记者工作。最后，经过对其他备选职业进行深入了解，她觉得从事人力资源管理工作挺适合自己的。于是，肖晓报考了某重点大学的人力资源管理专业。毕业后，她进入了现在这家企业从事人事工作。她觉得这份工作很适合自己，她对工作内容和环境也很满意。

结语：我们经常听说“看上去很美”，道理就在这个故事里。大学生在做职业选择时，应该收集更多信息，做更多对未来职业的了解，通过对自身以及职业世界的探索，最终确定职业发展方向。

单元七　获取分析职业信息

模块 1：拓宽职业信息获取渠道

一、职业信息概述

职业信息是求职者尤其是高校毕业生选择职业的必备要素。掌握充足、高质量的职业信息能够为求职者提供更多的就业机会，更大限度地拓宽择业空间，提高择业成功的把握。职业信息经过分类、筛选等加工处理后，就会变成求职者可利用的就业信息。求职者可以利用多种方式获取职业信息。谁获得更丰富的就业信息，谁就掌握了就业的主动权。

(一)职业信息概念

职业信息的概念有广义和狭义之分。广义的职业信息就是与职业有关的所有信息。对于求职者来说，并不是所有信息都是有用的，因此，有人从狭义上把职业信息定义为"择业者未知的、经过加工处理后对择业者具有一定价值的就业资料和情报"，包括职业资源、职业政策、职业新闻、职业测评等。参考上述定义，本书从求职者的角度出发，把职业信息定义为：求职者进行职业准备、职业评估、求职决策和职业发展过程中可利用的行业情报和岗位信息。

(二)职业信息的特性

职业信息具有一般信息的所有特性。对于求职者来说，尤其要注意职业信息的以下几个特性：

时效性：信息总是有时效的，职业信息也是如此。随着社会的快速发展，职场变化的节奏也在加快。一项新的就业政策的出台，一个行业发展周期的结束，一个人才招聘周期的完结，都预示着新的就业导向、行业需求和职位要求，从而使大量职业信息失效。

可参考性：职业信息之所以有用就在于它能够给求职者提供参考，指导求职者完成求职过程。不断丰富更新中的职业信息，还能为职场人士进行职业生涯规划，为谋求职业发展提供必要参考。

共享性：从职业信息自发布之时起就不是排他的。信息传播扩散必然造成一种共享的结果。

行业差异性：不同的行业有着不同的发展状况、人才需求、职位供给和职业发展空间。同时，就业政策的就业导向作用也会有行业差异。

不对称性：职业信息的不对称是指职业信息发布者(信息源)和求职者双方信息量的不对等。职业信息的发布者(用人单位、就业指导服务机构等)往往比求职者掌握更全面的职业信息，但由于主观或客观因素，发布者不能完全公开或及时发布。同时，信息在传播过程中可能出现的流失、扭曲或失真，也会导致求职者处于信息不对称的弱势一方。这就要求求职者发挥主观能动性，宽口径、多渠道地获取职业信息。

☞【拓展活动】

职业初体验

回想自己的过去，你一定有一些兼职、实习、勤工俭学的经历，请将你的这些“职业初体验”写出来。

1. 该项工作的主要工作内容是什么？
2. 你从事该项工作的主要收获和体会有哪些？
3. 经过工作之后，你如何在以后的学习、生活、实践中进行改进？
4. 根据你的判断，社会经济发展等宏观环境对该工作有哪些影响？
5. 你认为该工作所在行业未来会有哪些发展变化？
6. 你是如何做出以上分析判断的？

二、职业信息的分类

要在繁杂的职业世界中挑出相关、有用的信息，是一项艰巨的工作，要在众多的职业中找出与自己特点相符的工作也是相当困难的。如果能按照一定的规则将职业信息分类，则可以轻松地找到和自己特点相符的工作。职业信息浩如烟海，经过分类处理或筛选操作的职业信息就能初步构成求职者的职业信息库。职业信息库能够为求职者在求职过程快速抉择，取得成功提供强大支持。因此，大学毕业生要掌握职业信息的分类与筛选方法，才能高效地利用职业信息去谋求光明的职业前途。大学生可以根据自身需要对职业信息进行多种多样的分类。可供选择的方法包括：职能分类法、职业兴趣分类法、专业分类法(根据职业信息的专业对口情况分类)、工作地点分类法、时间分类法(根据时间先后顺序分类)等。

(一)职能分类法

职能分类法就是按照职业的主要职能属性对职业信息进行归类。根据职能分类法，首先要选择一个“职能分类表”，比如某知名招聘网站的11项大职能的职能分类表(如表3-2)。然后，把收集到的具体职业信息按该职业的主要职能归入“职能分类表”中相应的类别里。对于大学生而言，受所学专业、兴趣爱好和个人技能的影响，一般择业范围不会涵盖整个职能分类表，可以从选定的“职能分类表”中圈定与自身情况最为贴近的若干个职能。最后，经过一段时间的信息收集与更新工作，通过职能分类法建立的职业信息库就基本形成了。

表3-2　某知名招聘网站的职业信息职能分类表

职能分类	细分行业		
计算机/互联网/通信/电子	计算机硬件	计算机软件	互联网/电子商务/网游
	网点淘宝	IT—管理	IT—品管、技术支持及其他
	通信技术开发及应用	电子/电器/半导体/仪器仪表	

续表

职能分类	细分行业		
销售/客服/技术支持	销售管理	销售人员	销售行政及商务
	客服及技术支持		
会计/金融/银行/保险	财务/审计/税务	金融/证券/期货/投资	银行
	保险		
生产/营运/采购/物流	生产/营运	质量管理/安全防护	工程/机械/能源
	汽车	技工	服装/纺织/皮革
	采购	贸易	物流/仓储
生物/制药/医疗/护理	生物/制药/医疗器械	化工	医院/医疗/护理
广告/市场/媒体/艺术	广告	公关/媒介	市场/营销
	影视/媒体	写作/出版/印刷	艺术/设计
建筑/房地产	建筑装潢/市政建设	房地产	物业管理
人事/行政/高级管理	人力资源	高级管理	行政/后勤
咨询/法律/教育/科研	咨询/顾问	律师/法务/合规	教师
	培训	科研人员	
服务业	餐饮/娱乐	酒店/旅游	美容/健身/体育
	百货/连锁/零售服务	交通运输服务	保安/家政/其他服务
公务员/翻译/其他	公务员	翻译	在校学生
	储备干部/培训生/实习生	兼职	其他
	环保	农/林/牧/渔	

(二)职业兴趣分类法

职业兴趣分类法基于霍兰德职业兴趣理论和金树人等人对职业分类的研究而形成。根据对职业兴趣和职业分类的探索，我们可以从自己的霍兰德兴趣类型出发。在人—事物、资料—概念两个维度上对职业信息进行分类。通过这种方法我们首先建立一个六边形—四象限坐标图(图 3-1)。然后根据具体职业在人—事物、资料—概念两个维度上的具体分布来把搜集到的关于该职业的信息归入 a、b、c、d 四个象限中。最后根据自身的职业兴趣分布，我们对四个象限进行相关性(即自身职业兴趣与某一象限的相关度)排序，进而得出职业信息的相关性序列。通过这种方法，可以使大学生根据职业兴趣管理和更新职业信息，方便对较感兴趣的职业信息进行深度挖掘和整理。

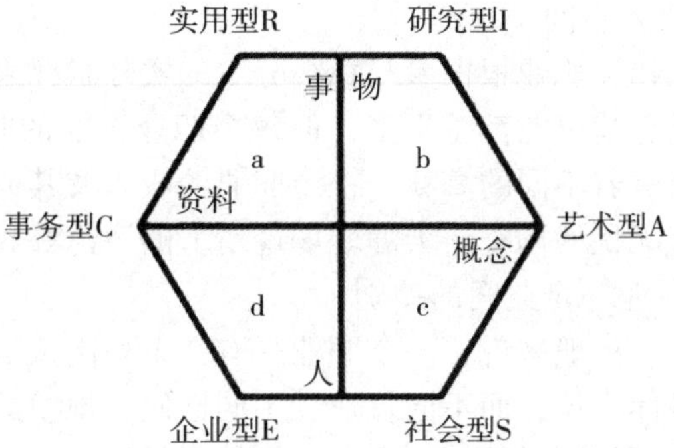

图 3-1　霍兰德职业兴趣理论六边形

(三) 获取职业信息内容

职业信息的调查与分析，需要掌握的内容包括宏观的职业现状，如社会经济发展形势、就业政策、劳动力供求关系、各地区各行业的需求分布、多种工作形式选择的可能性等，与个人就业相关的一些情况，如可供利用的社会、组织、家庭资源，他们的态度，各个行业、职业的发展性，各个行业、职业的待遇与机会等；与具体职业岗位相关的信息，如单位的文化、价值观、工作岗位的职责内容、工作的要求、待遇及发展空间等。具体的职业分析，主要可以从以下 10 个方面着手。

1. 职业描述

职业描述就是定义这个职业的内涵，具体包括职业名称以及各方面对其所作的定义。职业描述是对职业最精炼的概括和总结，是透彻理解职业和语研职业的基础。给职业定义的每个字都值得仔细思考，因为日后你要做的事情全是对定义的拓展。除了最新的职业，绝大多数职业有固定的定义，联合国国际劳工组织、北美的职业展望手册、中国的国家劳动和社会保障部，以及很多职业分类大典都有对职业的详细介绍。

2. 职业的核心工作内容

每个职业都有核心的工作职责，职责背后对应的就是工作内容，即这个职业一般都干什么活，什么工作是这个职业必须要做的。了解职业的核心工作内容，有利于了解胜任该工作必须要具备的工作能力。在多大程度上了解工作内容，是衡量一个人对工作的熟悉程度的重要标准。成熟的职业都有权威人事部门给其总结确定的核心工作内容，一些企业的招聘广告中也有对工作内容的描述。

3. 职业的发展前景及其对社会和生活的影响、作用

职业的发展前景，是国家社会等对这个职业的需求程度，具体包括三个问题，即职业在国家阶段发展中的作用、职业对社会和大众的影响、职业对生活领域的影响。不仅仅要知道这个职业对国家、对社会对行业的作用，也要知道这个职业对大众生活的影响、人们对它的依存度和声望度如何。

分析一个职业的发展前景，应该关注国家的导向，因为这是促进职业发展的黄金动力；同时，应该分析判断该职业对大众生活的影响，因为只有得到大众认可和需要，该职业才能立于不败之地。

4. 薪资待遇及潜在收入空间

职业是社会分工的产物，职业根据参与社会分工的实际状况来确定其相应的报酬。值得注意的是，每个职业的起薪可能都差不多，但每个职业潜在的收入成长空间并不相同。能力不断提升的背后就蕴藏着不同的高薪。一个职业的收入及其成长空间，可以从各种不同的渠道去了解，如前程无忧的调查、天涯职场论坛上的评论等。

5. 岗位设置及不同行业、企业间的差别

职业与职位是不同的。一般来说，一个职业是有一系列岗位划分的，如人事工作的岗位就分招聘考核等很多具体岗位，而不同行业、不同性质、规模的企业对岗位的划分和理解也是有很大不同的，很可能同样都叫一个名字，但干的活却完全不一样。了解职业的岗位设置，能加深对职业外延的理解，可以使自己更加明确目标方向，有利于职业规划与决策。

6. 入门岗位及其职业发展通路

入门岗位一般是指针对应届毕业生初入职场的一些中低端岗位。在进行职业分析时，既要了解入门岗位的情况，更要了解其日后职业发展方向是什么、有哪些发展途径、最高端岗位是什么。我们看好一个职业，是看好自己在这个职业中的发展前景，同时必须关注眼前能够获得的入门岗位，因为这正是我们进入目标职业的现实通道。

7. 职业标杆人物

了解职业标杆人物，就是要了解这个领域谁做得最好、是怎么做到的、都取得了什么成绩、遇到了什么困难、具备什么素质等。通过研究他的奋斗轨迹，可以加深对职业的了解，从而找到在这个职业领域奋斗的途径。职业标杆人物一般不难找到，通过上网搜索对该领域中贡献最大的人即可。

8. 职业的典型一天

职业的典型一天，更多是在访谈中完成的，你要知道这个工作的一天都是怎么过来的，从早上离家出门到晚上下班回家的时间都是怎么安排的。了解职业的典型一天是判断自己是否适合这个职业的重要指标，如果你不想过那样的一天，不能接受这份工作对你个人生活的影响，就不用再为之努力去从事这个职业了。职业的典型一天，在职业的核心工作内容中会有涉及，但更多的还是要你去访谈做这个职业的人，这样也才更真实。

9. 职业通用素质要求及入门具体能力

职业通用素质要求是指从事这个职业的一般的基本的要求。主要是个人通用素质能力，就是把这个工作做好要具备的能力。其实每个岗位对其任职资格都有介绍，只是需要自己把它作一个系统的整理，尤其要加上职业访谈中的内容列出十项最常用的能力，然后与自己一一对照，找出自己需要加强和补充的能力，并在大学生活里尽可能培养相关能力。

10. 职业对个人的内在素质要求

有些工作对人的内在要求是很高的，如工作态度等，这些是从你的内在来判断你是否适合和喜欢一个职业的核心标准。在考量职业的方方面面之后，最后一关就是对职业内在要求的盘点。岗位描述的任职资格中，会有对其内在素质的要求；同时，业内也有普遍认为的个人素质要求。是否具备相关素质，将直接影响你能否胜任这份工作。

（四）根据自我探索形成预期的职业库

通过对真实自我的认识，在对自己进行性格、兴趣等职业倾向探索的过程中，我们获知了自己适合的目标职业。同时，我们都有自己心目中理想的职业，可以通过头脑风暴的形式把它们也列出来，这样就获得了一个职业清单，再看看这些职业有什么共同点，由此可能启发你获得更多值得探索的职业。结合你的能力和价值观，再次对职业清单进行筛选，最终得到你预期的职业库。

简单举例，同学 A 期待做经济管理方面的工作，但是具体选择什么工作还难以决定。性格探索的结果是他适合做人力资源管理者咨询顾问、教师等，兴趣探索的结果是他应该做社工教师培训人员等，价值观探索的结果是他期待做服务自由职业护理等工作，再看看他的能力知识状况，可以做教育、销售、客户服务等工作。从 A 职业探索得出的各种选择中，我们可以看到，教师职业教育工作者出现的频次最高；社工、客户服务、服务、护理等虽然名称不同，但都明显体现了帮助他人的特点。所以最适合 A 的职业首先具有与人打交道帮助他人的特点，其次还有沟通性、商业性等特点。由此他可以列出或搜索一些符合这些特点的职业，比如培训师咨询顾问、客户服务经理等形成预期职业库；再以预期职业库中设定的目标职业为范围，进行详细的职业信息调查。做职业信息调查和作出职业决策时，目标及其信息太多容易让人迷失，反而拿不定主意；而调查的目标范围过窄又起不到让当事人了解客观事实的作用。所以，在形成预期职业库的时候，“库”既不能过大，也不能太小，必须根据自己的情况作适当平衡。一般而言，把 5～10 个职业放入预期职业库比较适中。

（五）工作世界地图

工作世界纷繁复杂，职业的种类也层出不穷，要在各式各样、千奇百怪的职业丛林中顺利找到合适的目标职业，形成预期职业库，实属不易。为此，我们可以借助职业分类的方法，按“类”设“库”，把某一类或某几类职业作为目标对象，进行深入探索，对相关职业信息做进一步的调查分析。“工作世界地图”为借助职业分类确定自己预期职业目标范围提供了一种可行的方法和思路。

所谓工作世界地图，其实就是一张职业分类图。普里蒂奇（Prediger，1993）在霍兰德六边形模型的基础上，增加了人—事物、资料—概念两个兴趣维度。人—事物维度分别表示对与人相关的工作以及对与具体物体相关的工作有较强兴趣，前者如为人们提供服务、帮助他们等，后者如从事与机械、生物、材料等有关的工作。资料—概念维度分别表示对与具体事实、数字、计算等打交道的工作和用理论文字音乐等新方式表达或运作的工作兴趣较强。美国大学考试中心（ACT）把普里蒂奇的研究进行深入探索，他们在兴趣的两维基础上，将职业群体的具体位置标定在坐标图上，从而得到工作世界地图。该图分为 12 个区域，共有 20 个职业群被标定在图中。

ACT 以地图的形式，将职业世界中的职业群以兴趣关系为基础进行分类、排列，很直观，人们可根据自己的兴趣类型在该图中的位置，找到自己的兴趣职业；还可以通过与不同职业群的远近位置比较，进一步扩展与自己职业兴趣相关的工作搜索范围。在这个地图上，可以确定某一个或者几个职业群，并把它作为自己的目标职业范围形成预期职业库，范围可大可小，十分方便。

工作世界地图，是我们设计与规划职业信息搜索范围的有效工具。值得注意的是，由于 ACT 职业分类图并没有经过本土化的研究，所以我们在使用该图时必须秉持科学的态度，只能参考借鉴。

☞【拓展阅读】

一块木板的旅行

在无边无际的太平洋中，一艘航船和一块木板相遇了。木板问航船："你要到哪里去?"航船回答说："我要到墨西哥湾，你呢?"木板说："我？我也不知道我要到哪里去。""什么?"航船有些急了，"在这广阔的海洋中你却在漂泊。"木板无所谓地说，"我已经从印度洋漂到了太平洋，还不是在走"。航船问："可是太平洋是你要去的地方吗?"木板答："你倒是提醒了我，其实我一直想去非洲的好望角。""没有方向的努力只能是漂泊，永远也到不了自己要去的地方。"说完航船就朝着自己的方向继续前进。

每个人都是自己职业之船的船长，在起航前，你必须要明确在这次远航中要到哪几个目标，这样才能制订出航行计划，找出合理的航线，顺利到达目的地。当我们离开学校进入社会时，我们也就进入了职业的海洋。我们可以选择像木板一样在海洋中漫无目的地漂泊，也可以选择像航船一样沿着航线航行，而决定这两者的正是你要行驶的目标及前行的航线。很多同学不知道如何进行工作世界的探索，其中一个很重要的原因就是工作世界的信息量巨大，你很难决定应该从哪儿入手，更谈不上如何进行了。如果有一个探索范围，则会容易很多。

☞【拓展训练】

职业博览会

(一)活动目标

激发学生开展职业资料的收集与分析的兴趣，通过成果分享拓宽学生的职业知识，通过活动锻炼学生的表达、演讲和思辨能力。

(二)规则和程序

1. 4~5 人组成一个"职业资料专家小组"。每组选定 1 人为组长，1 人负责记录，其他为参谋。每组选定一个与同学专业、职业目标比较接近的具体职业或行业，并搜集相关资料。

2. 重新安排桌椅，以便开展"职业资料新闻发布会"。

3. 每组选 1 人进行 5 分钟左右的"职业资料发布"演示(最好用 PPT 等多媒体手段)，内容包括职业的工作内容、对应聘人的要求等。

4. 演示完毕，全体组员到前台接受其他同学的咨询，时间为 5 分钟左右。

5. 其他各组同学就准备的职业资料情况、演示现场和答询反应进行打分。

(三)讨论

1. 如何才能搜集到正确、完整的职业资料？都有哪些搜集职业信息的渠道?

2. 各组介绍的职业中，哪个或者哪些吸引你？理由是什么？

(四)总结

职业信息散存在一些相关的数据和书籍中，需要你像拾贝壳一样，一点一点收集起来，而且现在的职业不断在发生新的变化，要时刻更新你的信息和数据，才能跟得上时代发展的步伐。

模块2：掌握职业信息获取方法

根据获取工作世界信息的方式，探索工作世界的方法可以分为直接接触和间接获取两类。直接接触就是通过直接与工作世界建立关系、亲身感受、获得第一手资料。间接获取主要通过网络、出版物或各种媒体等获取与工作世界有关的信息。

一、直接接触方法

(一)观察分析

通过到职业现场观察，了解工作的性质、工作的内容、工作环境，还可以现场和员工交流。在参观之前，要制定系统的参观计划，不仅看表面，还要看实质，特别是自己感兴趣的，比如汽车修理用什么工具和设备，需要掌握哪些基本的汽车构造常识，工作时间、工作待遇、发展前途等。在参观过程中，要对了解的信息进行记录以便分析。通过观察分析我们可以发现，即使相似的工作，也可能存在很多差异。比如，社会科学研究、自然科学研究、工程研究和医学研究等，同样是研究工作，但是它们的工作环境、工作内容差异很大。从事社会科学研究往往要与各种人交往，对社会现象和人情世故比较关注；而从事自然科学研究则对物的兴趣更高，要和实验物品、实验设备、实验数据等打交道。

(二)实习和社会实践

对于大学生来说，了解职业环境的最好途径和方法就是实践。实践出真知，只有通过实践，才能形成感性认识，从而指导自己的学习和生活，逐步调整自己的职业生涯规划。实习和社会实践是通过直接参与工作，比较全面地了解职业的方法。在大学中，每个专业都会安排实习类课程，既包括校内实训，又包括校外实习。除此之外，同学们还可以利用节假日和寒暑假时间参与各种实习和社会实践，一方面获得一定的经济收入，锻炼自己的能力和意志；另一方面，熟悉职业，对很好地完成职业任务有更清楚的认识。学生通过参加实习和社会实践，可以切身体会职业的酸甜苦辣，更详细具体地了解职业，这对择业有很大帮助。同时也可以通过实习与实践活动发现职业要求，从而激发学习和提升自己的动力，及时发现自己的不足之处并及时进行弥补。

二、间接获取信息的方法

一是通过电脑、手机网络、报刊、书籍等媒体。这是信息时代，越来越普遍通过网络探索职业。许多大型的专业网站(如前程无忧网、中华英才网、大学生就业在线等)均刊载了大量的职业信息。大学生可以通过网络，针对目标职业搜集不同单位的招聘信息，在具有一定样本量的基础上进行分析、整理，提炼出该类职业(或岗位)对从业者在能力与素质方面的共同要求。还有很多专业报刊，文学作品，都能提供一些职业方面的信息。如《中国职业分类大典》《高校毕业生就业手册》《广东大学生就业指引》《大学生就业》《21世纪人才报》《职业设计》等专业书、报刊，有许多具有专业性指导性的资料和文章可以提供详尽的职业信息。

二是通过视听资料。一些电影、网络学堂以及各类有关电视节目中包含了很多相关工作世界的信息。比如电视台的《绝对挑战》《选择》《职来职往》等栏目，可以从直接的角度了解职场发展的状况和职业人的面貌。另外，一些影视作品虽然将某些职业进行了艺术的夸张，但也同样可以从中获取感知的职业信息。比如《达·芬奇密码》讲述了什么是密码专家，《可怕的温州人》传达了创业者的艰辛，《杜拉拉升职记》描绘了都市白领的心路历程，《律政俏佳人》展现中律师职业的工作状态等。除此之外，我们还可以通过“百度视频”“优酷”等搜索到其他很多相关视听资料。

三是生涯人物访谈。通过与相关领域从业者的面对面或电话交流，了解该职业需求的技能、给予的待遇、今后的发展前景等信息。生涯人物访谈的好处包括：通过提问与回答的方式，深层次地加深对职业了解，获得的职业信息比较详尽深入。不足之处是由于访谈对象不同，信息收集结果可能会差异很大。有的人处于事业上升期，对职业表现得比较积极，赞誉的语言就比较多；有的人刚好处于事业低谷，对职业表现得有可能会比较消极，给予的评价也就会比较低。

四是行业展览会和人才交流会。通过行业展览会可以了解相关职业领域的最新产品信息和技术发展状况，以便找准职业学习更前沿的技术和理念。参加人才交流会可以了解职业对专业知识、能力和需求数量的要求。这些情况可以为学生在制订学习计划和职业规划时提供指导。

五是学校组织企业人士的讲座和座谈。大学生在校期间应该尽可能多地参加讲座和座谈，了解不同企业的信息及其对人才的要求，这对了解职业很有益处。大学生可以利用学校提供的机会和资源，向校友了解相关的职业信息：还可以借鉴他人的面试经验，总结出自己想要得到的信息。参加行业展览和人才交流会。每年都会有不少的行业展览和人才交流活动，如，各个省的高校毕业生就业指导中心每年都会主办专门面向大学毕业生的供需见面活动。招聘现场观察，也是大学生了解目标职业的有效途径。另外还接受专业信息咨询指导。信息咨询指导是一种通过职业信息的提供来帮助大学生增进对职业世界了解的方法。大学生职业定向方面的许多问题都源于缺乏对职业社会广泛而深入的了解，职业信息咨询服务便成为包括大学生就业指导中心在内的各种职业辅导机构的一种常用的方法。在介绍各种职业资料时，指导者通常会结合来询者的具体情况进行说明与分析，从而使其对有关职业的知识与自我进行对比评价。

☞【职业导航】

生涯人物访谈的七个步骤

做好生涯人物访谈，需遵循以下七个步骤：

第一步，确定访谈的内容。首先要明确的是希望通过访谈了解什么内容，是行业、企业方面的信息，还是职业、职位方面的信息。

第二步，寻找访谈的对象。可通过老师、家人、校友等的推荐，也可以按照自己的志愿去主动寻找，还可以通过网络途径去找到访谈对象。注意访谈对象的结构，应既有初人职场的从业者，也有已工作一定年限的中高层人士。

第三步，决定访谈的方式。包括面对面访谈、电话访谈和书面访谈等。可以先向被采访者预约，预约时首先介绍自己，然后说明找到他的途径自己的采访目的、感兴趣的工作类型以及进行采访所需要的时间(通常20~30分钟)。如果访谈对象无法应约，可礼貌地征询能否推荐类似的人选。不管成功与否，都应表示感谢。

第四步，准备访谈的清单。为了提高访谈的效率，要根据不同的访谈对象和内容任务设置不同的访谈清单。正式访谈前，对生涯人物的信息掌握得越全面越好。

第五步，进行正式访谈。访谈时要灵活变通，可以视实际情况适当增加或减少一些问题，不要按照清单顺序机械提问；要尊重被访谈对象的感受，当涉及年龄、职务、收入、家庭等敏感话题时，尤需斟酌措辞；注意观察被访谈者的工作环境，感受真实的工作氛围。

第六步，结束访谈。访谈结束时，要礼貌地表示感谢，可以赠送一些自己的作品、所学专业的宣传资料或小礼物给对方；在访谈结束后一天之内，发一个短信表示感谢或写一封感谢信给被采访者，并简要小结自己的访谈收获。

第七步，整理访谈的结果。访谈结束后，要及时整理、分析和归纳访谈记录，并确定是否要进行后续或其他的访谈。

生涯人物访谈问题设置举例

1. 您是如何找到这份工作的?
2. 就您的工作而言，您最喜欢什么？最不喜欢什么？
3. 您的主要职责是什么?
4. 从事此行业的人做些什么?
5. 工作地点一般在哪里?
6. 在行业内，先从什么样的工作岗位做起，能学到最多的知识，最有益于发展?
7. 工作场所有哪些特征?
8. 在工作方面，您每天都做些什么?
9. 您在做这份工作时，日常面临的问题是什么？什么最有挑战性?
10. 个人的主要成就是什么？最成功的是什么?
11. 在这个职位上，如果想获得成功必须拥有并保持什么样的能力?
12. 目前还缺乏的必须改进的能力有哪些？怎么改善它们?
13. 在您的组织中，在同样一个岗位上把成功和不成功区别开来的行为是什么?
14. 您认为做好这份工作应该具备哪些知识、技能和经验?
15. 目前，行业内要求从事这份工作的人应该具备什么样的教育和培训背景?
16. 您认为什么样的个人品质、性格和能力对做好这份工作来讲是重要的?

17. 这项工作需要的个人品质、性格和能力同别的工作要求有什么不同？

18. 学校中的哪些课程对这个行业比较有帮助？

19. 行业内，单位对刚进入该领域工作的员工一般会提供哪些培训？

20. 在您的工作领域里，初级职位和略高级别职位的薪水一般是什么水平？

21. 男女工作者在这份工作上机会均等吗？

22. 这个行业的人们，对于他们所从事的工作有什么满意与不满意之处？

23. 从事这份工作实现了您的人生价值吗？家庭对您现在的工作满意吗？

24. 这个行业的人才供求关系怎样？据您所知，从事这种工作的人在单位或者行业内发展的前景怎样？

25. 最近这个行业和工作因为科技进步、经济的全球化发生变化了吗？

26. 您如何看待该单位的组织文化和该领域的工作方式在将来的变化趋势？

27. 这个行业是否有季节性或地理位置的限制？28 这个行业存在的困难及前景如何？

29. 据您所知，有什么职业杂志、行业网站或其他渠道能帮助我深入了解这个领域？

30. 您的熟人中有谁能够成为我下次采访的对象吗？可以说是您介绍的吗？

当然，对于以上这些问题，访谈学生可以根据自己的需要再作整理，但访谈重点应在于全面了解“生涯人物”关于工作的主观感受。

☞【拓展阅读】

教育部启动“学历证书+职业技能等级证书”制度试点

进入大学，每个人都需要拿到本专业规定的足够的学分，才能顺利毕业，取得学历证书。学历证书是一个大学生具备高等学历教育合格条件的证明。2019 年 4 月，教育部印发了《关于在院校实施学历证书加若干职业技能等级证书制度试点方案的通知》。在职业院校和应用型本科高校启动“学历证书+职业技能等级证书”(即 1+X 证书)制度试点，这一通知旨在提高大学生的培养质量，拓宽大学生的就业本领，鼓励学生在获得学历证书的同时，积极取得多类职业技能等级证书。启动 1+X 证书制度试点，是促进技术技能人才培养培训模式和评价模式改革，提高人才培养质量的重要举措，是拓展就业创业本领缓解结构性就业矛盾的重要途径，对于构建国家资历框架、推进教育现代化、建设人力资源强国具有重要意义。

职业技能等级证书是毕业生职业技能水平的凭证，也是对学习成果的认定。证书体现岗位(群)能力要求，反映职业活动和个人职业生涯发展所需要的综合职业能力，全面涵盖专业知识、职业素养和技能操作，分为初级、中级、高级。院校在试点工作中要进一步发挥好学历证书作用，夯实学生可持续发展基础，处理好 1 与 X 的关系，坚持育训结合、内外结合、长短结合，促进书证融通，以人才评价模式改革带动职业教育质量提升。学生自主选择参加职业技能等级证书培训与考核，不作为毕业的限制条件。

职业技能等级证书的开发与实施将按照“放管服”改革要求进一步转变政府职能，健全社会参与机制，面向社会招募培训评价组织，实行目录管理，建立退出机制。培训评价组织对接职业标准，与国际先进标准接轨，按有关规定开发职业技能等级标准，负责实施职业技能考核评价并发放证书。教育部将联合行业部门、行业组织积极发挥全国行业职业教育教学指导委员会等专家组织作用，定期对职业技能等级证书有关工作进行“双随机、一公开”的抽查和监督，对培训评价组织行为和职业院校培训质量进行监测和评估。教育部人社部两部门目录内职业技能等级证书，具有同等效力，持有证书人员享受同等待遇。

☞【职业导航】

想获得职业上的成功需具备的要素

1. 更好地了解你自己——你的能力和缺陷；你的优势和弱势。

2. 维护你的个人品牌——谨慎处理你在互联网上与他人分享的细腻感以及你与其他人的交流和互动并且谨慎处理你的电子邮件。

3. 成为一名团队型员工——花大量精力去充分了解你的团队和组织，并且以最好的方式和他们精诚合作。

4. 得体的着装——第一印象非常重要但你每天给其他人留下的印象同样重要。

5. 人脉关系——通过参与有关的专业组织，与同学、朋友保持联系和接触，利用在线社交网站等方式来开发和维护你与其他专业人士的密切联系。

6. 主动请求帮助——如果你发现自己无法解决的一个问题，那么请求其他人提供建议或指导，寻找一位导师。

7. 及时更新你的技能——虽然你可能认为自己无所不知，但事实上你并不是，持续不断地学习与你的专业和行业相关的知识。

8. 设定目标并努力实现它们——向你的上司展示你能够设定目标并成功实现它们，这会给上司留下深刻印象。

9. 做好本职工作——最重要的是，拥有一份成功的职业意味着你做好自己的本职工作，无论这份工作是什么。

☞【课后思考】

1. 搜集职业信息，写出你最喜欢的三个职业和你最不喜欢的三个职业，说明理由。深入分析你最喜欢的三个职业的任职资格结合自身能力选择将来最想而且最有能力从事的1~2个职业。

2. 简述当前时期，我国职业需求的特点。

3. 结合自身谈谈个人衡量职业成功的标准是什么。

专题四　运筹帷幄，决胜千里：大学生职业生涯决策

单元八　职业生涯决策要则

☞【本章导读】

1974 年 Jepsen 和 Golatt 在职业生涯决策模型中使用了职业生涯决策这一概念，他们认为职业决策是一个复杂的认知过程，其过程是综合了个人对自我的认识，以及对教育和职业等外在因素的判断。职业决策会受到个人目标、可供选择的方案、结果评估、个人价值观、社会结构等多方面因素的影响。

如何在各种决策情景中界定问题，收集并运用资料，从而提升决策能力，这种能力就是生涯决策力。职业决策是由个人的职业观念决定的，而职业观念是由多方面因素共同作用的结果。个人在谋划职业生涯时，虽然可能已经充分考虑职业生涯规划的相关影响因素，但职业决策与职业生涯规划的理论依据是分不开的。所以，在做具体的职业决策时，为了找到解决问题的突破口，可以参考职业生涯规划的相关指导理论。本章主要研究和探讨职业生涯决策要素、职业生涯决策原则和职业生涯决策方法。

☞【导入案例】

桃园摘桃

路边有一片桃园，总占地约 1 万亩，假如你可以进桃园摘桃子，但只许前进不许后退，只能摘一次，要摘一个最大的，你会怎么办?

A：对视野内的桃子进行比较，形成一个大概的标准，再根据这个标准选择最大的桃子。

B："我感觉这个大"，就摘这个了。

C：去问看桃园的人，让他告诉我什么样的最大，或者问旁边的人什么样的最大。

D：先别管了，走到最后再说吧。

E：稍微比较，迅速摘一个。

故事中五个人的行为和风格，对应了美国职业生涯专家斯科特和布鲁斯 1995 年提出

的生涯决策风格。他们认为决策生涯风格是在后天的学习经验中逐步形成的，将决策风格分为五种类型：理智型、直觉型、依赖型、回避型和自发型。每种风格拥有不同的优缺点及特征，我们可以通过这样一个简单的小故事，帮助形成自己惯有的生涯决策风格，帮助自己进一步了解和完善自己的生涯决策风格。

模块1：职业生涯决策要素

由于职业决策是因人而异的，大学生应该分析清楚影响个人职业决策的因素，以便适应时代环境的整体发展趋势。1996年Gait将生涯决策困难按层级划分成三种类型。首先，缺乏准备性。缺乏动机，不想找工作；犹豫不决，没想好什么工作合适；不良信念等。其次，缺乏信息：对生涯决策过程、自我、生涯、乃至获取信息的途径都缺乏了解。最后，信息不一致，如道听途说得来的不可靠信息，自身意愿与家人之间存在分歧等。该如何做出适合自己的生涯决策？需要考虑以下三种因素。

一、个人因素

大学生是职业生涯规划的主体，在职业生涯规划的过程中，个人因素起着决定性作用。职业决策之所以受到多方面因素的影响，原因在于个人与环境之间的关系是极其复杂的，个人对环境以及对自身因素的判断与取舍，限制着职业生涯发展的空间和高度。因此，在职业决策的过程中，最关键的影响因素便是个人因素。大学生在做职业决策时，一般会受个人综合能力和素质、个人经济需求方面的影响，其中也不乏个人身心即时状态等方面的影响。

(一)个人的综合能力和素质

人们对事物的判断依赖于个人的素养、学识、能力等因素的综合作用，这也是个人能力水平的客观表现。个人的知识水平、道德修养以及各种能力是社会发展的一般要求，在现今的知识经济社会，提高个人的综合素质尤为迫切。综合素质包括以下4个方面。

(1)内在涵养，指个人修养、道德水平和文化涵养等内在层面，一般可概括为心理素质、文化素质，以及在体育、文艺、美术、音乐等方面的特长或天赋。

(2)职业能力，包括表达能力、处世能力、组织能力和办公效率，以及语言能力、公关能力和社交能力等。

(3)决断能力，包括认知能力、分析能力、逻辑思维和解决问题的能力等。

(4)创造能力，指敏锐与独特的观察力、活跃的思维能力和实践创新能力等。

当然，通过有针对性的学习和提升，能有效提高个人的决策能力。例如，通过专门的计算机操作能力的学习，可以有效提高个人在软件开发和设计方面的兴趣和能力，从而促使职业决策往计算机领域靠拢，个人也更容易做出决断。但是，作为大学生来说，更应该从根源上认识自身的综合素质，以加强对职业决策的宏观掌控，在职业生涯规划的过程中，需要配合自身各个方面能力的发现和提升，作出最佳的职业决策。

(二)个人的经济需求

职业报酬决定着人们的生活水平和事业发展的空间，在很大程度上影响着个人的精神生活和社会成就感。因此，经济收益是职业选择中应该考虑的重要因素。商品经济的高度发展必然会导致金钱意识的提升，对于职业观念处于萌芽阶段的大学生来说，这方面的理解也许还不够透彻。因此，在职业生涯规划的过程中，大学生应在职业方向的选择上适当追求经济收入，以满足生活和发展需求。在做职业决策时，要避免将来的经济收入不能满足实际需要的情况发生。若到时候再重新选择职业，就会浪费和错失很多宝贵的时间和机会，甚至可能给职业生涯的后续发展造成巨大的麻烦和障碍。所以。大学生在做职业规划时，应充分考虑自身的经济情况，策划出最佳的职业生涯发展方案。

(三)个人身心的即时状态

心理状态是指个人在特定时期的心理环境、精神状况和情感因素等特征的总和，心理状态不但会受外界环境的影响，还会因个人心理素质的不同而呈现不同的表象。因此，心理状态具有明显的不确定性和即时性。在职业决策的过程中，每个人都会遇到各种各样的问题和障碍，要做出科学合理的决策，就需要保证个人的身体、情绪和精神都处于最佳状态。大学生处于成长的快速阶段，身心状态容易发生较大的波动，面对职业决策这一人生重大选择，会感到极大的压力和迷惘。所以在决定职业发展方向的过程中大学生要及时调整好个人状态，处理好个人与职业生涯规划之间的矛盾，把握好个人的前途和命运。

二、社会因素

社会环境中的政治经济形式、产业结构变化和流行的价值观念，会形成不同的经济、历史和文化等社会条件，从而给个体带来不同的职业信息，这无疑会在不经意间给个人造成重大的影响。可见，与职业环境相关的社会因素，都是影响职业决策的因素。

现阶段，人类正处于知识经济型社会，大学生对未来职业世界的判断和决策，依赖于对职业环境和社会环境的认知。然而，与职业环境相关的社会环境是多种多样的，前面在对职业环境进行介绍时，我们已经了解了职业环境与职业发展趋势的相互作用关系，知道职业的发展趋势是影响职业生涯规划的主要因素，而在职业生涯规划定性和定向的过程中，职业决策又占据着最核心的地位。因此，大学生需要结合社会声望、政治因素以及地域因素进行考虑，并根据实际情况适时调整策略，以适应职业生涯的整体发展要求。

(一)社会声望

社会声望是由职业所拥有的社会地位和资源决定的。职业地位的高低会对人们的价值观造成强烈的冲击，因此，社会声望是影响人们职业决策的主要社会因素。通常都说职业没有贵贱之分，但是在现实世界里，人们对职业的看法和评价实际上是高低不一的。虽然大学生并没有正式地融入社会生活的职业生活，但是可以通过舆论、行业地位和职业报酬等侧面渠道对各个行业的社会地位进行相应的了解。

随着大学生对职业认知的深入，社会声望对职业决策影响力的大小也在不断发生变化，但不管怎么变迁，声望对大学生就业决策的影响是始终存在的。它潜移默化地影响着大学生的职业认知，包括大学生的职业观念、思维方向、价值取向，无形之中成为职业决策的考虑因素之一。作为价值观的一种取向，追求社会地位是无可厚非的，但大学生应该充分了解自己的实际情况，避免因过分追求社会声望高的行业，而对职业生涯的整体规划造成不良影响。

（二）政治因素

从社会整体大环境来看，很多行业的未来发展趋势和政治导向是密切相关的，国家的政治和政策因素对大学生职业决策有着不可忽视的影响。政治制度与经济是相互影响的，国家政策影响着一国的经济体制，而经济体制决定着企业的组织体制和发展状况，从而影响着个人的职业发展方向。

政治制度和文化氛围是经济发展的主要指向，为了满足时代的发展需要，国家会通过相关的政治手段对环境和经济进行导向、调控和约束。所以，大学生应该注意个人发展与国家发展的关联性，在职业发展的方向上应充分考虑政治方面的因素，保证职业生涯有一个好的发展前景。

（三）地域因素

地理位置因素是大学生就业决策的一个重要因素。总体来讲，市场化水平和经济增长水平相对较高的长江三角洲区域、珠江三角洲区域和环渤海区域是大学生职业生涯发展的主要阵地。受区域经济发展水平的影响，全国每年有七成以上的大学生在这三个区域就业，而经济相对滞后的偏远地区则少人问津。由此可见，地域因素对职业生涯规划的影响是普遍存在的，大学生在做职业决策时，应该结合区域经济的发展状况，选择或制定更加贴紧自身状况的发展方案，以实现职业生涯良好有序的发展。

三、家庭和环境因素

人们对职业的认识以及职业决策的能力是不断成长的，在影响职业决策的所有因素当中，除了社会因素和个人因素，还有来自家庭方面和其他环境因素的影响。充分整合影响职业生涯发展的各个因素，有利于增加职业决策的合理性。

（一）家庭因素的影响

家庭环境对职业生涯的发展有着直接的影响，其中既有积极的意义，也不乏消极的影响。由于受到我国传统家庭观念的影响，大学生在职业生涯决策和规划的过程中，在很大程度上受到家庭因素的制约，其中主要包括家庭经济状况、家庭价值观念和家庭社会关系3个因素。

（1）家庭经济状况：家庭经济状况直接影响着大学生受教育的能力和对职业生涯的态度，制约着大学生对精神生活的追求，对大学生性格、能力和兴趣的形成都有着间接的作用。

（2）家庭价值观念：家庭价值观念受父母教育背景的影响，父母和亲人的价值观念共同决定着家庭对大学生的期望，从而在很大程度上决定了大学生的发展方向。

（3）家庭社会关系：家庭的社会关系能为大学生提供相关就业资源和行业相关信息，这能使大学生的职业生涯规划存在很大的灵活性。若家庭社会资源丰富，则能为大学生提供较好的发展平台和机会，反之，则需要为大学生更努力地寻求符合自身实际情况的职业发展方向。

因此，在做职业决策的同时，需要大学生充分利用家庭资源，增加职业决策的科学可行性。

（二）其他环境因素

影响职业生涯规划的因素是多方面的，同样的，影响职业决策的条件也是多种多样的，这就给大学生的决策带来了难题。大学生会寻求相关的案例或者征求他人看法来坚定自己的信念，使一些本与自己无关的思维方式或价值观念成为自己需要考虑的因素。比如参考某名人的成功案例，将其决策方法套用在自己身上进行分析，或者与老师、同学和朋友进行探讨，这时，他人对待职业生涯的看法、思维方式以及价值取向就会在无形之中对自身的职业决策造成影响。

大学生的能力和价值观是需要在实际的工作和学习中不断完善的，参考和借鉴就是一个学习和成长的过程。然而，每个人的具体条件和面临的环境因素是复杂多样的，不可能存在相同的职业生涯。所以，在借鉴的过程中一定不能生搬硬套，而是要善于学习和利用他人的正确观点和办法，克服不利的影响因素，从而探索出最适合自己发展的方向和途径，这才是实现最佳职业决策的途径。

注意，不管是我们的父母、邻居、老师还是其他社会知名人士，他们成功或者失败的经历都是可以借鉴的，这对我们职业决策的分析和判断有着极大的帮助。在了解别人成长历程和发展轨迹的过程中，我们不仅要借鉴他们的成功经历，还应该多总结一些别人失败的原因，这样会有利于我们职业轨迹的稳定和健康发展。另外，耐心与细心对大学生的职业决策影响也是很大的，若一个人缺乏足够的耐心和细心，再合理的规划都不可能达到理想的效果。

☞**【阅读材料】**

以家庭为主导的职业生涯

文熙是一个活泼开朗的女孩子，有着姣好的容貌与甜美的嗓音。她的梦想是当一名职业歌手，但因为受到家庭因素的影响，她现在在一所小学当音乐老师。她为什么会做出这样的选择呢？原来她的父母都是老师，家庭的文化氛围比较浓厚，加上文熙又是独生女，家里不存在经济方面的压力，所以希望她长大以后也能做老师，和家里也好有个照应。

文熙从小就受家庭环境的熏陶，家庭在她心中的位置也很重要，所以她在做职业生涯规划的时候就已经有了决定。原来，在大学的时候，文熙专业主修的是音乐教育方向，她把家庭作为职业生涯发展的首要考虑因素，发展重心围绕家庭情况展开。于是在毕业之后，她就找了一份既满足个人音乐兴趣，又能离家近的教师工作。虽然这不是她最渴望的工作，但从现实情况来看，她还是比较满意目前的生活状态。

从这个例子中我们可以看出，文熙在成长过程中，很大程度上是直接受家庭观念影响的。家庭的经济状况和社会关系等因素，以及家庭成员之间的沟通和交流，在无形中会对个人的成长和价值观造成深远的影响。虽然每个人的家庭情况是不一样的，但每个大学生都应该综合考虑家庭方面的情况，做出最符合自身实际情况的选择。

模块 2：职业生涯决策原则

职业决策是职业生涯规划过程中最重要的环节，是对职业发展方案和职业发展方向做出审慎决定的系统过程。这一过程以对外在职业环境的了解和认识自我为基础，需要从众多的工作领域和工作机会中做出合理的选择，比如对行业类型、工作性质、工作地点和发展潜力等内容进行综合分析和筛选。由此可见，职业决策在职业生涯规划的过程中起着导向性作用。所以，在进行职业决策之前，我们可以先从职业决策的概念、类型和原则等方面进行整体的了解与认识。

一、职业决策的概念

职业决策是职业生涯规划的进一步精炼，是职业生涯规划过程中最重要的环节。其含义是职业的方向决定与方案选择，另外还涉及职业方案的设计等内容。具体来讲，职业决策需要个人根据外在环境的特点进行全面探索和分析，从而对职业生涯的规划和发展进行综合考虑，最终制订和选择科学可行的发展方案。虽然影响因素有很多，但主要依赖于个人的分析和判断。个人对职业方向的判断和把握，很大程度上决定了职业生涯发展的空间和高度。由此可见，清楚地了解和认识职业决策在职业生涯中的位置和重要性，是科学规划职业生涯的前提。

职业决策的目的是要选择最优的职业发展方向，这就需要大学生根据各种条件，经过一系列的判断和筛选，确立个人的职业目标，并设计出达到目标的最佳行动方案。在这个过程中，除了受到外在环境的影响外，还需要大学生通过意识、思考、分析和行动来进行方案的策划、分析并做出选择，这与个人的心理特征密切相关。

大学生在分析职业前景的过程中，需要有清晰的人生目标，从而理智地罗列出可供选择的方案，并能结合现实状况进行相应的分析和评估。由于受到个人价值观、文化环境和社会经济等因素的影响，职业决策制订的方案需要根据实际情况进行相应的调整。在贯穿整个职业生涯的发展过程中，职业决策的后续事宜还涉及一连串阶段性目标的可行性问题。若方案和计划过于短浅，发展过程又缺少后续推动力，将不利于职业生涯的长远发展，很可能会让人丧失奋斗的热情。

二、职业决策的类型

职业决策的类型是由个体的决策风格决定的，而决策风格是可以通过后天的学习和经验逐渐养成的。在对职业决策风格的研究过程中，按照个人对职业自我和职业世界的了解程度，可将职业决策类型分为理性型、直觉型、犹豫型和依赖型 4 种类型，如图 4-1 所示。

类别		职业自我	
		了解	不了解
职业世界	了解	理性型	犹豫型
	不了解	直觉型	依赖型

图 4-1　职业决策类型

从图 4-1 中可以看出，职业世界与职业自我共有 4 个交叉格子，每个格子代表着一种类型。例如，一个人了解职业世界又了解职业自我，他表现出来的职业决策类型就是理性型；若他既不了解职业世界又不了解职业自我，他表现出来的职业决策类型就属于依赖型。下面介绍各个职业决策类型的代表性特征。

（一）理性型

理性型决策方式强调通过综合全面的信息做出理智的思考和冷静的分析判断，以周全的考量进行分析和评估，是最受推崇的决策方式。该类型的决策者崇尚逻辑分析，往往在收集充足信息的基础上，权衡多方的利弊得失，通过理性的思考再做决定，以长期效用作为决策的基础依据，这是其他类型决策者所欠缺的。然而，理性型的决策方式也并非是完美的决策方式，该类型的决策者需要避免因强烈的自尊心而忽视整合自己与他人观点的问题，以免造成不必要的麻烦。

（二）直觉型

直觉型决策方式是以置身特定情景中的感受或者情绪作为决策的依据，由于决策者做决定全凭直觉和感受，行事比较冲动，因而很少对必要的信息进行收集。该类型的决策者常常会因决策的不确定性产生不良情绪，从而渴望尽快完成决策而摆脱烦恼，由于对快速做决策的过程有着强烈的兴趣，往往会由于一时冲动，在缺乏深思熟虑的情况下做出决策，因此通常给人留下冲动和果断的印象。由于直觉型决策的风格以自我判断为主导，思维方式侧重关注内在的感受，因而能在信息缺失的情况下快速做出判断。但是，凭个人的直觉远不如理性分析准确可靠，因此直觉型决策存在很大的不确定性，发生错误的可能性也较大。虽然直觉型决策者有较强的自信心，但若决策失误则会给他们造成较大的影响。

（三）犹豫型

犹豫型决策者十分迟疑，即使他们搜集了很多资料和相关信息，仍会在内心反复斟酌；或者害怕做出错误决策，担心造成不良后果而承担责任，由于缺乏充分的自我认识，从而错过最佳决断时机。这一类型的大学生需要认识到犹豫和拖延的不良后果，并增强职业生涯规划的意识和动机。

（四）依赖型

依赖型决策者由于缺少对环境的认识和对自身的了解，往往比较被动和顺从。这一类型的决策者以拖延的方式来回避决策和决定，在做选择时习惯接受他人的意见和看法，通常将他人的肯定、认可和社会评价作为决策的评判标准。但是，过度依赖他人的指导和建议，也可能因为一味地模仿和复制他人的经历，从而产生不良的后果。

上述 4 种职业决策类型分析，虽然不能直接运用于职业决策环节，但可从职业世界和职业自我两方面入手，帮助大学生进一步了解自身的决策特点，从而有针对性地去完善对环境和自我的认识，以便更好地进入职业决策的状态。对职业决策类型的探索，是为了研究和分析职业决策的风格和动机，通过分析各个决策类型的利与弊，帮助大学生解决职业决策过程中存在的问题，最终设计出职业生涯发展的最佳方案。

三、了解自己的决策类型

通过前面的学习我们已经对职业决策的类型有了一定的认识，但也许你还不清楚自己的职业决策类型。请完成下面的小测试，以便对自身决策类型有一个更深入的了解。

☞【决策类型测试】

测试说明：请根据自己的个人特质和实际情况，客观地对以下问题作答，是得 1 分，否得 0 分。回答结束后，请将分数填入决策类型得分表(表 4-1)中并进行统计汇总。

表 4-1　决策类型得分表

序号	情景描述	是否符合	
		是	否
1	我常常仓促做草率的判断		
2	我做事情时不喜欢自己出主意		
3	碰到难做的事情，我就把它放到一边		
4	我会多方收集决定所必需的一些个人及环境材料		
5	我常凭一时冲动做事		
6	做事时我喜欢有人在旁边，以随时商量		
7	遇到需要做决定的，我就紧张不安		
8	我会将收集到的材料加以比较分析，列出选择的方案		
9	我经常改变我所做出的决定		
10	发现别人的看法与我的不同，我就不知怎么办		
11	我做事总是东想西想，下不了决心		
12	我会权衡各项可选择方案的利弊得失，判断出最好的选择		
13	做决定之前，我从未做任何准备，也未分析可能的结果		
14	我很容易受别人意见的影响		
15	我觉得做决定是一件痛苦的事情		

续表

序号	情景描述	是否符合	
		是	否
16	我会参考他人的意见做最适合自己的决定		
17	我常常不经慎重思考就做决定		
18	在父母、师长或亲友催促做决定前，我不打算做任何决定		
19	为了避免做决定的痛苦，我现在并不想做决定		
20	经过深思熟虑之后，我会明确决定一项最佳方案		
21	我喜欢凭直觉做事		
22	我常让父母、师长或亲友为我做决定		
23	我处理事情经常犹豫不决		
24	当决定方案后我会准备充分并全力以赴做好它		

☞【测试分析】

测验完毕后，将得分进行汇总于图 4-2。得分 0~6 分，分数最高的栏目代表着个人的决策方式和风格，其特点参考图 4-1 中职业决策类型划分的理性型、直觉型、犹豫型和依赖型的 4 种类型。

题号组	1	5	9	2	6	10	3	7	11	4	8	12
	13	17	21	14	18	22	15	19	23	16	20	24
得分(0~6 分)												
决策类型	直觉型			依赖型			犹豫型			理智型		

图 4-2　决策风格类型测试结果

四、职业决策的原则

职业决策不单单是拟订出职业发展的方向，还需要对整个职业生涯的发展进行长远的展望。如果职业决策太过草率肤浅，职业生涯规划便失去了后续的发展支撑，容易让人丧失奋斗的热情，从而不利于职业生涯的长远发展。大学生在进行职业决策时，需要考虑的因素有很多，主要可以从生存发展的需要，个人的兴趣、能力、价值取向和社会需求等方面进行综合衡量。总体来说，职业决策的原则性问题包含以下 4 个方面。

(一)兴趣发展原则

职业生涯规划的核心在于从事一项自己喜欢的工作。从事自己喜爱的工作，可以有效地将热情转化成兴趣，并最终发展成为从事该项工作的长久动力。兴趣是最好的老师。在进入大学开始独立生活以后，我们每个人都会经历各自不同的学习和成长阶段，这时兴趣和爱好虽然变得十分广泛，但如果缺乏长久的兴趣和长远的计划，当需要选择其中一项件为终身事业时，往往会显得无所适从。所以，在做职业决策时，不仅要选择自己喜欢的职业方向，还需要主动去培养自己的职业兴趣。

(二)能力胜任原则

职业生涯发展的核心在于从事一项自己擅长的工作。从事任何职业都需要具备相应的职业技能，才能更好地满足职业岗位的需要。在制定职业规划时，大学生要认真分析自己的优缺点，根据自己的能力特征和个性特点，选择一个既喜欢又有能力胜任的工作领域，以便最大限度地发挥个体的价值。

(三)利益整合原则

职业生涯维持的核心在于从事一项收益相当的工作。职业作为个人谋生的手段，其目的在于追求物质和精神上的满足，并最终实现个人的幸福感。而影响一个人理性职业决策的因素，除了兴趣和特长等内在因素，还涉及职业回报、行业发展状况和发展前景。所以，在进行职业决策时，不仅要考虑个人预期的经济收益，还要考虑精神需求的满足和发展前景等因素，最终在收入、社会地位、成就感和工作付出之间做出明智的选择，使个人在整个职业生涯的发展过程中获得收益的最大化。

(四)社会需求原则

职业生涯的成功除了需要有良好的规划、发展和维持外，还需要迎合社会的需求。然而，在时代快速发展的过程中，社会需求也随之发生了巨大的改变，新的社会需求不断涌现，旧的社会需求逐渐消亡，这就给职业决策提出了新的难题。大学生在进行职业决策时，能正确地分析社会需求及其发展趋势就显得格外重要。由此可见，职业决策不仅要考虑个人原因，还应该结合时代背景进行分析和决断，以达到择世所需的目的。因此，选择既满足社会需要又符合时代长远发展的职业方向，是职业生涯规划和职业决策的关键所在。

注意，大学生在职业选择的方向上有很大的随意性，若太偏重于工资待遇等利益方面的因素，在职业适应性上往往会出现不同程度的问题。所以，大学生应该根据社会对人才的要求，在职业生涯发展的过程中，把价值观、兴趣和技能作为自我提升的重点，以便对自身的职业生涯有更精准的定位，这也是提高个人职业决策能力的途径之一。

模块3：职业生涯决策方法

前面已经对职业生涯规划的相关指导理论做了相应的认识，职业生涯规划是个体通过对个人能力、兴趣、性格和价值观的解读，并结合外界环境施行的总体战略部署。合理的安排和决断是这一战略发挥作用的关键，因此我们需要运用宏观的手段进行合理的决策。这就要求我们在环境分析的基础上，不仅要使职业生涯发展的方向符合个人的实际情况，还要安排和实施后续的行动过程。

职业决策的目的是为了寻找和优化职业生涯的发展方案。由于职业决策与大多数即时决策不同，这个过程中没有固定的选项和思维模式，所以，具体做出的选择在现实条件和要求之间就可能存在不同程度的冲突。那么，大学生在做职业决策时，具体可以运用哪些方法或手段呢？

一、5W 分析法

“5W”法是职业决策过程中最简便易行的方法，又叫“What 归纳法”。国内外很多专业的职业咨询机构在辅助个人进行职业规划时，通常采用问句的方式，协助个人逐次进行筛选。在实际运用中，通过依次回答下列 5 个问题，并找到它们的交集，就可以确定职业生涯规划的大体方向。

Who am I?	我是谁？
What do I want?	我想干什么？
What can I do?	我能够做什么？
What can support me?	环境支持或允许我做什么？
What can I be in the end?	我最终的职业目标是什么？

在不同的情况或个体间，具体的提问内容可能有所差异，但大体的方向和原则是一致的，在此处可以将这些问题分解成以下内容。

(1)个人特征：根据自身状况进行感知，这需要大学生对自己有一个清晰而深刻的认识，把个人的性格特征、特长、能力等方面的优势挖掘出来，可以更加清晰地明确目标的范围。

(2)个人喜好：虽然随着年龄和经历的增长，每个人在不同阶段的兴趣发展不完全相同，但兴趣对职业的发展有导向作用是毋庸置疑的，因而可据此来锁定一个人的职业发展方向。

(3)个人潜能：除了要考虑个人的性格和特长等因素，对自身潜在能力的分析和预测也十分重要。职业的成功依赖于个人的能力，但职业发展的空间往往受个人潜力的限制。通过对潜能的考察，可以进一步缩小职业决策的目标范围。

(4)环境许可：职业的发展与环境相适宜是十分必要的，这就要求大学生在做决断时，需考虑影响职业环境的各种因素，从政治环境、经济环境、法制环境、科技环境和文化环境等方面进行综合考量。

(5)职业目标：对前 4 个问题进行筛选，已经将可能的职业方向进一步缩小，这时候需要有一个明确的目标来指引职业生涯规划的实施，从而确立个人职业生涯发展的最佳方向。

通过上述分析，可以逐步缩小目标的范围，结合实现过程中的各种条件，从而找到适合自己的最佳职业目标，这是职业决策过程最简单且有效的方法。

二、SWOT 分析法

SWOT 分析法即态势分析法，20 世纪 80 年代初由美国旧金山大学的管理学教授韦里克提出，经常被用于企业战略制定、竞争对手分析等场合。SWOT 分析模型也适用于为达成某一目标，进行优劣势分析，进而拟定出应对策略。

SWOT 分析模型包括分析企业的优势（Strengths）、劣势（Weaknesses）、机会（Opportunities）和威胁（Threats）。它实际上是将对企业内外部条件各方面内容进行综合和概括，进而分析组织的优劣势、面临的机会和威胁的一种方法。通过 SWOT 分析，可以帮助企业把资源和行动聚集在自己的强项和有最多机会的地方，并让企业的战略变得明朗。

因其兼顾内外因素（S、W 为内部因素，O、T 为外部因素），所以能够很好地将个人目标、个人条件和外部环境有机结合起来，其分析方式如图 4-3 所示。

图 4-3　SWOT 分析法示意图

SWOT 分析法可以分为两部分：第一部分为 SW，主要用来分析个人条件；第二部分为 OT，主要用来分析外部条件。利用这种分析方法，可以从内外条件的优劣势中直观地找出对个人有利的、值得发扬的因素，以及对自己不利的、要避免的东西。这样可以快速地发现机会与优势的契合点，对契合点进行相应的分析，就可以明确以后的发展方向。总的来说，这种分析方法在实际运用中具有明显的科学合理性，因此，可以将分析结果作为职业决策的主要依据。

根据 SWOT 分析法的分析结论，还可以将问题按轻重缓急分类，明确哪些是急需解决的问题，哪些是可以稍微拖后的事情，哪些属于战略目标上的障碍，哪些属于战术上的问题。将这些需要研究的对象一一列举出来，依照矩阵形式排列，然后用系统分析的方法把各种因素组合起来进行分析。通过综合分析，可以帮助大学生从中得出具有决策性的结论，从而对职业生涯规划做出合理的策划和安排。

大学生在职业生涯规划决策中，应该对自身进行细致的 SWOT 决策分析，清楚自己的优势与劣势，并分析和评估出职业生涯后续会面临的机会和威胁。在实际操作的过程中，可参照以下 4 个步骤。

一是评估自己的长处和短处。发现短处与发现长处同等重要，所以要根据个人的价值观、性格、兴趣和能力，在找出自身优势的同时，也要认识自己的缺陷与不足。其作用与意义有两点：一是放弃那些不擅长的、技能要求不易达到的职业；二是规避自身的缺陷与短板，在完善自我的过程中提高自身素质。

二是通过对个人所处的环境和情况进行全面、系统、准确的研究，分析自己可能会面临的职业机会和威胁。任何行业在发展的过程中机会与威胁都是并存的，这些机会与威胁在很大程度上制约着职业生涯的发展。例如，某一行业由于污染严重，必然会在发展的过程中受到相关因素的限制，这一行业的发展空间和机会将会越来越小。因此，对外界因素的分析和认识是判断机会和威胁的必要条件和途径。

三是确立自己的中长期职业目标，从而根据目标制定相应的发展战略、计划以及对策等。职业目标是我们竭尽所能想要达到的理想位置，这就需要充分考虑外界环境和行业环境给我们提供的优势，把自己的职业目标具体化。比如，把职位的大小、薪资的高低或者具体创造的社会价值和财富量化，以进一步整合个人与外界环境之间的矛盾，从而找到最佳的发展途径。

四是对职业目标的可能性和可行性做系统的论证。这时，需要我们为第三步中所列出的职业目标拟订一份具体的行动计划，并结合 SWOT 矩阵中内外因素的优势与劣势，详细论证达成这些目标的可能性。比如，分析管理职位需具备的领导能力和管理能力，要获得预期的报酬需要具备的相关业务能力或专业技能等，这需要大学生结合自身情况进行探讨，并对职业计划和行动进行理性的分析。了解实现该职业目标需要的能力后，便可从实际出发，以此来判断满足和达到这些条件的可能。

SWOT 分析法运用起来简单直观，它既是寻找目标方案的有效手段，也是验证方案可行性的最佳办法。应用于职业决策过程中时，SWOT 分析法从拟定职业目标的过程和结果入手，能对大学生“可能实现的事”进行透彻的分析，这是职业决策过程中最直接有效的途径。另外，这种把个人能力和环境因素同等看待的分析方式，非常有利于个人与环境的平衡与优化，增加了职业生涯的可持续发展，也为大学生职业决策的研究指明了方向。

三、CASVE 决策法

在职业生涯规划的指导理论中，曾对认知信息加工理论进行过介绍。通过对认知信息加工金字塔模型的了解，可以得知 CASVE 循环对于职业生涯规划的重要性。该模型指出，一个良好的决策需要经历 C(沟通)、A(分析)、S(综合)、V(评估)、E(执行)5 个步骤。

(一)沟通(Communication)

在这个阶段，个体将会收到职业理想与现实之间差距的信息反馈，并通过一定的方式表现出来。比如，当个人意识到问题的所在，可能会出现一系列厌烦或者焦虑的情绪，甚至是头痛或者身体其他部位不适的信号。另外，在个人接收到来自家人、同事或朋友的交流、询问或者评价，以及从杂志、媒体等相关途径获得信息时，分析和处理问题的意识便会在脑海中形成。这时，我们会通过各种感官来思考和探索问题，如自身的需要以及寻求解决问题的办法，这个阶段称为沟通阶段。

(二)分析(Analysis)

通过前一阶段自己内部的沟通与思考，以及对自身需求的观察和研究，个人会逐渐意识到解决问题的办法。具体而言，职业生涯规划需要建立在对自身兴趣、能力、价值观等自身条件和各种外在环境的分析基础上。意识到这一问题后，需开始分析现实情况与理想状态之间的共性和差距。

1. 分析自我条件

自我条件主要包括兴趣、能力和价值观等，探究这些个人问题，可以对自身进行有效的分析和了解，具体操作可以参照以下内容。

(1)我喜欢做什么？

(2)我擅长做什么？

(3)我看重什么？

(4)我掌握了哪些专业知识？

(5)我做什么事情最能够全身心地投入？

(6)我做什么事情能得到更多的乐趣与享受？

(7)我做什么事情能做到最优秀？

(8)我希望工作可以带给我哪些东西？

(9)我希望达到的目标是什么？

在这个阶段，问题解决者需要多花心思去思考和研究，从而更充分地了解自身的情况。在此过程中，首先要弄清楚自己有哪些方面的能力，并尽可能多地将它们罗列出来。其次，需根据自身的实际状况，对这些问题进行思考和分析。只有找到个人的实际需求，才是真正意义上的认识自己。

2. 分析环境

解决问题的一切方法都需要从实际出发，这就离不开对基本环境因素的分析。落实到职业生涯规划的问题中，大学生应该将了解环境放在与了解自我同等重要的地位上，所以不妨从以下问题进行思考。

(1)我需要了解哪些环境因素？

(2)我处于一个什么样的职业环境之下？

(3)环境允许我往哪些方向发展？

(4)我想要一个什么样的工作和生存环境？

(5)我该怎样适应环境？

(6)我能创造和改变哪些环境因素？

(7)我有没有足够的能力抓住环境带来的机会？

结合真实的自我与现实环境进行分析，是有效把握自己的手段，也是职业生涯规划的必经阶段。在这个多向分析的过程中，大学生通常会改善对自我的认知，不断增加自身对职业世界的认识和需要。该阶段还需要把各种因素和相关知识联系起来，例如，把个人阅历与职业选择联系起来，或者把个人的生活愿望融入职业选择。客观来讲，分析的透彻与否是造成职业生涯差距的主要原因。

(三)综合(Synthesis)

该阶段主要是根据分析阶段得出的信息，设计出符合要求的方案。其核心任务局解决问题的方法。通过对自身和环境的了解，可以得出许多符合自身需求的职业方向，将这些职业都列出来，逐步缩小目标的范围。首先，尽可能清晰地认清自己的实际需求，列出可供选择的职业清单；然后仔细地思考每一种途径的可行性；最后，缩小可行办法的范围，尽可能多地满足个人的主要价值观。通常可以筛选到3~5个有效选项，这是我们头脑中最有效的记忆和工作容量的数目，有利于后续的评估过程。

(四)评估(Value)

经过综合阶段的作业，已经得出了一组候选择业名单，接下来就需要对得出的职业选项进行详细的评估。这个过程最主要的是评估从事该行业的适应性以及个人匹配程度，也要适当考虑对家人和社会的利弊等影响。最后，对各个选项做一个优先度的排序。

(五)执行(Execution)

执行是CASVE循环的最终目的，其他任务和内容都是为这个实施环节服务的。不管前面分析得再全面，评估得再中肯，要实现职业生涯的良好发展，关键是要在执行阶段将所有想法付诸实践。在执行过程中，不仅需要制订相应的计划，还需要积极地实践尝试并付诸具体行动。这是一个把思考转换为行动的过程，在执行阶段制订相应的行动计划往往令人兴奋，这标志着可以开始采取实际的行动去解决问题了。若没能满足实际的需要或者达到理想要求，可以再次回到沟通阶段，开始新一轮的CASVE循环，直到职业生涯中的问题被解决为止。

四、决策平衡单

职业决策实际是为了平衡多方利弊，并最终做出最符合自身利益的决断。而决策平衡单正是针对这一特点，根据个人的利益和需求，直接对预备选项进行筛选。这种方法经常被应用于实际问题的解决和职业咨询中，前面提到的职业决策方法，都可以运用决策平衡单来进行最后的评估和筛选。其主体框架如下：

(1)内在物质层面的得失。

(2)外在物质层面的得失。

(3)内在赞许与否。

(4)外在赞许与否。

决策平衡单运用起来简单直观，经过初步的职业筛选，它可以帮助大学生具体地对每个职业选项进行分析。大学生可以通过分析各个方案实施后的利弊得失，结合个人在物质和精神层面的利弊，排出各个预备选项的优顺序，从而得到最优的结果。其具体使用过程如下。

(1)列出预备的职业选项：需要列出有评估价值的潜在职业选项。

(2)各项考虑因素的加权计分：大学生需要根据自身的实际情况进行考量，对各个栏目的重要性进行权衡，即根据该栏目的重要程度，分别设定1~5的权重系数。

(3)判断各个职业选项的利弊：根据各个预备职业在物质和精神上的得失表现，逐一检视各个职业选项，用0~10的分值，来衡量各个职业在对应栏目下的优势。

(4)计算出各个职业选项的得分：结合各个栏目的权重系数，计算出各个职业选项的加权总得分。

(5)排出各个职业选项的优先顺序：依据各职业选项在总分上的高低，排出优先次序，职业选项的优先顺序即可作为大学生职业生涯决策的依据。

在实际运用中，由于"自我赞许与否"和"社会赞许与否"显得比较笼统，所以将这两项改为"内在精神层面的得失"与"外在精神层面的得失"实际是由"内在—外在"和"物质—精神"所构成的4个范围来考虑的。

☞【思考讨论】

我们所熟悉的决策平衡单、CASVE循环、SWOT分析法都是非常经典的生涯决策工具与技术，我们怎样提升生涯决策力的策略?

单元九　职业生涯规划制定

☞【本章导读】

职业定位是职业的自我意向，是指大学生在进行职业生涯规划时，根据自身的生活、学习和工作经验，把个人能力、职业环境与职业价值观相结合，实现总体满意度最高的职业选择。这就需要个人对职业目标有一个全面的认知，并且在实际的工作中能不断地进行适应性的调整。

☞【导入案例】

李俊泽是一个各方面能力都很优秀的大学生，所学专业也比较热门，找到一份好工作看起来应该是很容易的。但在毕业后的短短几年间，他已经先后在北上广等地跳槽了十几次。跳槽最主要的原因还是个人生活花费太大，工资收入达不到自己的期望，以至于从事自己的工作都提不起兴趣，所以他一直没有找到"稳定"的工作，他觉得自己在社会中没有归属感。

李俊泽的这种苦恼也是一部分大学生拥有的问题，如果太急功近利，往往会过于重视眼前的经济收益，而忽视了职业生涯的长远发展。如果把所谓的"好工作"定义为拿一份高工资，那职业生涯的整体发展就未免有失偏颇。面对这类情况，大学生有必要对职业生涯发展的重心进行调整，正确审视自己的能力和需求，结合客观环境，明确自己的职业定位。

模块1：确定职业生涯发展目标

一、职业生涯定位的概念

职业定位理论经过长期的发展和完善，已逐渐成为人力资源管理和大学生职业生涯规划的重要工具。职业定位要求大学生在进行职业规划和定位时，将个人能力、职业环境和职业价值观三个方面进行整合，以便精确定位职业的发展方向。这有助于每个人在今后的工作和生活中，充分发挥个人的优势和长处，最大限度地实现个人价值。

二、职业生涯定位的类型

职业定位是对职业方向的宏观分析，从职业生涯规划的大局出发，协助大学生探索职业发展的理念和方法。每个人的人生目标和追求方向不同，表现在职业重心的定价方式上也是各不相同的。根据职业重心在个人能力、职业价值观和职业环境三者间的倚重方向上可以将职业定位的方向划分为以下7种类型。

(1)技能倾向型。他们倾向于个人能力的发挥，追求技术领域的不断成长和提高，以及寻求应用技能机会。他们喜欢技术性强的职业类型，以个人才能作为职业的主导方向，对自身专业水平有较高的要求，并且不会轻易放弃在技术性领域取得的成就。

(2)创造倾向型。创造倾向型的人渴望运用自己的能力去实现目标和理想，他们具备相当的能力和才华，并且拥有克服困难和承担风险的勇气。这一类型的人能力与智慧兼备，他们不甘于平凡，会为实现梦想而不断奋斗；拥有很强的改变和创新能力，一旦时机成熟，便会着手创建属于自己的事业。

(3)管理倾向型。管理倾向型的人致力于追求个人价值的实现和职位晋升。他们通常有很强的综合能力，在工作上能独当一面，将事业的成功视为人生的意义，有清晰远大的目标，并致力于获得更高层次的管理岗位。

(4)服务倾向型。服务倾向型的人将服务社会作为核心价值观，并把帮助他人作为职业的价值体现。他们事业的成就感来源于为社会奉献自己的力量，不太重视工作的变换或职位的提升。

(5)生活倾向型。生活倾向型的人的人生重心并不在职业生涯的成功上，他们将生活美满定义得比职业成功更重要，所以并不太在意职业生涯的发展和具体的工作内容。这类人为了享受生活的平和与安逸，甚至愿意牺牲或放弃职业的发展。

(6)自主倾向型。自主倾向型的人追求能施展个人才能的工作环境，向往自由的工作和生活方式。此类型的人不喜欢受到限制和制约，将工作环境和能力发挥作为职业发展的必要条件。

(7)综合型。综合型的人对职业生涯的发展有着综合的考量，具体在职业的定位态度上。

三、了解自己的职业定位

通过前面的学习我们已经了解了职业定位的概念及其作用，但很多人并不清楚自己的职业定位，通过下面的测试可以对自己的职业定位进行初步的认识。

☞【测试】

职业定位测试

本测试任务的40道题，代表8种职业定位，请根据自身的实际情况对每道题进行衡量。为了便于统计分析，请将分值填入图4-4中所对应的栏目号。(非常符合-5分；比较符合-4分；基本符合-3分；不太符合-2分；非常不符-1分)

1. 希望从事自己擅长的工作，这样我的内行建议可以不断被采纳。（　）
2. 在整合和管理他人时，非常有成就感。（　）
3. 希望能以自己的方式与计划开展工作。（　）
4. 认为安定与稳定比自由和自主更重要。（　）
5. 一直在寻找可以创立事业(公司)的创意(点子)。（　）
6. 认为能对社会做出真正贡献的职业才算是成功的职业。（　）
7. 在工作中，希望去解决那些有挑战性的问题，并且能成功。（　）
8. 宁愿离开公司，也不愿从事必须牺牲个人和家庭的工作。（　）
9. 将专业技术和水平发展到更具有竞争力的层次是职业成功的必要条件。（　）
10. 希望能够管理一个大的公司(组织)，能用自己的决策影响别人。（　）
11. 能自由地决定自己的工作内容、计划和过程，并非常满意。（　）
12. 如果在工作中丧失了安全稳定的感觉，宁愿离开这个工作岗位。（　）
13. 创办自己的公司比单纯的从事管理工作更有意义和成就感。（　）
14. 运用自己的才能去为他人服务能获得很大的职业满足感。（　）
15. 认为职业的成就感来自于克服那些非常有挑战性的困难。（　）
16. 希望自己的职业能够兼顾个人、家庭和工作的需要。（　）
17. 在自己喜欢的专业领域内做资深专家，比做管理工作更具有吸引力。（　）
18. 只有做到公司的决策层管理，才认为自己的职业人生是成功的。（　）
19. 理想的职业需要有完全的自主与自由。（　）
20. 愿意在具有安全感、稳定感的公司中工作。（　）
21. 通过自己的努力或想法完成工作才是个人成就感的来源。（　）
22. 利用自己的才能让人们的生活变得更美好，比个人的职位晋升更重要。（　）
23. 解决了非常棘手的问题，或者在必输无疑的竞赛中胜出，会非常有成就感。（　）
24. 只有很好地平衡了个人、家庭、职业三者的关系，生活才能算是成功的。（　）

25. 宁愿离开公司，也不愿接受那些不属于自己技能领域的工作。　（　）
26. 做管理者比做专业领域的资深专家更有吸引力。　（　）
27. 用自己的方式不受约束地完成工作，比安全、稳定更重要。　（　）
28. 只有当收入和工作有保障时，才会对工作感到满意。　（　）
29. 在职业生涯中，能成功创造属于自己的事业，会感到非常成功。　（　）
30. 希望从事对人类和社会有发展贡献的工作。　（　）
31. 希望工作中有很多的机会，可以不断挑战自己解决问题的能力。　（　）
32. 能很好地平衡个人生活与工作，比达到一个高的管理职位更重要。　（　）
33. 如果在工作中能经常用到自己独创的技巧和才能，会特别有成就感。　（　）
34. 宁愿离开公司，也不愿舍弃自己的管理权力。　（　）
35. 宁愿离开公司，也不愿丧失自由和自主控制的权利。　（　）
36. 希望有一份充满安全感和稳定感的工作。　（　）
37. 梦想着创建属于自己的事业。　（　）
38. 如果公司不具备为他人提供帮助或服务的精神，宁愿放弃这份工作。　（　）
39. 去解决那些几乎无法解决的难题，比获得一个高的管理职位更有意义。（　）
40. 一直在寻找一份能使个人和家庭和谐发展的工作。　（　）

倾向类型	技术型	管理型	自主型	安全型	创造型	服务型	挑战型	生活型
得分项	1	2	3	4	5	6	7	8
	9	10	11	12	13	14	15	16
	17	18	19	20	21	22	23	24
	25	26	27	28	29	30	31	32
	33	34	35	36	37	38	39	40
总分								

图 4-4　职业定位测试表及结果

☞【测试分析】

测验完毕后，将每个纵向题目的得分进行汇总，得分最高的项目为比较适合个人职业的发展方向。各类型的特点介绍如下：

(1) 技术型：对工作有专长和强烈兴趣，注重工作的专业化，适合各个技术领域。

(2) 管理型：精力充沛，喜欢挑战与有压力的工作，适合管理性质的工作。

(3) 自主型：喜欢能发挥所长、自主性高的工作，适合教师、咨询顾问、研发人员。

(4)安全型：喜欢稳定的工作，适合银行职员、公务员。

(5)创造型：喜欢不断有新的挑战目标，渴望变化，适合创新型的工作，如企业家等。

(6)服务型：喜欢从事有社会意义的工作，适合医护、社工和自愿者等。

(7)挑战型：喜欢有难度的工作，能不断挑战自我，适合特种兵、科学研究等领域。

(8)生活型：强调工作和家庭的和谐，适合时间灵活的工作类型，如自由职业者。

该测试可引导大学生对自己的职业定位进行探索，有助于进一步缩小职业方向的选择。大学生还需要在此基础上综合其他方面的能力，通过学习和实践来进一步确定职业的选择方向。

四、职业生涯定位的作用

职业定位与大学生职业生涯的发展方向密切相关，在职业生涯的早期阶段，是职业定位发生作用的最主要时期。大学生随着对职业认识的不断深入，工作经验也在逐渐积累，职业定位随之变得更加清晰和准确。可以说，职业定位贯穿、影响和联系着职业生涯的前期与中期部分，在大学生的职业生涯发展过程中发挥着十分重要的作用。所以，正确审视自己的能力，客观评价职业环境，明确自己的价值取向，是职业决策过程的重中之重。职业定位的具体作用如下：

(1)及时准确的信息回馈。职业定位是个人通过对职业重心的探索，为个人职业发展确立方向的过程。这一探索过程，围绕个人能力、职业环境与职业价值观展开，若实际达到的效果与个人的追求和抱负不相符时，应及时发现问题并采取行动。

(2)为个人指明有效的职业道路。职业定位可以反映个人的职业需求，还能显示个人的价值观和抱负。职业定位与实际的发展是相互促进、相互影响的，能有针对性地对个人实际的发展构建可行的、有效的职业途径。

(3)增长个人的能力和经验。职业定位是个人对发展方向和发展高度的愿望，能使个人在处理问题的过程中开拓思维和增长见识，随着个人相关的能力和技能不断发展提高，从而增加职业定位的准确性。

(4)为职业生涯的后续发展提供保障。职业定位对职业生涯的后期发展是没有直接影响的，其主要作用在于给职业生涯的发展指明方向，为个人能力的提高、职业技能的获得和才干的发掘开辟道路，这些都是职业生涯后续发展必不可少的基础条件。

五、职业生涯目标的步骤和达成方式

无论是在我们的生活还是在工作学习当中，都应当给自己设定一个预想的目标。没有目标的人生，犹如在大海上随波漂浮的船只，没有行驶的方向和想要停靠的目的地。彼得·德鲁克先生曾认为，并不是有了工作才有目标，而是相反，有了目标才能稳定每个人的工作。这说明目标是我们学习工作的前提和动力。有些人在设立了自己的人生目标后，妄想能一步登天，这是不可能的，因为姑且不论能力是否达到要求，单从这种想法来说，不能脚踏实地地达到目标，不能使自己走的每一步都打下坚实的基础，所有的一切设想都只会成为空中楼阁。因此，想要实现目标，必须按照一定的方式方法来进行。

大学生在进行职业生涯规划时，最重要的就是要找到自己的职业生涯规划目标，并按时间段分为短期目标、中期目标和长期目标，这样可以将职业生涯总体目标具化为更容易实现的阶段目标，并能在每个时间段找到侧重点。其实这种目标的阶段划分方式只是目标达成方式的一种，目标的达成方式可以划分为分时间段依次达成、分阶段分步达成和分难易程度逐级达成3种方式，接下来将分别为大家进行讲解。

(一) 分时间段依次达成

当我们确立了自己追求的目标时，虽然雄心满满，但是往往会因为目标太过遥远而无从下手。这时，我们需要将目标分解为若干个递进关系的小目标，为每个小目标设置相应的时间段，并写出每个时间段对目标实现的具体实施方案与评估标准，尤其是距现在越近的时间段的目标，实施方案和评估标准就需要越详细。因为距离现在越近，我们就越清楚自己需要做的是什么，较少进行改动；而时间越远，可能发生的变数越大，则需要我们进行不断调整和修改的概率越大。

我们确定自身职业生涯目标的时候，由于职业生涯的总体目标太过遥远，是我们要用几十年甚至一生来追寻的目标，因此往往需要把职业目标划分为短期目标、中期目标和长期目标，这也是大学生在职业生涯规划当中最常见的划分方式之一。

(1) 短期目标：短期目标的时间一般为1~3年。短期目标通常是短期内需要掌握的知识技能和工作能力等。在这个阶段，我们需找出自身与短期目标之间的差距，并制订出切实可行的详细实施计划和计划评估标准。

(2) 中期目标：中期目标的时间一般为3~5年或者3~10年。中期目标通常是对自己的职业晋升有个初步的定位，比如要做到公司业务部门的总经理。中期目标的设定在整个目标阶段中起着承上启下的作用，需要拟订一个切实的目标，这个目标既要根据短期目标的完成评估情况适当进行调整，又要为长期目标的设定和实现做好铺垫、打好基础。

(3) 长期目标：中期目标的时间一般为5年或10年以上。长期目标主要是设定比较长远的目标，如目标是40岁时成为公司的负责人。长期目标与职业生涯的总体目标在一定程度上很接近，是实现总体目标的最后阶段。

当然，这些时间的划分不是唯一和固定的，可以根据自身的需要进行调整。

(二) 分阶段分步达成

许多人在实现目标的过程中经常半途而废，究其原因，是在长期追梦的过程中，由于目标和梦想较远，觉得看不到希望，因此产生懈怠和自暴自弃的消极情绪。如果我们能把这个追梦的路途，划分成若干个小距离，并将每个小距离当成目前需要完成的目标，那么完成起来的难度将大大降低，并且通过不断地完成任务，收获成功和满足感，这更能化为激励自己前进的动力。因此，我们在制定职业生涯目标的时候，可以将其分解成若干小目标。这些小目标必须要设置时限和评估标准，如果你花费了10年、20年来完成第一个小目标，那就未免得不偿失了。

☞【阅读材料】

马拉松运动员的故事

山田本一是日本20世纪80年代的一名马拉松运动员，1984年，在东京国际马拉松邀请赛中，名不见经传的日本选手山田本一出人意料地夺得了世界冠军。当时许多人都认为这个跑到前面的矮个子选手是偶然为之。马拉松赛是体力和耐力的运动，只要身体素质好又有耐性就有望夺冠，爆发力和速度都还在其次。

两年后，意大利国际马拉松邀请赛在米兰举行，山田本一代表日本参加比赛。这一次，他又获得了世界冠军。两次夺冠绝非偶然！

十年后，这个谜团终于被解开了，山田本一在他的自传中这么说："每次比赛之前，我都要乘车把比赛的线路仔细勘查一遍，并把沿途比较醒目的标志画下来，比如第一个标志是银行，第二个标志是一棵大树，第三个标志是一座红房子，这样一直画到赛程的终点。比赛开始后，我就以百米冲刺的速度奋力向第一个目标冲去，等到达第一个目标，我又以同样的速度向第二个目标冲去。四十几千米的赛程，就被我分解成这么几个小目标轻松地跑完了。起初，我并不懂这样的道理，常常把我的目标定在40千米以外终点的那面旗帜上，结果我跑到十几千米时就疲惫不堪了。我被前面那段遥远的路程给吓倒了。"

这个故事启发我们如何将远大的目标纷呈阶段性的小目标，通过对小目标的逐一实现，来最终完成对大目标的实现。在现实生活与工作中，我们做事经常不是因为失败而放弃，而是因为丧气倦怠而失败。我们应该学习山田本一对目标达成的方法。在人生的旅途中，我们若具有一点山田本一的智慧，也许就能减少许多懊悔和惋惜。

大学生在追求自己职业生涯目标的时候，可以把目标分解成若干个阶段，比如你的专业是人力资源管理，你的职业生涯总体目标是成为某公司的首席人才官，你可以将成为首席人才官这一目标分解为多个职业目标阶段，这时候需要规划你的职业晋升路线。

想要实现成为首席人才官这一职业生涯总体目标，可以分为7个阶段，分别由人力资源专员、人力资源主管、人力资源副经理、人力资源经理、人力资源高级经理和人力资源总监过渡，最终成为首席人才官。因此，若大学生在制定阶段目标的时候无从下手，不知道如何设置阶段性目标，可以去了解相关的职业晋升发展路线，并以此作为制订阶段目标的参考依据。

（三）分难易程度逐级达成

目标的完成需要有一个循序渐进的过程。在开始准备实现自身目标的时候，可以先从那些比较容易做的事情开始，将一个复杂的大目标、大问题从外部边缘不断地抽丝剥茧，到最后你会发现最开始以为的那些困难的部分，也都逐渐变得条理清晰、情况明朗起来。

分时间段、分阶段和分难易程度这3种目标达成方式并不是互相独立的，很多情况下我们都同时运用了至少两种方式，如既将总体目标划分为若干小阶段目标，又给这若干个小阶段目标设置时间段，将阶段和时间结合在一起。因此，大学生在追求目标的过程中，可以根据自身的需要，对不同的目标达成方式进行组合，找到最适合自己的目标达成方式。

注意，这些目标达成方式，不仅可以用在实现职业生涯目标上，还可以用于生活的点点滴滴中。当然目标达成方式也不局限于这 3 种，同学们可以根据自身实际情况寻找更适合自己的方法，但切忌脱离实际。在追梦的路上没有任何捷径可言，唯一能做的只有脚踏实地，“宝剑锋从磨砺出，梅花香自苦寒来”，相信同学们在经过刻苦努力后，都能实现自己的职业生涯目标与人生目标。

模块 2：树立职业人角色转变意识

一、职业人与大学生的角色区别

(一) 从“我为什么不要应届毕业生”谈起

据专家分析，近几年，大学生就业仍面临严峻的考验，大学生就业市场寒流暗通，就业形势不容乐观。而近年来，在各类人才招聘会上，以及各网站上挂着的招聘信息里，近 80%的职位要求有经验者，求职者中却有 60%是应届大学毕业生；有的用人单位旗帜鲜明地打出“应届位毕业生免谈”的标语，这是为什么？应届大学毕业生多数不理解。不识庐山真面目，只缘身在此山中。《我为什么不要应届毕业生》一书，通过 11 位老板、CEO、人事干部的口述实录，点评了大量大学生就业失败的个案，揭示了用人单位“不要应届毕业生”这一社会热点现象的原因，提供了一个内省的视角和一个全景的瞭望塔。大学生从中看到自己在他人心目中的就业印象，无论出于客观还是主观都有充足的理由。如何改变大学生就业困境，必须从完善大学生自身就业形象做起。尤其在大学生就业市场中，用人单位仍是买方市场，大学生属于卖方弱势的形势下，从大学生到职业人的角色转换过程中花大力气。

大学生就业之所以成为热点是因为存在社会矛盾，矛盾的焦点就是理想与现实、理论与实践的冲突。如果每个大学生清楚地知道自己具备哪些能力，未来从事的工作岗位需要什么样的素质，并有意识地进行自我培养，就能真正提升自己的能力与素质，自觉地进行从大学生到职业人的迅速转换。不同的心态决定就业准备的得失，同时决定就业实践的成败。大学生都经历了十多年寒窗，智力上并不缺乏；而走向社会后面对一些现实问题所需的是用身心去理解。关键性的提问是大学生该以什么样的心态过渡成为职业人？有一些大学生没有做好这个问题，给自己乃至给别人的未来发展设置了障碍。对于应届大学毕业生，用人单位心存畏忌，不愿意冒险。不少大学生自以为在大学时期接受了精英教育，大学毕业生“理所应当”有一份好工作相配，刚刚走上社会的大学生--般成功欲望很强，其中就会有一些不切实际的期望。不肯改变自己的就业趋向，不肯降低自己的身价，这是大学生就业的最大障碍。

现实情况则是应届大学毕业生没有经历社会生活的磨炼，就业心态浮躁，往往陷入相互攀比，一味强调单位应给予他什么，而很少考虑自己能为单位创造什么，对物质和生活待遇的要求超出企业愿意支付的标准。他们动手能力差，眼高手低，大事做不了小事不愿做。在人才市场上来来往往的洪流中有一些大学生抱着“骑驴找马”的心态，随时准备跳槽，让众多的用人单位“很受伤”。据统计，大学生在新单位待满一年的不超过20%。现在企业最大的不满是应届大学生的“成活率”太低。单位把学生从学院招进来，从没有任何工作经验到教会他各种工作技能，花费了一定的人力和物力；可大学生却把单位当作了实习基地和跳板，说走就走了。用人单位抱怨：“好人才越来越难找，很多大学生连基本的就职能力、职业素养都缺乏，花钱与时间来培训他们，成本太高，得不偿失，这让我们难以接受。”

受中国教育的现状和新经济时代知识更新速度不断加快的影响，书本理论往往与现实工作技能严重脱节；而大部分应届大学毕业生文凭高，自负甚高，在现实面前无法调整心态、虚心学习、从头再来，结果不辞而别，一走了之。给用人单位留下了很坏的印象，从而为下一届毕业生的就业留下很大的隐患。大学生成功就业和成为成功的职业人，改变社会对毕业生的畏忌或误解，需要大学生自身作出努力。

（二）从大学生到职业人是一种社会角色的重要转换

从大学生到职业人，其核心是从“要”到“给”的转变，是“索取”到“贡献”的转变。学生时代因为父母的付出，可以从家里“要”到宠爱与照顾；因为老师的付出，从校里“要”到知识与技能；因为社会的付出、国家的付出，可在社会中“要”到社会的资助与培养。不需要考虑贡献，大可以尽管去“索取”。大学生在学院里，考试成绩不好不会给班级和学院造成经济损失，会有补考的机会；如果和同学不能相处融洽，仍然可以保持自己的个性，孤芳自赏；如果你不喜欢那个老师，你可以不去听他的课，可以期盼着下学期换另一个老师；如果迟到、旷课只是耽误你的学习，与其他同学没有多大的关系。总之，校园里的大学生是“娇子”，是全社会培养的对象，享受着各种优惠的待遇。

然而，大学毕业生从校园走上社会成为职业人，如果工作失误，会造成重大的经济损失，没有挽回的机会；如果与同事关系不好，会被组织认为没有团队合作精神，将成为出局的人；如果迟到、旷工，耽误的是整个团队的业绩，你随时有被开除的可能；作为职业人，在单位里你必须成为社会、企业或老板财富的创造者。

大学生要转换成职业人，必须先“给”，否则你什么也“要”不到。将“索取”的心态变成“贡献”的心态，是成为职业人的关键。从企业的角度来说，企业对人的判断有两个要求，一个叫做潜力，看你未来成长的空间，一个叫做贡献，你的加入对这个团队能够产生什么样的价值。作为职业人，应考虑我能为单位带来什么？我能为企业创造什么？而不应首先去想单位、企业或老板应该给我什么样的回报？只有既能为我们的企业或老板带来实际的贡献，又能有可持续的发展，这样的员工才最受欢迎的。

（三）大学生与职业人的根本区别

一是主要任务不同，承担的责任不同。大学生是以学习、探索为主要任务，大学和教师对于学生们的犯错一般是批评教育为主，宽容度高。学生们在校园敢于尝试，敢于试错，承担责任小。

成为一个职业人以后，需要尽快地适应社会。首先必须学会服从领导和管理，迅速适应上级的管理风格；职业人如果在工作中犯了错误，是要承担更大的成本和风险，压力要大很多。

二是面对的环境不同，人际关系不一样。大学校园是一个相对独立的“小社会”，校园里有最富平等性的同学关系。特殊的校园文化氛围，学生之间年龄、心理、学习内容、集体生活等诸多方面的共同性，学生与老师之间的言语交际方式等，形成了校园生活的诸多特殊性，校园变成了一个个别具特色的“社会岛”。大部分大学生在校园里是寝室、教室、图书馆和食堂四点一线的简单而安静的生活方式，单纯而简单的校园文化气氛。

职场人际关系和工作环境复杂。在企业内部有不同岗位的划分，有的工作岗位的薪酬标准比较高，上班比较自由，而且更受领导重视，经常会有一些额外福利；有一些工作岗位是苦差事，工作强度大，工作时间长，经常要加班工资收入还一般。企业内部的工作岗位都得有人做，在竞争必然存在的情况下，人们就会通过各种各样手段来获得那个好的工作岗位，复杂的环境就因此形成。

三是面对不同的文化背景。企业文化作为一种管理文化，是现代企业管理科学发展的必然结果。在当今这个文化管理和文化制胜的时代，企业文化必然成为企业的核心竞争力所在，成为企业管理最重要的内容。不同企业文化不一样，但是大部分企业是追求效益的，因此企业文化重点是注重严格管理，提升效益。

高校作为一种不同于企业的社会组织，本质上是一种功能独特的文化机构。高校文化同样成为高校生存、管理、竞争的决定因素。作为学生，学习时间可弹性安排，教师对于部分同学逃课的惩罚也比公司对员工旷班的处罚宽容多了。学生们有较长的节假休息日，教学大纲提供清晰的学习任务；学校在学术上一般鼓励师生讨论甚至争论；教师布置作业在工作规定的时间内完成；学校公平对待学生，以知识为向导；学生学习的过程，以抽象性与理论性为主要原则等。

但作为职业人，在单位里，规定上下班时间内迟到早退处罚相对学校重一些，经常加班加点，节假日很少，工作任务急又重；老板通常对讨论不感兴趣，多数老板比较独断；老板对待职工不一定很公平，大部分以经济利益为导向；员工要完成上司或老板交给的一件件具体、实实在在的工作任务等。

总之，大学生找工作难，找到工作后做好工作不容易，工作成果能让上司老板满意更不容易。因此，大学生应该充分认识大学生与职业人的根本区别，重视进入职场后的角色转换，正确处理好人际关系是每一个大学毕业生走上社会后必须学会的课题。

（四）大学生要尽快完成角色转化

许多毕业生走上工作岗位以后，会产生对新环境的诸多不适应，主要表现在心理、生活、工作、人际关系和工作技能上的不适应。任何人对环境都有一个适应过程，怎样尽快适应新环境呢？

1. 要有良好的心态和心理承受力

社会与大学相比，生活环境、工作条件、人际关系都有着很大的变化，难免使那些心存幻想、踌躇满志的毕业生造成心理反差和强烈的冲突。大学生血气方刚，热情奔放，希望自己处处显色，却很容易引起周围人的不适应，反而会不受重用，甚至遭排斥，倍感失落、郁闷。这时，具备良好心态和心理承受能力是第一位的，要抱着谦虚好学的态度，从基础做起逐步争取领导和同事的认可，才是成功的开始。

2. 增强独立生活能力

过去经济上靠父母资助，生活上有大学的管理，学业上有老师的指教；参加工作后，往往要自己处理衣、食、住、行等全部事务，一切靠自理、自立，这是毕业生无法回避的一种能力训练。要学会主动调节生活节奏，养成良好的生活习惯，合理安排自己的业余生活，才能适应新环境。

3. 建立良好的人际关系

走上工作岗位后，人际交往能力的发挥是适应环境的关键。应放下架子去和周围的同事、领导交流思想感情，热心地去和他们交朋友。不善于与人交往，难以沟通，难免将自己封闭起来，以致带来诸多烦恼与痛苦。

4. 培养应对挫折能力

受挫折者胜，逆境成才者大有人在。不要怕受挫折甚至讥笑。很多时候都是自己同自己过不去，画地为牢，缚住手脚。水至清则无鱼，人至察则无友，也许上级领导并非你所想象的那样难处，把别人的“严厉”“难处”当成催化剂，不要偏激地当成一种刁难，或许领导和同事都默默的关注着你，期待着你的成功。

受了挫折怎么办？怨天尤人没有用，自暴自弃只会雪上加霜。最好的办法莫过于静下心来反思，我们从挫折中吸取经验和教训，使今后少走弯路。所谓“吃一堑，长一智”，改换视角，收到“触类旁通”之效，对付挫折的高招往往在你的不断应对和总结中。

5. 增强角色意识

社会好比一个大舞台，每个人都有自己的角色位置。毕业生进入新单位后，首先应认清自己在工作环境中所承担的工作角色以及这个角色的性质、职责范围，弄清楚工作关系中上级赋予自己的职权和自己承担的义务。如果角色意识淡漠，一意孤行，我行我素，该请示的擅作主张，该自己处理的事情不敢做主或推给上司、同事，势必与新环境格格不入。

6. 努力成为“复合型人才”

刚步入社会的职业人，一般要经历新鲜兴奋、观察思考和协调发展这样一个变化过程。大学培养的是专门人才，而实际工作中碰到的问题往往是综合性的，涉及各学科、多领域的知识。社会需要的是“复合型人才”，因此，要使自己胜任工作、适应环境，只有随时调整自己的知识、能力结构和思想行为方式，才能不因工作中出现困难而止步不前。因为社会不仅看学历和文凭，更看重的是能力。

(五)完成角色的转换应注意的几个问题

(1)毕业生应放下“天之骄子”的想法，改变大学生的那份自视清高。毕业生刚迈入工作岗位应本着一切从零开始的态度、牢记“三人行，必有我师焉”，虚心向自己的同事们学习工作经验，尽快熟悉自己工作岗位的种种业务知识，结合实际工作将自己所学知识灵活运用，这样才会发现工作的真实乐趣，这个过程是个充满挑战的过程，也是毕业生角色完成必须经历的重要一步。其间毕业生要坚定自己的信心，完全摒弃大学时代的那种无忧无虑的自由角色。

(2)毕业生要学会适应新的工作环境，妥善处理工作中的人际关系。走出校门，离开熟悉的校园、老师、同学、朋友，甚至远离家乡、父母，来到一个陌生的环境，面对新的人群，多数毕业生会有一种陌生感、孤独感，个别人还会有一种无所适从感，这时往往表现为毕业生与同事缺乏沟通关系生疏，而老同事们则感觉毕业生“清高”不愿与之交谈，久而久之就在无形之中与周围的同事之间筑成了一道无形“屏障”，这对于毕业生以后开展工作是非常不利的。毕业生到一个新的工作岗位之后，要充分认识新的环境、新的岗位就是自己成才的舞台，本着实事求是、诚心待人的态度与人沟通交往，缩短与周围同事之间的距离。在自己受到委屈或误解时，胸怀大度，克制感情，冷静处理，工作中出现错误时，应主动承担责任。这样人际关系搞好了，在工作生活各方面，同事和领导都会给予积极的帮助，对自身的成长大有裨益。

(3)毕业生要不断学习、锐意进取，高标准要求自己，用工作实绩赢得同事的认可。毕业生刚离开校园踏上工作岗位，从大学生转换成职业人，往往开始会忽视学习，感觉离开了校园，学习是学生时代的“义务”，现在是职业人了不需要再学习了，这是非常不可取的。大学生只是人才的坯子，要锻炼成才，还需要在社会这个大熔炉里锻造，只有不断探索新的方法，才能保证自己适应瞬息万变的社会。通过学习让自己掌握更多的知识和技能，以优秀的表现赢得同事和领导的认可和信任，这对于从“大学生”到“职业人”转变也是至关重要的。

总之，初涉职场的大学毕业生，只有充分认识自己，知道自己的优点与缺点、优势与劣势、所适与所不适，在这样一段特殊的转换时期内保持一颗学习上进的心，完成角色的转变其实并不难。

(六)学生角色同职业角色的根本区别

1. 了解角色在社会中的不同

(1)社会责任不同。学生角色的主要社会责任是学好科学文化知识，掌握为人民服务的本领，使自己德、智、体全面发展。整个角色过程是一个受教育、储备知识、锻炼能力的过程。职业角色的责任，是以特定的身份去履行自己的职责，依靠自己的本领或技能去为社会和他人服务，完成某项工作的过程，它是通过对工作对象的履行情况来体现的。

(2)社会规范不同。职业角色与学生角色不仅是在规范的内容上不同，而且规范所产生的约束力也不一样。社会对学生角色的规范内容，主要反映在国家制定的《大学生行为准则》和各学校制定的《大学生手册》之中，告诉学生怎样做人、如何发展等。因为学生是受教育者，在违反角色规范时，主要还是以教育帮助为主。从事工作后，就变成了成年人，社会对职业角色的规范因职业的不同而不同，但肯定是更严格，违背了就要承担一定的责任，甚至法律责任。

(3)社会权利不同。学生角色的权利主要是依法接受教育，并取得经济生活的保证或资助。职业角色则是依法行使职权，开展工作，并在履行义务的同时取得报酬。

(4)活动方式的不同。学生角色是在接受外界的给予，即接受和输入，主要是要求理解；而职业人员角色则是运用自己的知识和能力，向外界提供自己的劳动，即运用和输出，要求结合实际创造性地发挥水平。

2. 了解社会对角色的要求

社会对大学毕业生承担的职业角色的希望与要求，就是大学毕业生进一步完善自我的方向。据调查，社会普遍对大学毕业生的希望和要求是：

(1)要有扎实的专业基础知识和广博的交叉学科知识，要有较强的动手能力和研究能力；

(2)要有强烈的事业心和责任感，能与单位同呼吸、共命运，敬业爱岗；

(3)要有创新思维和开拓精神，敢于攀登，迎接挑战；

(4)要有协作精神，善于与同事合作；

(5)要有纪律观念和劳动观念，严格遵守劳动纪律，热爱劳动，不怕吃苦。

3. 角色学习内容

角色学习的内容包括两个方面：一是学习角色的义务、权利和行为规范。它是由社会分工和其他社会因素诸如传统行为模式、伦理道德、社会公德等规定的，不是以角色承担者的意志为转移的，不论角色扮演者自身素质如何，凡是要扮演好一种符合社会期望的角色，就必须掌握社会规定的该角色的义务、权利和行为规范。二是学习角色的态度和情感。它主要是受角色扮演者个人的价值观、政治立场、文化水平、个人兴趣支配或影响的。同一种角色，不同的角色扮演者会表现出不同的角色情感相角色态度来。角色情感是否专一，角色态度是否端正，往往决定了其职业道德水准。

(1)角色学习技巧：

①善于表现自己；

②从小事做起；

③灵活处理角色；

④学会克制和忍耐。

(2)实现角色转换的要求：

要真正实现角色的转换，必须做到：

①安心本职，甘于吃苦；

②放下架子，虚心学习；

③善于观察，勤于思考；

④勇挑重担，乐于奉献。

4. 建立和谐的人际关系

(1)处理好与领导的关系。领导对大学毕业生的工作、学习、生活、成长等具有举足轻重的作用，处理好与领导的关系是人际关系的重要方面。在处理与领导的关系时，要给领导以良好的第一印象；要尊重而不奉承；要服从而不盲从；要以等距离的原则处理好与各位领导的关系。

(2)处理好与同事的关系。同事之间的关系是每天要面对的人际关系，良好的同事关系是事业成功的重要保证。在与同事相处时，要平等相待，一视同仁；要真诚地帮助和关心他人；诚恳地赞誉，善意地批评；在发生意见分歧时要有所克制。

(3)加强自身修养，锤炼优良品质。树立正确的世界观、人生观、价值观，培养良好的道德品质，是建立和谐人际关系的根本。把自己的命运与企业的发展、祖国乃至人类的命运联系在一起，诚实、自信、守信、宽容，让人格魅力成为人际交往吸引力的源泉。

5. 完善行为习惯

按照社会对职业角色的要求，不断完善自己的行为习惯，尽快为社会所接受和认可。在具体工作中，应自信而不自负；诚实而不木讷；进取而不狂妄；约束而不拘束；果断而不武断。

二、完成从大学生到职业人的角色转变

随着公司的不断发展壮大，公司每年都要招聘部分优秀的应届毕业生来补充新鲜的血液和活力。而如何能够让新员工尽快融入新环境适应新工作、完成角色转化也就理所当然地成为了公司及新员工都必须面对和解决的一个问题。

为此，公司每年都对新员工进行了很多相关的专业培训，并开展了不同的迎新活动，从而让新员工尽快融入新环境适应自己新的角色。其中道路设计二室更是采取了特色的迎新活动——新员工毕业设计汇报。通过这种特色的迎新活动，既起到了技术交流的作用，又活跃了科室的气氛，也更好地让新老员工彼此多了一些了解。

总的来说，公司为此做出了很多努力，也取得了很好的效果。而作为应届毕业生、作为职场新人，更应该积极调整自己的心态，积极地融入新环境从而更好地完成从学生到职业人的角色转换。

下面就目前应届毕业生经常存在的问题和如何能够很好地完成从学生到职业人的角色转换作一些简单的阐述。一些刚踏上工作岗位的大学毕业生常常发牢骚，抱怨自己工作环境不好。有的毕业生到一个工作岗位没多久就跳槽，有的甚至一年之内跳几次槽，到哪个单位都感到不顺心。出现这样的问题，主要是一部分大学生将工作满足感和好工作联系在一起。可是，是否有成就感和满足感，更为重要的因素是你能够将一份工作做得有多好。如今是人才竞争的时代，也是企业与人才创造双赢的时代，因此，大学毕业生的思考方向不能只是做“自己的生涯赢家”，而同时要做企业认同的“职场赢家”。

作为刚刚走出校园的应届毕业生，在踏入工作岗位，成为职业新人之后，应该从以下几个方面去完善自己，从而更好地完成从学生到职业人的角色转换，成为真正的职场赢家。

(1)调整自己的期望值。

毕业生不能适应新环境，大都与其事先对新环境、新岗位估计不足，期望值定得过高、不切实际有关。当他们按照这个过高的目标接触现实环境时，往往会产生一种失落感，感到处处不如意、不顺心。初出校门的大学生，很多想法都是理想化的，与现实有不少差距。因此，毕业生在踏上工作岗位后，要能够根据现实的环境调整自己的期望值，尽

量把期望值定得低一些、现实一些。

(2)尽快适应新环境。

初来乍到，要尽快熟悉“圈子”里的人和事，最好是保持沉默，多听、多看，用谦虚诚恳的态度向同事们学习专业知识。主动与同事接触，可共同参加一些公司的业余活动，例如参加公司每天晚饭后的羽毛球运动，能更好地融入新环境。工作需要的是实践经验，融入同事的圈子，谦虚主动地向老员工学习，对日后的工作将大有裨益。

(3)多做小事，少点阔论。

涉世之初的学子要抱着多学一点、多做一点的心态，多从诸如换水、扫地这样的琐事做起，容易和大家打成一片。建立为现实负责任的观念，少谈一些好高骛远的事情，会让周围的人觉得你孺子可教，从而让周围的同事对你有所好感。多做小事，少点阔论，“一屋不扫，何以扫天下”的意义正在于此。

(4)乐于学习，善于学习。

如果你想成为一名合格的职场新人，想成为一名优秀的设计人员，就需要不断地给自己充电，就要乐于学习善于学习。因为你在学校所学习的专业知识是远远无法满足你工作需求的。首先要乐于学习，要随时准备以快乐的心情去迎接新知识。职业人和学生是有很大区别的，作为职业人你必须要承担相应的社会责任。如果你犯了错误那你要承担成本和风险的责任就远比在学校的时候大得多。任何公司都不可能允许你重复的犯同一个错误，这就需要你善于学习，你必须在工作中不断地总结、积累，进而提高自己的专业能力。

如何完成从学生到职业人的角色转换，这需要公司和应届毕业生们共同的努力。公司起到的是一种引导、导航的作用，而最为重要的是应届毕业生们从自身去做一些积极的改变。希望所有刚刚走出校园、踏入工作岗位的职业新人们，能够早日完成从学生到职业人的角色转换，能够早日成为企业认同的“职场赢家”，同时成为“自己的生涯赢家”。

三、按职业化要求和标准进行自我管理

(一)职业化的概念

1. 职业化的概念

(1)职业化的标准。

职业化是一种习惯性的工作状态，即标准化、规范化、制度化。

①外在表现形式。

外在表现形式即具备在不同的时间和地点，能够灵活运用专业的知识、准确的语言、规范的行为表达组织和个人的态度和观点。

②内在表现形式。

内在表现形式即具备“管理者是解决问题的而不是制造问题的”意识，具备“别人做得不对，也不是我做错的理由”的意识。

(2)构成职业化思想的基本因素。

①共赢思维。

②空杯心态。

③大局意识。

④感恩心态。

2. 组织架构和职级功能

(1)组织架构和职级的设定。

组织架构是为了实现公司目标，在企业运营模式的指导下，形成的关于企业内部各个部门、各个职级之间固定的排列、构成方式。

部门、职级是企业为了达到经营管理的目的，通过横向和纵向的构成关系，从业务功能和管理权限两个方面设置的具体单位。

(2)组织架构和职级是企业运营的行动载体。

企业制定了任务目标后，会将工作任务按照内部关系进行分解，然后安排给相应职能的部门完成，各部门之间相互配合、通力协作，最终达成企业目标。

组织架构中的各部门、岗位正是达成企业目标的执行者。各级岗位工作是整体工作的组成部分，各级岗位必须服从上级工作安排，个人命令的服从、工作质量和绩效结果直接影响整体组织目标的达成情况。

(二)公司价值与自我价值

1. 平台的重要性

(1)学会借助平台。

平台提供的岗位和机会能够让员工得到更多学习和锻炼的机会，员工自身的理论知识必须借助平台才能得以实践。

(2)重视团队的重要性。

一个项目的完成，是由多个工作部分组成，离不开团队的协作，是取得结果最有效的方法。

(3)对平台存有敬畏之心。

商业人格的两大核心：第一，独立地坚持原则；第二，独立地承担责任，独当一面。要清楚个人的成功往往是在平台的支持下，离开平台，才能将难以发挥，在使用资源力量的时候，应该时刻警惕，避免失控。

2. 让自我价值与企业价值相结合

(1)个人与企业荣辱与共。

企业与个人的关系，息息相关、紧密相连，个人要加强责任心和敬业精神，要懂得与企业荣辱与共。

(2)在企业中实现自我价值。

通过工作，自己可以得到准确的定位。在企业的发展中不断提升自己，以技为生，精益求精，打造个人品牌的同时，也为企业创造了良好的效益。同样，企业实现了社会效益和经济效益的同时，自我价值也得到了实现。

3. 加强各岗位业务和技术学习

(1)岗前业务培训。

各岗位在新进人员之前必须组织岗前业务培训工作，包括岗位职责、工作内容、执行标准，对新进岗位人员要进行业务培训考核，通过测试方可到岗工作。

(2)专项技术培训。

公司要定期组织“技术比武、技能交流”等活动，以赛代练、互相沟通，鼓励员工技能学习，营造良好学习气氛。

(3)帮带计划。

公司要通过周期性的绑带计划，以老带新，以强带弱，提升企业综合实力。

(三)学会绩效管理，注重结果导向

1. 以客户满意为中心

本公司追求以质量为本、打造“一流品牌”为目标，全体员工要树立以客户满意为中心的工作理念，快速、果断、准确、周到、彻底地为每位客户提供优质工作结果。

客户可以分为内部客户和外部客户，为客户直接提供结果，是每个部门和员工职责所在。

2. 细化责任分工，加强绩效管理

(1)明确岗位职责，细化工作流程。

(2)明确任务，加强绩效管理。

3. 坚持结果导向，促进业绩提升

(1)结果导向是做事方法。

结果导向的行动管理，是从终点出发，反向思考，确定目标后，分析需要达成目标需要具备哪些条件，再逐一思考条件是否具备，不具备的则要想办法实现。

(2)结果导向是注重成效。

有执行力是指产出的结果有价值，有过程产出的结果不一定有价值。员工是以产出有价值的结果来换取企业的薪资，反之，可能将面临企业的淘汰，这是商业人格的基本观念。

(四)仪容仪表规范

良好的仪容仪表体现了员工和公司形象，具体要求如下：

(1)着装要清洁。

上班要穿工装，工装要干净整齐，不可敞胸露怀衣冠不整，工牌要佩戴于左胸前，不能将裤子卷起，穿黑色皮鞋并要保持光亮。

(2)仪容要大方。

指甲要常修剪，不留长指甲，不涂艳丽的指甲油，男士不留长发，不盖耳部及后衣领为宜，女士不留怪异发型，头发要梳洗正齐，不披头散发，前发不遮眼，后发不过肩。

(3)注意个人卫生。

男士坚持每天剃刮胡须，鼻毛不准出鼻孔，手部保持清洁，早晚要刷牙，饭后要漱口，勤洗澡防汗臭，上班前不吃异味食品及不喝含酒精的饮料。

(4)保持良好的精神状态。

合理安排时间，保证充足睡眠、注意休息，常做运动，不要上班时面带倦容。

(5)装扮情况。

女士上班要淡妆打扮，化妆要干净、清爽，非油腻外貌，不宜戴手镯、手链及夸张的头饰。

(五)会客语言、行为规范

1. 语言规范

(1)常用礼貌用语类型。

①问候用语。

标准式问候用语。如“你好”“您好”“大家好”等。

时效式问候用语。如，“早上好”“中午好”“下午好”“晚上好”“晚安”等。

②迎、送用语。

欢迎用语。“欢迎”“欢迎光临”“恭候您的光临”等，可在欢迎用语之前加上对方的尊称，如“先生，真高兴再次见到您”“欢迎您再次光临”等。

送别用语。主要有“慢走”“欢迎再来”“一路平安”等。

③请托、推托用语。

通常在请求他人帮忙或是托付他人代劳时，在向他人提出某项具体要求或请求时，都要加上一个“请”字。

在工作中有时也需要拒绝他人，此时必须语言得体，态度友好，不能直言“不知道”“做不到”“不归我管”“问别人去”等。

④征询、应答用语。

工作过程中，公司员工需向他人进行征询时，使用必要的礼貌语言，才会取得良好的反馈。一是主动提供工作时；二是了解对方需求时；三是给予对方选择时；四是启发对方思路时；五是征求对方意见时。

⑤祝贺、致谢、道歉用语。

在工作中，有时有必要向他人适时地使用一些祝贺用语。如：“祝您成功”“身体健康”“节日愉快”等。

对于公司员工来讲，在下列情况下，理应及时使用致谢用语，一是向他人表达本人的感激，或者感谢获得他人帮助时；二是得到他人支持时；三是赢得他人理解时；四是感到他人善意时；五是婉言谢绝他人时；六是受到他人赞美时。

常用的道歉用语主要有：“抱歉”“对不起”“请原谅”等等。

(2)文明用语规范。

在工作中，尽量多用雅语，即用词用语要力求谦恭、敬人、高雅，忌粗话、脏话、黑话怪话与废话，以展示公司员工良好的素质。

(3)工作忌语。

公司员工在工作中必须杜绝以下四类工作忌语：

①不尊重之语。

②不友好之语。

③不耐烦之语。

④不客气之语。

2. 行为规范

(1)不论遇到员工还是来宾，见面行问好，态度和气，面带微笑，言语礼貌。

(2)员工应保持良好的仪态形象，做到仪表端庄、服装整齐、举止大方。在办公区和作业区内，禁止嬉戏打骂，禁止高声喧哗。

(3)进入其他人员的办公室，应先敲门，得到允许后方可进入。

(4)进入工作区域或办公区，严禁酒后上岗。

(5)保持会议、会客的严肃性和尊重原则。开会、会客期间手机调成震动或静音，保持环境肃静，不从事与现场活动无关的个人事务，会议和谈话内容不得公开。

(6)无公事需要，不在他人办公室内闲聊。

(7)禁止出现公司员工间相互诋毁、谩骂的恶劣行为。

(六)办公区接待流程及规范

(1)保证办公区干净、整洁。

当公司有会客接待时，应该随时保证办公区的干净、整洁，对办公桌上的物品进行分类摆放。办公区的干净、整洁直接决定客人对公司的第一印象。

(2)提前布置会谈场所。

当有客人前来的时候，应该提前布置好会议室，还应该提前准备好跟会谈有关的材料，提前安装好电脑、投影仪等会议工具。只要是公司来客，在交谈之前我们都应该给客人们端上一杯茶水，并保持办公区安静，避免影响来客谈话，破坏公司的形象。

(3)来客安排。

如果来客是我方公司领导的客人，则引领来客到领导办公室，同时为来客端上茶水。如果我方领导暂时不在，则应该邀请来客到办公室或接待室就座，同时泡好茶水，说明原因。

如果来客是相关部门工作检查人员，则应该提前布置好会议室和相关资料，业务相关员工出迎，并引领来客到会议室就座，为来客端上茶水，配合来客开展工作检查。

如果来客未预约，则首先邀请来客到办公室或接待室就座，同时为来客端上茶水，问明来意，然后逐级向上级领导汇报，根据不同业务引见相关部门工作人员。

(4)安排好交通、住宿。

如果是远方的客人前来参观，我们应该提前跟对方取得联系，获得对方到达目的地的具体时间，如果可以应该安排公司的司机前去接应。当会谈结束后还应该安排适当的场所给客人们用餐，并应安排好干净、清洁的酒店给客人们休息。

(七)关于职场上的注意事项

(1)在职场发泄不满的负面情绪，心态爆炸。

(2)过分张扬，锋芒毕露。

(3)形象邋遢，不注重礼节。

(4)不搞小团体，拒绝拉帮结派。

(5)尊重同事就是尊重自己。

(八)职业化员工应该知道的要求

1. 主管篇

(1)生产主管的工作：管理工艺(流程分析、管理)、管理品质、管理计划(工时分析)，这三点要做好，先从人员管理和人员培训开始。

(2)主管要有主见，对员工的话要分析，正确的采纳，错误的拒绝，不能发生“屁股指挥脑袋”的事。发挥引导作用，“民主基础上的集中，集中基础上的民主”才是正确的。

(3)兼听则明，偏听则暗。

(4)工作中有思路，有责任心，有上进心。

(5)立刻批评、抨击员工中出现的错误、消极言行，营造积极的工作氛围。

(6)主管要有权威，下级必须服从管理，班组长服从主管，作业员服从班组长。

(7)下达任务时不允许员工出现与自己“讨价还价”现象。

(8)强硬地安排与完成任务。必须有要求下级百分百完成任务的意志。

(9)客观、公正、透明地管理自己的部门，不产生小团体意识，不隐瞒自己部门的过错、缺失，下级出现过失要及时检讨改进，不回避。

(10)主管：要有“主动管理”的意识。

(11)部门主管：是执行力的代表，要百分之百的执行上级要求。

(12)培养执行力从5S、工作纪律、完成工作安排开始。

(13)主管必须有信用，承诺过的事必须做到，这样员工才会相信你。

(14)要从工作重点、工作难点、工作瓶颈点主动地下工夫，提高自己部门工作。

(15)对工作目标、工作要求、工作安排不能轻易让步，不能轻易妥协。

(16)主管不能软弱，必须要有刚强的内心，在员工面前软弱就是无能。

(17)检讨缺失时会发现，问题出现的背后是一系列事情没有执行到位。

(18)员工的工作必须有记录，没有记录就没有执行。

(19)生产主管要通过自己的班组长来完成工作，做培训，做安排，监督过程，看结果。

(20)主管必须有监督力，必须随时检查员工的工作。

(21)主管必须有原则。

(22)主管必须会主动思考分析问题，必须有总结分析、改进能力。

(23)主管必须客观公正，以身作则，按照正确的做事方式做事。

(24)培养班组长具有工艺分析能力、现场培训能力、坚决执行能力、工时分析能力、品质控制能力，计划能力。

(25)班组长、主管必须具有主动反馈，主动报告能力。

(26)主管必须写对策，主动解决问题，因为上级只看结果。

(27)会换个角度，从别人的出发点看问题。

(28)主管的时间应该至少60%花在管理上，花在主动支配的重要工作上，不是被动工作。

(29)“末位淘汰”法是最基本的考核员工激励员工的办法，也是非常有效的方法。

2. 员工篇

(1)安居乐业、为自己工作的岗位创造价值。

(2)坚决执行工作任务要求，完成或超额完成自己的工作量。

(3)发现自己所在公司的优点，热爱自己的工作岗位，尊重自己的工作，即“爱岗敬业”。不管自己的工作多简单，热爱自己的工作就是爱自己，尊重自己。

(4)有一定的工作压力，对自己工作岗位的要求充分了解，并努力或超额达成。

(5)尊重同事，尊重上级，坚决服从指挥，服从工作安排。

(6)欣赏并学习比自己表现优秀的员工，努力想超过别人，以先进为荣，落后为耻。

(7)工作中有工作目标。

(8)在工作中表现出积极的言行，不讲消极、破坏别人工作积极性的话，鼓励同事一起在工作中展开比赛。

(9)努力明白主管的讲话意思，并坚决执行。

(10)在接受工作任务时不与主管讨价还价。

(11)从5S、服从纪律、完成工作任务量开始，努力把自己培养成高素质优秀的员工。

(12)不做偷懒的员工，不做混日子的员工，不做撒谎的员工。

(13)想提高待遇前先想想自己为公司付出了多少，公司是否因为我的不努力而成本过高。必须先让公司赚钱，个人才可能提高各方面待遇

(14)不努力工作又想提高待遇是不可能的，必须劳动付出才有回报，一直持有“不劳而获”的想法会走上犯罪的道路。

(15)有责任心，不隐瞒自己的过错，不拉帮结派。

模块3：提升职业适应和职业素养

一、学会职场沟通，明确个人在团队中的位置及作用

有效的职场沟通对于团队管理至关重要，关系着团队和个人的发展空间及利益。团队管理中存在职场沟通问题，职场缺乏沟通问题的危害性很大，如何使团队沟通更加及时有效是需要探讨的。

在团队建设的过程中要非常注意职场沟通，沟通是永无止境的。企业成功源于沟通，通就是为了达成共识，而实现沟通的前提就是让所有员工一起面对现实，共同参与，让大家都知道事实的真相。这样才能统一思想认识，从而解决问题。

职场沟通的行为和过程在团队建设中相当的重要。世界上所有的管理工作都是借助于沟通才得以顺利进行，可以说，职场沟通是管理的核心和灵魂。没有职场沟通有效，就没有管理上的创新，就没有良好的人际关系，没有职场沟通，管理就是空中楼阁、是呆板和迟疑的过程。显然，职场沟通是维持团队良好的状态，保证团队正常运行的关键过程与行为。当团队的运行或管理出现了新问题，部门之间，领导者之间，也就是广大职工之间必须通过良好有效的沟通，才能找准症结，通过分析、讨论、拿出方案，及时将问题解决。

职场沟通是创造和提升团队精神和企业文化，完成共同愿景的主要途径和工具。一个领导的管理思想如果没有和广大的职工有效的沟通，得不到职工的认同、理解、支持的话，那么就不能成为真正的公司文化或者公司的精神。企业精神和企业文化的培育，其实质是团队的思想、观点、情感和灵魂的水乳交融，是沟通的精华所在，是沟通的形式和内容。没有职场沟通，就没有对企业精神和文化的理解与共识，更不可能认同企业共同的使命。任何团队的管理就是沟通，沟通的确是团队管理的核心、实质和灵魂。

通过职场沟通，让每个团队成员了解团队的现存问题、工作业务的进展情况等，也就是信息共享，笔者认为是让员工最大限度地干好其本职工作的重要动力和途径，是与员工沟通和联络感情的核心。理论的落实就需要沟通了，而我们将这个理论引入团队建设，是认为大家都是真正的主人翁，一起来参与团队的建设和发展，共享信息，下放权力和分担责任，大家一起建立分工合作、岗位目标的自我管理，满足了团队成员参与的愿望，满足了员工的沟通与交流需求，达到了自己的目的。这样做，团队成员会产生责任感和积极参与感，意识到自己的工作在团队的重要性，树立了自信。感觉自己得到了大家的尊重和信任，就会积极主动地努力工作，争取更好的成绩。

作为领导，要尽可能多地与大家进行交流和沟通，最好是一对一，面对面的互动沟通，使员工能够及时了解管理者的所思所想，领会上级意图，明确责权赏罚。避免推卸责任，奖金要多工作要少的观念。而且，员工们参与得越多、知道得越多，理解就越深，对团队也就越关心。这正是沟通的威力所在。如果领导不信任自己下属，不让他们知道团队的现状或工作的进展，不去告诉员工，甚至员工主动提问也不回答，那么员工就会感觉自己是“外人”，轻则会带着情绪工作和生活，造成团队部门的工作质量下降；重则使管理者和被管理者，形成相互不信任的敌意，产生严重隔阂，无法达成共识，甚至产生“窝里斗”，消耗团队的能量。笔者认为，良好的和有效的沟通，能消除所有的误会和隔阂。

职场沟通的要点是真诚、理解、平等、尊重、认同和适应。任何一个人都不要以自我为中心，要换位思考，通过换位思考，站在对方的角度考虑问题，可能忽然间发现“哦，原来是这样”，有了理解和认同以及适应来作为沟通基础，加上尊重、真诚、平等和大家的目标一致，还有什么困难不能解决？事实证明，这条不论过去、现在或将来都适用的人生准则，对于必须与员工相处的团队管理者来说，就是“换位思考”“对等沟通”。

在团队中，管理者和管理者、被管理者和被管理者，管理者和被管理者如何实现良好的和有效的沟通呢？要让大家畅所欲言：知无不言，因为我们大家拥有共同目标。言无不尽，还要保持良好的气氛，不要指责和伤害别人。我们必须集中关注四个关键问题：使交流成为团队里的优先事项，领导和每个成员都重视交流；在团队内可以有不同的声音，但对外部都是一种声音；为员工提供同管理层交谈的机会，建立信任的氛围；本着对工作高度负责的态度和对事不对人的态度对待交流和沟通。

当然，要想突破沟通障碍，是团队所有成员特别是管理者将要用心去做的事。团队领导要在团队内部营造一种开放坦诚的沟通气氛，使员工之间能够充分沟通意见，每个员工不仅能自由地发表个人的意见，还能倾听和接受其他员工的意见，通过相互沟通，消除隔阂，增进了解。

沟通是打造成功的团队和构建社会主义和谐社会的需要，力求会谈气氛和谐融洽，保持双方平等互助的立场，赢取对方的尊重与承诺。态度应诚恳亲切，把握下属优点，适时巧妙地赞扬，在团队中少批评，多表扬，慎用惩罚。沟通的核心为：建立多途径和长期有效的沟通机制，上级要始终把自己放在平等、协助的位置上。下级要将自己的真实想法告诉上级。如果管理者能把管理的过程视为沟通的过程，视为相互间不断回旋交流的过程，把教训和命令转为留心与倾听，养成换位思考的习惯，学会使用多种沟通表达的路径，就可以鼓励和调动员工积极的心态，达成沟通平台，换来知无不言、言无不尽、以心换心、以诚换诚的好局面。良好的职场沟通使团队建设更成功，事业更得到发展.

(一)职场沟通在团队管理中的重要性

随着社会现代化的深入发展，社会分工在日趋精细化，人与人之间的依赖程度也越来越大，个人的利益与发展空间与团队发展密不可分。现代管理愈来愈重视团队，团队的良性、高效发展与团队管理息息相关。在团队管理中，有效沟通是不容忽视的一个环节，它关系着团队的工作效率、工作氛围及个人情绪状态等。美国著名未来学家约翰·奈斯比特曾指出，“未来的竞争是管理的竞争，而竞争的焦点就在于每个社会组织的内部成员之间及其与外部组织的有效沟通上”。因此，有效沟通在团队管理中是不容忽视的一个重要环节。

(二)职场沟通中存在的问题

1. 沟通氛围不佳

由于个体之间的差异性较大，团队在工作的合作及沟通过程中，必定会产生一定的分歧，若放任不顾这种现象而任其发展，会造成团队里的更大隔阂，甚至某些员工会产生抵触情绪，不利于团队的长久和谐发展。

2. 沟通效率低下

沟通目标包含两方面，一是发送者要做到清晰表达信息内容；二是发送者根据接收者反应做及时修正。因此，管理者与团队成员必须明确信息内容和沟通目标，免除不必要的误解。其次，团队沟通方式不规范或方式较落后，会造成团队信息传递的滞后性，大大增加了团队时间成本和人力成本。

3. 缺乏相应规范制度

团队沟通中存在的许多问题，归根结底可以说是规章制度的问题，没有规矩不成方圆，因此，没有规范制度的团队其发展空间必定会受限。团队缺乏约束规范，其主要问题表现在两方面，一方面是管理者问题，主要为以自我为中心，不善于听取他人意见，盲目决策，甚至工作时介入个人情绪，更有甚者随意制定制度，又随意更改制度；另一方面是个人问题，缺乏明确的规范制度，会造成个人职责不清晰，出现问题时踢皮球现象严重。

(三)如何促进团队的有效沟通，促进良好的职场氛围

1. 积极沟通，建设团队文化

团队文化包含价值观、最高目标、行为准则、道德风尚等内容，是团队成员在合作过程中为实现各自的人生价值，及团队的共同目标而形成的一种潜意识文化。可以通过宣传教育、培训、聚餐和郊游等方式提高团队互动性，不断培养团队之间的协作精神，以营造和谐蓬勃发展的团队。

2. 完善沟通方式，促进工作和谐

一方面，管理者及团队成员要明确自身的沟通目标，避免模糊地带；另一方面，为了提高团队工作效率，应建立规范化的正式沟通方式，主要是建立非语言的沟通方式，以确保信息传递的准确性。有条件的情况下，团队可以根据团队特点、工作内容、工作方式等来开发适合的工作软件，并建立自己的沟通平台，可以大大提高团队沟通效率。

3. 明确规章制度，使工作有章可循

团队管理的管理模式已经被许多企业广泛采纳，但是其管理效果却不尽相同，一个好的团队，一定有着严格的规范制度。管理者应结合团队工作目标、工作内容、人员背景、人员性格特点等制定明确的规章制度，一方面可以规范个人的行为举止，避免职场沟通的不当和随意化；另一方面团队中领导者也应起模范带头作用，不能因为身份的特殊性而搞特殊化。

(四)总结

有效沟通是团队管理中的重要环节，职场沟通的及时性和有效性，对于团队和个人发展的重要性显而易见，而团队管理中存在的沟通问题，需要团队和个人的共同努力。一方面，个人要遵守团队的相关规则规范，发挥自身能动性；另一方面，团队管理者应注重团队文化建设和团队交流，加强团队成员间的业务沟通。为避免团队之间的职责混乱，要明确团队的长期目标、短期目标和工作方向，做到各团队成员分工明确、定位清晰，并建立相应的激励机制，以提高员工的工作积极性。在此基础之上，可以研发创造个性化的团队沟通平台，以提高职场沟通效率。

二、报考研究生的类型和要求

在中国，研究生主要分为全日制和非全日制两种：

全日制研究生是通过拥有各高等院校举办的硕士研究生和博士研究生招生考试来进行招生，学制最少为2年或3年；非全日制研究生在2017年以前主要是指在职研究生，主要通过十月联考、同等学力申硕、一月统招在职研究生等方式进行招生。

从2017年起(包括2017年)，双证在职研究生统一命名为非全日制研究生，非全日制研究生与全日制研究生一同参加12月底的全国统考，划定相同分数线，毕业时同样获得双证。招收与培养硕士研究生和博士研究生的单位既有拥有硕士点和博士点的高等院校，也有相关科研机构。如果你想问招生类型，你指的是定向、非定向、委培这个方面的还是说种类，学术、专硕、在职这方面的。如果是后一种分法的话，给你看一个很细的比较，学术和专硕(有咱们一般学生理解的那种专硕和在职研究生)的区别，你看完下面这几条，你就明白了。

第一，定义。学术型研究生接收普通硕士教育以培养教学和科研人才为主的研究生教育，授予学位的类型是学术型硕士学位。专业学位(Professional Degree)，是相对于学术型学位(Academic Degree)而言的学位类型，其目的是培养具有扎实理论基础，并适应特定行业或职业实际工作需要的应用型高层次专门人才。专业学位与学术型学位处于同一层次，培养规格各有侧重，在培养目标上有明显差异。

第二，培养方向不同。根据我国的有关规定，普通硕士教育以培养教学和科研人才为主，授予学位的类型主要是学术型学位，一月考试，录取后获得研究生学籍，毕业后可获硕士毕业证书和学位证书。专业硕士是具有职业背景的硕士学位，为培养特定职业高层次专门人才而设置。(1)学历教育：一月考试，毕业后可获硕士毕业证书和学位证书。(这个就和我们学生理解的那个专硕一样了)(2)非学历教育：十月考试，获得可以申请学位的资格，再通过硕士论文答辩，获得硕士学位证书，无毕业证书。

第三，招生条件不同。专业硕士要求报考者有一定年限的工作经历(指在职的研究生的条件)，而普通硕士则不需要。绝大多数专业硕士还要求在职人员报考需经所在单位或相应管理部门的同意，有的甚至要求所在单位推荐等。我们学生平时说的专硕是和普通学术型的一起报名，一起考试的那种，应届的往届的都是，和在职研究生的要区分开来。

第四，招生考试不同。对学生来说，普通硕士的招生考试只有年初的“统考”，而统考以外的专业考试则由各招生单位自行命题、阅卷。我们学生理解的那个专硕同样是统考，和学术的一起在一月份进行考试。专业硕士的招生考试有 10 月的“联考”和年初的“统考”两次机会，考生可以自行选择，而这两大国家级别的考试的专业考试，也由各招生单位自行命题、阅卷(这里偏向于说在职)。

第五，入学难度不同。全国硕士研究生入学统一考试(统考)完全是严进宽出的代表。据统计，2005 年研究生考试考生人数为 117 万，招生人数只有 32 万，录取比例为 3. 7：1。北大、清华、复旦等名牌大学，以及微电子、信息科学、生物医药、世界经济、国际金融等热门专业，由于报考者众多，录取率更低。据了解，一些名校热门专业的录取比例甚至为 70：1。而一些二流学校的冷门专业却年年招不满。因此，入学难度取决于考生报考的学校和专业。专业硕士的招生考试有 10 月的“联考”(在职那种)和年初的“统考”(我们学生的理解的那种)两次机会，考生可自行选择。这两大国家级别考试的专业考试，是由各招生单位自行命题、阅卷。不同专业的入学难度各不相同，热门专业相对难一些。例如，2004 年上海复旦、交大、财大三所高校 MBA 的录取比例在 6：1 左右；2004 年全国法律硕士录取率则不到 10%。此外，“联考”和“统考”的难度也不一样，由于“统考”考生远多于“联考”考生，考试竞争激烈程度自然也大。不过，“联考”的考试虽容易，但录取时更看重申请者的工作背景和经验。

第六，学习方式不同。普通硕士：全日制学习。一般为 3 年。专业硕士：半脱产，学制 2~3 年(这里偏向指在职的)。具体的我们学生理解的那种学术和专硕，有两年、两年半、三年。具体以报考学校招生简章上显示的为主，具体学校具体分析了。

第七，学习费用不同。普通硕士录取为国家计划内(非定向、定向)的硕士生按国家规定享受免学费待遇。录取为国家计划外(委托培养、自筹经费)的硕士生须缴纳学费，一般为 8000 元每年，不同专业有所不同。对于自筹经费生、特困生等考生可通过申请国家助学贷款或者商业贷款缓解学费的压力。专业硕士学费按照不同专业类别差别较大。例如，MBA 的学费要十几甚至几十万元，而工程硕士的学费一般为 3 万~4 万元。专业硕士学位一般不能申请国家助学贷款(偏向于说在职研究生)。

第八，文凭颁发不同。与普通硕士不同，大多数专业硕士(在职)只授予学位证书，没有学历证书。但也有例外，例如工商管理硕士、法律硕士、临床医学硕士、建筑学硕士等，就同时颁发学位和学历证书。大体来看，“统考”生拿“双证”，“联考”生拿“单证”。我们学生理解的那种专硕也发双证的，和学术一样。

第九，认可度不同普通硕士：由于是全日制正规大学硕士毕业，拥有学历、学位双证，因此社会对这样的毕业生的认可度非常高。但企业在招聘时也会考虑到全日制硕士研究生的弱点：光有理论，经验不足。特别对于硕士专业与本科专业方向完全不同，又从无相关工作经验的求职者，企业会有所顾忌。建议这类毕业生通过实习、兼职或考职业证书来加强自身的竞争力。专业硕士：参加1月统考的MBA能拿双证，而工程硕士目前只能拿学位证，因此对专业硕士的市场认可程度略有差异。当然，随着近几年专业硕士种类不断增多，报考人数连年上升，因此人气带动了市场效应，其认可度和求职地位也逐渐上升，很多企业不再苛求学历证书，而是更关注专业学位证书本身的含金量。

三、求职过程、技巧和攻略

(一)面试提前到达，准时就等于迟到

准时主考官的面试排得很紧，每半个小时三个同学，谁先来谁先面试，可能有的同学迟到，后面的就替补上来。但也不要提早太多，如果时间没到，可在公司门口转转，千万不要跑去长时间等候，因为不会因为你早到就会给主考官留下好印象。

因为工作的原因，我曾结识过很多HR。其中有一位在外企十多年、招过5000人的资深面试官说过一句话：“准时就等于迟到。”每一次，他与其他人的约会，都会提前15分钟到达见面地点。

不过，对于这场面试来说，就算你准时到，也代表迟到了，为什么这么说呢？

(1)你没有时间去整理仪容仪表，无法保证给对方良好的第一印象。

我们到达面试场地的时候，都应该查看一下自己的仪容仪表是否OK。比如头发是不是吹乱了，或者衣角是不是翘起来了。

(2)你错过了熟悉周围地形的机会，也许无法跟面试官迅速破冰。

破冰是指两个陌生人见面时，刚开始因为不熟悉，相处会比较冷冰冰，破冰就是用一些话题、方法来迅速打破僵局。很多面试官先开始见你，不会马上切入正题，而是问你“来的路上方便吗”或者“这一带来过吗、好找吗”，其实就是想先缓和下氛围，找点熟悉的话题和你沟通。

如果你早到一点，代表路上是顺利的，而且熟悉了周边地形，也很好接面试官的话，比如：“这边挺好找的，你们这栋建筑还是很显眼的，附近还有个公园，我以前还常散步，没想到离你们这么近……”

面试官找话题为了拉近和你的距离，你回应得生动具体，也让面试有一个良好的开端。

(3)你将错过与其他面试者交流的宝贵机会，无法获得关于这个职位的第一手信息。

在面试等候区会有很多面试者，有的人在等待面试其他职位，有的人可能刚面试出

来。如果你能有机会和他们沟通，就能多了解一点公司的用人风格，有时候运气好的话，还能从刚刚面试出来的人那里知道面试官的性格、职位细节等，这可是第一手的资料。

(4)缺乏主场优势，又无法提前排练，你将错过面试的最后准备阶段。

如果用主人和客人的身份来对标，那么在面试时，面试官是主人，你是客人。你到了主人家里，一般都会比较拘谨，因为不熟悉，对吧？如果你提前到达，观察前台，就可以推测一下公司的风格和文化，这个区域其实是人流量比较大的，公司内部的人进进出出，来面试的、求合作的等，也都会需要经过前台登记。同时，有的公司还会在门口放置滚动显示屏，播报公司发展情况，你也可以进一步了解这家公司。

当你做了这么多准备后，也可以提前在脑海里预演下面试的场景。同时因为你提前熟悉了现场，就不会再有那种做客人的陌生感，而是可以快速进入面试状态。那么，既然准时就是迟到，什么时候到面试场地比较合适呢？我们通常建议提前 10~15 分钟到达现场。而提前半小时以上其实是不礼貌的，因为你很可能打乱面试官的安排。如果那天他们安排了 3 个人的面试，又或者那时候在会议上，你就需要等很久了。

(二)注意面试着装

做好面试前的形象准备，化妆恰当头发梳整齐，皮鞋要擦亮，穿着要得体，牛仔裤也不要污点斑斑，男同学胡子要刮干净，注意头皮屑。女同学不要浓妆艳抹，不要用太浓烈的香水。

(1)女生面试着装需要注意哪些细节？

一般公司对面试者的着装没有要求，有要求的都是要求面试者着正装。对于女生来说，正装分为西装和套裙，面试者可以根据季节和穿衣习惯进行选择。在款式上尽量选择线条简单的。在颜色上，尽可能选择淡雅的，与自己的年龄相符。对于没有要求的公司，则本着大方得体、清爽整洁的原则。

不同的职业有不同的职业形象，要根据职业形象去选择着装。如果应聘的是教育行业，简单大方的着装最好；应聘广告等创意行业，着装低调而有创意最好；应聘银行金融行业，即使没要求也最好着正装，颜色以黑白为准；事业单位与公务员面试，虽然不一定要穿正装，也要正式一些。纯色最好，上衣一般以白色、淡蓝色、浅粉色为宜，下面可以搭配颜色深一些的西裤。要注意的是，如果应聘的是文职，着装要显得庄重得体，套装最适合。

妆容：从礼仪的角度，女生参加面试最好化淡妆。不用刻意去理发店做造型，但是头发一定要干净，头上最好不要戴复杂的发饰。刘海的长度要适宜，不要遮住眼睛。长头发的女生在面试时，最好将头发挽起来，给人清爽干练的感觉。

首饰：首饰并非绝对不能戴，但要从简。耳饰最好是耳钉之类小巧的，手上可以戴手表，最好不要戴太复杂的手链。项链一定要跟自己的服装搭配，切忌复杂另类。手指甲要干净，如果要涂指甲油，最好选择透明的颜色。

鞋子：总的原则是应和整体相协调，在颜色和款式上与服装相配。穿正装的话，最好搭配深颜色的皮鞋，黑色最为百搭。鞋跟不宜太高，款式宜简单。夏天凉鞋样式繁多，最好选择淡色系的纯色，脚趾甲在外面的话，一定要干净整洁，切忌图夸张的颜色。

包：要与整体的穿着搭配，太休闲的包最好不要带。最好是单肩包，斜挎包不建议。包里的东西要适量，不易塞得满满的。记得把面试要带的东西放在最外层，方便取出。

其他：在进公司前再整理一下，随身听之类的应该在进公司前收拾妥当，进入面试公司，脚步放轻，不要发出太大的响声。最好自带一支笔。面试过程中注意克制自己的小动作，这在平常就应该多加留意。

(2)男生面试着装打扮注意事项。

男生在面试时的着装礼仪上也是需要很注重的，一个人的形象除了靠本身的气质，着装打扮也是很重要的。

①西装应保持同色配套，并且面料最好以深色或深蓝色为主。

②不要穿新西装去参加重要公司的面试，七八成新的服装穿在身上最妥帖。

③正式面试时，所穿的长裤需要熨烫笔挺，裤子长度以直立状态下裤脚遮盖住鞋跟部分为佳。

④衬衫白色调为佳，而蓝色衬衫是 IT 行业男士的最佳选择，能体现出智慧、沉稳的气质。

⑤系上领带，领带最好在材质和风格上与已有的西装、衬衫是相同的。领带的长度以至皮带扣处为宜。值得提醒的是，最好不要使用领带夹。

⑥尽量选择颜色明亮的领带。以带给他人明朗良好印象为适宜，尽量采用真丝。

⑦领带不要过长，一般到裤带。

鞋和袜子：

①面试中尽量选择方头系带的皮鞋。

②西装和皮鞋的颜色以冷色调为好，黑色皮鞋是最佳选择。

③袜子颜色最好和鞋、裤子的颜色一致，保持足够的长度。

④如果穿双排扣西装，纽扣要全部扣上；单排扣的西装正式场合下扣上一个；两粒扣的扣上不扣下；三粒扣的扣中间一粒。

⑤眼镜、镜框的佩戴最好能使人感觉稳重。

⑥衣服口袋里不要放零散东西，不合适。

⑦发型要得体，头发不能过长，不能染发烫发，尽量不要戴首饰。

⑧忌衬衫放在西裤外。

⑨忌衬衫领子太大，领脖间存在空隙，正好可以插入两指。

⑩忌领带颜色刺目。

⑪忌不扣衬衫扣就佩戴领带。

⑫西服上衣袖子过长，它应比衬衫袖短 1 厘米。

⑬忌西服配运动鞋。

⑭忌皮鞋和鞋带颜色不协调。

⑮袖口的商标一定要剪掉。

⑯穿西装要注意三色原理，即身上的颜色不过三个。如果你的鞋是黑色的，那么你的皮带也最好是一样的颜色。

⑰不能穿白袜子，因为在正规场合，这是禁忌。

⑱最好不要夹领带夹，因为领带夹只有 VIP 与公安等企业事业单位的工作人员用。

（三）面试现场注意礼仪

1. 实话实说

有一次，面试一位某大学的同学，美籍华人主考官和他讲英文，这位同学讲得很不流利，主考官说他讲得不好，他说某大学教的都是德语，言下之意是他会讲很好的德语，那位美籍华人恰好是德国留学生，于是说，好吧，我们来讲德语。问了两个问题，他都答不出来。人都有同情弱者的心理，尽可能地表现出相对的无助。

2. 不要指责别人

有的同学在某公司实习，问他为什么不留在对方公司，于是他把公司指责了一番。这时，作为主考官就容易产生联想，如果这位同学离开了，是不是也会在背后这样议论公司呢？所以，这样的同学是不敢要的。

3. 不要与别人发生争执

有一个年轻的主考官面试一位同学，请问你家住在哪里？这位同学回答在张庙，主考官以为在浦东，于是他纠正道：不在浦东，在宝山，从新客站坐××车可以到那里。

接着，主考官问的问题难度一下子就提高了几个级别。所以，如果主考官没有辱没你的人格，要允许他出错，不要与主考官发生争执，这样可以让他觉得你很容易接近。

四、创业者特征识别和潜力评估

（一）工资构成

1. 基本工资

基本工资是指根据工作地区最低生活保障工资标准发放的最低生活保障工资。

2. 岗位工资

岗位工资是指企业根据岗位工作责任、工作强度、工作条件、工作技能评价等级，制定出每个岗位的工资标准。与公司奖惩制度直接挂钩。

3. 加班工资

加班工资是指劳动者按照用人单位生产和工作的需要在规定工作时间之外继续生产劳动或者工作所获得的劳动报酬。劳动者加班，延长了工作时间，增加了额外的劳动量，应当得到合理的报酬。对劳动者而言，加班费是一种补偿，因为其付出了过量的劳动；对于用人单位而言，支付加班费能够有效地抑制用人单位随意地延长工作时间，保护劳动者的合法权益。

4. 社保金

社保金是社会劳动保障资金的简称，也简称为“社保金”，是由国家和地方社会劳动保障局统筹的，通过国家、地方、单位集体和个人多渠道筹集的资金，主要用于参与社保的劳动者的社会保障和社会福利，是为参保人员的未来生活提供最基本保障的“养老金”和未来生命意外抢救或医治的“救命钱”。社保资金被国家和地方的相关管理部门按照规范许可的操作程序而进行投资增值的活动，即转化为投资资金，也称为“社保基金”。社保资金不同于社保基金，而社保基金来源于社保资金。

5. 伙食补助

伙食补助是指公司根据自身情况给予员工发放的补助。其目的是提高工作效率，方便统一管理，保证企业有序运转。

6. 通信补助

通信补助是指企业根据自身情况给予员工发放的补助之一。其目的是为了保证公司员工之间沟通无阻碍，能够更好地提高工作效率，方便统一管理，保证企业有序运转。

7. 岗位年终奖金

岗位年终奖金指企业为了提高工作效率，提高工作质量。根据员工一年的工作成绩，制定出的一种奖励办法。发放标准应严格按照公司相关制度考核出年终奖金标准，给员工发放的一种奖励方法。

岗位年终奖金考核内容包括：

①考勤——按照考勤制度对员工全年考勤考核后进行奖励和处罚。

②岗位完成——按照岗位职责对员工全年岗位完成情况考核后进行奖励和处罚。

③精神文明——按照公司规定的文明礼貌制度对员工全年完成情况考核后进行奖励和处罚。

④安全生产及作业——按照公司规定的安全制度对员工全年安全生产及安全作业情况考核后进行奖励和处罚。

8. 公司年终奖金

公司年终奖金是指公司全体员工通过全年的工作努力，完成或超额完成公司制定的全年销售目标，给予员工发放的一种福利待遇。

公司年终奖金包括：

①物质奖励是指公司给员工发放的生活用品。

②过节费是指春节、五一、十一重大节假日公司给员工发放的过节福利。

③烤火费是指公司给员工发放的冬季取暖费。

④夏凉费是指公司给员工发放的夏季解暑费。

⑤公司组织活动是指公司组织员工聚餐、旅游等活动经费。以这种方式提高公司员工团队协作能力。

(二)五险一金

1. 社会保险概述

(1)什么是社会保险?

社保就是社会保险的简称，是指国家通过多渠道筹集资金，对劳动者在因年老、失业、患病、工伤、生育而减少劳动收入时给予经济补偿，使他们能够享有基本生活保障的一项社会保障制度。

(2)社会保险的险种。

①养老保险。

国家为解决劳动者在达到国家规定的解除劳动义务的劳动年龄界限，或因年老丧失劳动能力退出劳动岗位后的基本生活而建立的一种社会保险制度。

②医疗保险。

医疗保险又称疾病保险，是指劳动者由于患病或非因工负伤，由社会提供医疗服务或经济补偿的社会保险制度。

③工伤保险。

劳动者在工作中或在规定的特殊情况下，遭受意外伤害或患职业病导致暂时或永久丧失劳动能力以及死亡时，劳动者或其遗属从国家和社会获得物质帮助的社会保险制度。

④失业保险。

对因失业而暂时中断生活来源的劳动者提供物质帮助进而保障失业人员失业期间的基本生活，促进其再就业的制度。

⑤生育保险。

在劳动者因生育子女而导致劳动力暂时中断时，由国家和社会及时给予物质帮助的一项社会保险制度。

(3)社会保险的主要特征。

①强制性。

社会保险是通过立法强制实施的，社会保障的内容和实施都是通过法律进行的，凡属于法律规定范围内的成员都必须无条件地参加社会保险。

②福利性。

社会保险不以盈利为目的，实施社会保险完全是为了保障社会成员的基本生活。

③普遍性。

社会保险要求社会化，凡是符合法律规定的所有企业和社会成员都必须参加，覆盖所有社会劳动者。

④基本保障性。

社会保险的保障标准是满足保障对象的基本生活需要，因为社会保险的根本目的是保证人们的收入稳定、生活安定，发挥社会稳定器的作用。

⑤互济性。

社会保险通过法律的形式向全社会有交纳义务的单位和个人收取社会保费建立社会保障基金，并在全社会统一用于救助被保障对象，同时各项社会保险基金可以从统一基金中相互调节。

2. 五项保险分述

(1)什么是养老保险？

所谓养老保险(或养老保险制度)是国家和社会根据一定的法律和法规，为解决劳动者在达到国家规定的解除劳动义务的劳动年龄界限，或丧失劳动能力退出劳动岗位后的保证基本生活而建立的一种社会保险制度。

(2)什么是医疗保险？

医疗保险又称疾病保险，是指劳动者由于患病或非因工负伤，由社会提供医疗服务或经济补偿的社会保险制度。

医疗保险分为个人账户和统筹账户，其中个人账户中的钱归参保人所有，统筹账户中的钱归医疗保险统筹基金所有。简单来说就是，个人账户中的钱可以自己拿出来用，一般来说个人缴纳的全部金额以及单位缴纳的少部分金额可以划入个人账户。统筹账户中的钱均为单位缴纳，我们去门诊看病或是住院的时候，需要报销的部分均出自统筹账户。

(3)享受医疗保险的条件。

①退休前享受医疗保险的条件。

新参保职工(含中断缴费一年以上重新参保的)依法参加基本医疗保险并连续缴费满一年(不含补缴年限)的，按规定享受基本医疗保险待遇；满六个月不满一年的，按50%执行；不满六个月的，不予支付。

医保中断期间不能享受基本医疗待遇，超过连续三个月没有续保，连续缴费年限重新计算。

②退休后享受医疗保险的条件。

享受退休人员医疗保险待遇的累计最低缴费限为男满30年，女满25年。未达到最低缴费年限的，用人单位和参保人以办理退休手续时的本市上年度职工月平均工资为基数，一次性补足所差月份的基本医疗保险费后，方可享受退休人员的基本医疗保险待遇。

(4)医保新政介绍。

①医保账户共济。

当你的个人账户有历年结余的情况下，在办理一定的手续之后，你的近亲属(包括父母、子女、配偶，且必须在本地参加社保)就可以接受你的共济。

②使用医保账户购买保险。

当你的个人账户有历年结余的情况下，参保人凭市民卡、保险合同及发票到所辖医保经办机构窗口报销商业健康险购买费用，经审核后报销款转入市民卡或银行卡账户。

③医保异地结算。

实现跨省异地结算，需满足以下三个条件：参保人已办理异地就医登记备案；参保人住院就医的异地医院已开通异地就医直接结算；已办理信息完整并可正常使用的社保卡。

(5)什么是失业保险及其待遇?

失业保险是指国家通过立法强制实行的，由社会集中建立基金，对因失业而暂时中断生活来源的劳动者提供物质帮助的制度。它是社会保障体系的重要组成部分，是社会保险的主要项目之一。

失业后会享受到以下权利：

①可以申领失业保险金，并享受其他失业保险待遇。

②获得再就业服务；

③政府代为缴纳医疗保险；

④在领取失业保险金期间患病医疗的，可以申领医疗补助金；死亡的，其家属可以申领丧葬补助金和抚恤金。

(6)失业保险的领取。

失业保险的领取需满足以下条件：

①非本人意愿中断就业的；
②参加失业保险一年以上，并足额缴纳失业保险；
③解除劳动关系60天以内前往社保中心办理；
④进行失业登记，并有求职要求。
(7)什么是工伤？
工伤是指劳动者在从事职业活动或者与职业活动有关的活动时所遭受的不良因素的伤害和职业病伤害。
以下情况认定为工伤：
①在工作时间和工作场所内，因工作原因受到事故伤害的；
②工作时间前后在工作场所内，从事与工作有关的预备性或者收尾性工作受到事故伤害的；
③在工作时间和工作场所内，因履行工作职责受到暴力等意外伤害的；
④患职业病的；
⑤因工外出期间，由于工作原因受到伤害或者发生事故下落不明的；
⑥上下班途中，受到非本人主要责任的交通事故或城市轨道交通、客运轮渡、火车等伤害的。
以下情况视同工伤：
①在工作时间和工作岗位，突发疾病死亡或者在48小时之内经抢救无效死亡的；
②在抢险救灾等维护国家利益、公共利益活动中受到伤害的；
③职工原在军队服役，因战、因公负伤致残，已取得革命伤残军人证，到用人单位旧伤复发的。
如果有下列情形之一的，不得认定为工伤或者视同工伤：
因犯罪或者违反治安管理伤亡的；醉酒、吸毒、自残或者自杀的。
(8)什么是生育保险？
生育保险是指针对生育行为的特点，通过国家立法规定，在职工女性因生育子女而导致劳动力暂时中断、失去正常收入来源时，由国家或社会提供物质帮助的一项社会政策，包含生育津贴以及生育医疗费用。只有男方参加生育保险的，其未就业的配偶可以享受除生育津贴之外的生育保险待遇。
(9)享受生育保险的条件。
①连续缴纳12个月且处于正常参保状态；
②享受对象必须是合法婚姻者，即必须符合法定结婚年龄、按婚姻法规定办理了合法手续；
③符合国家计划生育政策等。
(10)生育保险包括范围。
①生育医疗费。
女职工妊娠期、分娩期和产褥期内，因生育发生的符合规定的检查费、接生费、手术费、住院床位费、药费以及分娩并发症的医疗费用，由生育保险基金支付80%，本人自

付20%。

②计划生育费用。

从业人员因实施计划生育手术(放置及取出宫内节育器，流产术、引产术，绝育及复通手术)及其并发症发生的符合规定的医疗费用，由生育保险基金按定额全额支付。

3. 住房公积金概述

(1)住房公积金概述及缴存比例。

住房公积金是职工按规定存储起来的专项用于住房消费支出的个人住房储金，由两部分组成，一部分由职工所在单位缴存，另一部分由职工个人缴存。职工个人缴存部分由单位代扣后，连同单位缴存部分一并缴存到住房公积金个人账户内。

具有两个特征：一是积累性，即住房公积金虽然是职工工资的组成部分，但不以现金形式发放，并且必须存入住房公积金管理中心在受委托银行开设的专户内，实行专户管理。二是专用性，住房公积金实行专款专用，存储期间只能按规定用于购、建、大修自住住房，或交纳房租。

(2)什么情况下可以提取住房公积金。

①部分提取。

因住房消费或家庭困难提取住房公积金。如购买、装修自住住房，偿还房贷，租住保障性住房或职工或其直系亲属患重大疾病或遇到不可预见的事故、灾难，造成家庭生活严重困难的。

②销户提取。

职工在丧失继续缴存住房公积金条件后的住房公积金提取。如与单位终止劳动关系、退休、死亡等。

(3)住房公积金贷款条件。

①设立个人住房公积金账户12个月以上并连续足额缴存6个月以上。

②具有常住户口或其他有效身份证件。

③有稳定的职业和收入，信用良好，有按时还本付息的能力。

④有合法的购买住房的合同。

⑤购房首期付款符合规定比例。

⑥同意按照公积金管理中心认可的担保方式进行担保。

⑦法律、法规规定的其他条件。

(4)贷款额度及贷款期限。

①贷款额度。

根据用途不同，在购房款的60%~90%，单笔贷款额度最高不超过30万元。

②贷款期限。

根据用途不同，在10~30年，借款人年龄与申请贷款期限之和原则上不得超过其法定退休年龄。

(三)个人所得税

1. 个人所得税的概念

个人所得税是对我国公民、居民来源于我国境内、外的所得和非居民来源于我国境内的所得征收的一种税。

2. 个人所得税的课税对象所得项目

(1)工资、薪金所得。

(2)个体工商业户生产经营所得。

(3)企、事业单位的承包经营、承租经营所得。

(4)劳务报酬所得。

(5)稿酬所得。

(6)特许权使用费所得。

(7)财产租赁所得。

(8)财产转让所得。

(9)利息、股息、红利所得。

(10)偶然所得。

(11)其他所得。

3. 个人所得税的计算

(1)计税方法。

应纳税额=应纳税所得额×适用税率-速算扣除数=应纳税所得额×适用税率

(2)应纳税所得额的确定。

①一般规定。

应纳税所得额=收入-费用扣除(分项计算)

②利息、股息、红利所得；偶然所得；其他所得以纳税人取得的收入额计税，不扣除费用。

(3)不同税目的计税方法。

(4)境外所得已纳税额的扣除。

(5)税收优惠。

4. 工资、薪金计税的基本规定

(1)扣除标准：2008 年 3 月开始每月 2000 元。

(2)附加扣除：3200 元(2008 年 3 月 1 日后为 2800 元)。

(3)适用范围：中国境内工作的外籍人员，以及港、澳、台同胞，在境外工作的中国公民。

5. 个体工商户生产、经营所得

(1)个体工商户生产、经营所得，以每一纳税年度的收入总额，减除成本、费用以及损失后的余额，为应纳税所得额。

应纳税额=应纳税所得额×适用税率-速算扣除数=(全年收入总额-成本、费用及损失)×适用税率-速算扣除数

(2)从事生产、经营的纳税人未提供完整、准确的纳税资料，不能正确计算应纳税所得额的，由税务机关核定其应纳税所得额。

(3)适用个人独资企业和合伙企业。

(4)个体工商户和从事生产、经营的个人，取得与生产、经营活动无关的各项应税所得，应分别适用各应税项目的规定计征个人所得税。

6. 对企事业单位承包、承租经营所得

对企事业单位承包、承租经营所得，以每一纳税年度的收入总额，减除必要费用后的余额为应纳税所得额。

(1)承包人、承租人对企业经营成果不拥有所有权，仅按合同(协议)规定取得一定的所得的，其所得按工资、薪金所得项目征税。

(2)承包人、承租人按合同(协议)的规定只向发包方、出租方交纳一定费用后，经营成果归其所有的，按承包经营、承租经营项目征税，适用五级累进税率。

公式：应纳税额=应纳税所得额×适用税率-速算扣除数=(纳税年度收入总额-必要费用)×适用税率-速算扣除数

7. 劳务报酬所得

(1)费用扣除标准。

每次收入不超过4000元的，定额减除费用800元；

每次收入超过4000元的，定率减除20%的费用。

(2)应纳税额的计算。

应纳税额=应纳税所得额×适用税率

(3)加成。

(4)一次收入的确定。

①只有一次性收入的；

②连续提供劳务取得收入的，以1个月内取得的收入为一次。

8. 稿酬所得

(1)费用扣除标准。

每次收入不超过4000元的，定额减除费用800元；

每次收入超过4000元的，定率减除20%的费用。

(2)应纳税额的计算。

应纳税额=应纳税所得额×适用税率×(1-30%)

(3)减征。

(4)一次收入的确定：

以每次出版、发表取得的收入为一次。

9. 特许权使用费所得

(1)费用扣除标准。

①每次收入不超过4000元的，定额减除费用800元；

②每次收入超过4000元的，定率减除20%的费用。

(2)应纳税额的计算。

应纳税额=应纳税所得额×适用税率

(3)每次收入的确定。

每项特许权的一次许可使用所取得的收入为一次。

10. 利息、股息、红利所得，偶然所得和其他所得

(1)应纳税所得额。

利息、股息、红利所得，偶然所得和其他所得，以每次收入额为应纳税所得额。

应纳税额的计算：

应纳税额=每次收入额×20%

(2)特殊规定。

①股份制企业在分配股息、红利时，以股票形式向股东个人支付应得的股息、红利，应以派发的股票票面金额为收入额。

②储蓄存款利息，1999 年 11 月 1 日起，征收个人所得税。2008 年 10 月 9 日起免税。国债利息、教育储蓄存款利息免税。

③个人购买社会福利奖券一次中奖收入不超过 10000 元的，免征个人所得税。

11. 其他规定

(1)捐赠扣除的计税方法。

个人将其所得通过中国境内的社会团体、国家机关向教育和其他社会公益事业以及遭受严重自然灾害地区、贫困地区的捐赠，捐赠额未超过纳税人申报的应纳税所得额 30% 的部分，可以从其应纳税所得额中扣除。

(2)两个以上个人共同取得一项收入的计税。

12. 免税规定

个人所得税法规定，下列各项所得，免征个人所得税：

(1)省级人民政府、国务院部委和中国人民解放军军以上单位，以及外国组织、国际组织颁发的科学、教育、技术、文化、卫生、体育、环境保护等方面的奖金；

(2)国债和国家发行的金融债券利息；

(3)按照国家统一规定发给的补贴、津贴；

(4)福利费、抚恤金、救济金；

(5)保险赔款；

(6)军人的转业费、复员费；

(7)按照国家统一规定发给干部、职工的安家费、退职费、退休工资、离休工资、离休生活补助费；

(8)依照我国有关法律规定应予免税的各国驻华使馆、领事馆的外交代表、领事官员和其他人员的所得；

(9)中国政府参加的国际公约、签订的协议中规定免税的所得；

(10)见义勇为奖金——乡镇以上政府或县以上政府批准设立的基金；

(11)住房公积金、医疗保险金、基本养老保险金、失业保险金；

(12)经国务院财政部门批准免税的所得。

13. 减税规定

有下列情形之一的，经批准可以减征个人所得税：

(1)残疾、孤老人员和烈属的所得；

(2)因严重自然灾害造成重大损失的；

(3)其他国务院财政部门批准减税的。

上述减税项目的减征幅度和期限，由省、自治区、直辖市人民政府规定。

14. 暂免征税

(1)外籍个人以非现金形式或实报实销形式取得的住房补贴、伙食补贴、搬迁费、洗衣费；

(2)外籍个人按合理标准取得的境内外出差补贴；

(3)外籍个人取得的探亲费、语言训练费、子女教育费等；

(4)个人举报、协查各种违法、犯罪行为而获得的奖金；

(5)个人办理代扣代缴税款手续按规定取得的手续费；

(6)个人转让自用达5年以上并且是唯一的家庭居住用房取得的所得；

(7)达到离休退休年龄确因工作需要而适当延长离退休年龄的高级专家在此期间的工资、薪金所得视为离退休工资免税；

(8)外籍个人从外商投资企业取得的股息、红利所得；

(9)外籍专家取得工资、薪金所得。(外籍专家包括：世界银行直接派往我国工作的专家；联合国组织直接派往我国工作的专家；为联合国援助项目来华工作的专家；援助国派往我国专为该国无偿援助项目工作的专家；来华工作2年以内的文教专家其工资薪金由该国负担的等)

15. 在中国境内无住所但居住满1年而未满5年的纳税人的减免税

(1)在中国境内无住所但居住满1年而未满5年的纳税人，就其在中国境内工作期间取得的由中国境内企业或个人支付和由中国境外企业或个人支付的工资薪金缴纳个人所得税，其来源于境外的所得，经主管税务机关批准，可以不征税；

(2)居住超过5年的，从第6年起，就其境内外所得征收个人所得税。

16. 个人所得税的纳税方法

(1)源泉扣缴。

①扣缴义务人的法律责任。

扣缴义务人对纳税人的应扣未扣的税款，其应纳税额仍然由纳税人缴纳。扣缴义务人应承担应扣未扣税款50%以上3倍以下罚款。

②其他规定：

纳税人为持有完税依据而向扣缴义务人索取代扣代收税款凭证的，扣缴义务人不得拒绝。

扣缴义务人按规定扣缴税款后，税务机关按其扣缴的税款支付2%的手续费。

(2)自行申报纳税。

自行申报纳税的范围包括：

①从两处或两处以上取得工资、薪金所得的；

②取得应税所得，没有扣缴义务人的；

③分笔取得属于一次劳务报酬所得、稿酬所得、特许权使用费所得、财产租赁所得的；

④取得应纳税所得，扣缴义务人未按规定扣缴税款的；

⑤税收主管部门规定必须自行申报纳税的。

17. 纳税期限

(1)工资、薪金所得应纳税款，按月计征，由扣缴义务人或纳税人在次月7日内缴入国库，并向税务机关报送纳税申报表(或扣缴个人所得税申报表)。

(2)个体工商户的生产、经营所得应纳的税款，按年计算，分月预缴，由纳税人在次月7日内预缴，年度终了后3个月内汇算清缴，多退少补。

(3)对企事业单位的承包经营、承租经营所得应纳的税款，按年计算，由纳税人在年度终了后3个月内缴入国库，并向税务机关报送纳税申报表。纳税人在一年内分次取得承包经营、承租经营所得的，应当在每次取得所得后的7日内预缴，年度终了后3个月内汇算清缴，多退少补。

(4)从中国境外取得所得的纳税人，应当在年度终了后30日内，将应纳的税款缴入国库，并向税务机关报送纳税申报表。

18. 纳税地点

个人所得税的纳税地点一般为收入来源地的主管税务机关。纳税人从两处或两处以上取得工资、薪金所得的，可选择并固定在其中一地税务机关申报纳税；

从境外取得所得的，应向境内户籍所在地或经常居住地税务机关申报纳税。纳税人要求变更申报纳税地点的，须经原主管税务机关批准。

扣缴义务人应当向所在地主管税务机关申报纳税。

(四)了解注册公司

1. 注册流程

(1)准备材料。

①公司法定代表人签署的《公司设立登记申请书》；

②全体股东签署的公司章程；

③法人股东资格证明或者自然人股东身份证及其复印件；

④董事、监事和经理的任职文件及身份证复印件；

⑤指定代表或委托代理人证明；

⑥代理人身份证及其复印件；

⑦住所使用证明。

(2)注册流程。

①核准名称。

时间：1~3个工作日。

操作：确定公司类型、名字、注册资本、股东及出资比例后，可以去工商局现场或线上提交核名申请。

结果：核名通过，失败则需重新核名。

②提交材料。

时间：5~15 个工作日。

操作：核名通过后，确认地址信息、高管信息、经营范围，在线提交预申请。在线预审通过之后，按照预约时间去工商局递交申请材料。

结果：收到准予设立登记通知书。

③领取执照。

时间：预约当天。

操作：携带准予设立登记通知书、办理人身份证原件，到工商局领取营业执照正、副本。

结果：领取营业执照。

④刻章等事项。

时间：1~2 个工作日。

操作：凭营业执照，到公安局指定刻章点办理：公司公章、财务章、合同章、法人代表章、发票章；至此，一个公司注册完成。

2. 公司名称

常见的公司名称一般有 3 种形式，不同形式之间并没有本质区别，注册时任选其一即可。

(1)地区+字号+行业+组织形式。

(2)字号+(地区)+行业+组织形式。

(3)字号+行业+(地区)+组织形式。

建议在起名时，建议将字号在“国家企业信用信息公示系统”上查询是否已经被注册，尽量保证没有重名，这样通过率会高一些。

3. 公司类型

(1)有限责任公司。

由五十个以下的股东出资设立，每个股东以其所认缴的出资额对公司承担有限责任，公司法人以其全部资产对公司债务承担全部责任的经济组织。

适用情况：适合创业的企业类型，大部分的投融资方案、VIE 架构等都是基于有限责任公司进行设计的。。

备注：对于初创企业来说，“有限责任公司”是目前最适合的企业类型，原因如下：

①有限责任公司的股东，只需要以出资额为限承担“有限责任”，在法律层面上就把公司和个人的财产分开了，可以避免创业者承担不必要的财务风险。

②有限责任公司运营成本低，机构设置少，结构简单，适合企业的初步发展阶段。

③目前成熟的天使、VC 大多基于“有限责任公司”设计投资方案。直接注册“有限责任公司”，在未来引进投资过程中也会比较顺利。

(2)股份有限公司。

由 2 人以上 200 人以下的发起人组成，公司全部资本为等额股份，股东以其所持股份为限对公司承担责任。

适用情况：适用于成熟、大规模类型公司，设立程序较为严格和复杂，不太适用于初创型和中小微企业，如中国石油天然气股份有限公司(中石油)。

(3)有限合伙企业。

由普通合伙人和有限合伙人组成，普通合伙人对合伙企业债务承担无限连带责任，有限合伙人以其认缴的出资额为限对合伙企业债务承担有限责任。

适用情况：适用于风险投资基金、公司股权激励平台(员工持股平台)。如：红杉资本。

(4)外商独资公司。

外国的公司、企业、其他经济组织或者个人，依照中国法律在中国境内设立的全部资本由外国投资者投资的企业。

适用情况：股东为外国人或外国公司的企业，流程相对内资公司更复杂，监管更严格。在名称上与有限责任公司一致。

(5)个人独资企业。

个人出资经营、归个人所有和控制、由个人承担经营风险和享有全部经营收益的企业。投资人以其个人财产对企业债务承担无限责任。

适用情况：适用于个人小规模的小作坊、小饭店等，常见于对名称有特殊要求的企业，如：××中心、××社、××部等。

(6)国有独资公司。

它是指国家单独出资、由国务院或者地方人民政府授权本级人民政府国有资产监督管理机构履行出资人职责的有限责任公司。

(7)其他。

非公司企业：具有投资资格的法人、其他经济组织。

外资企业：外方为公司、法人、其他经济组织和自然人，中方为公司、法人及其他经济组织。

4. 注意事项

(1)股权分配。

股权是股东基于其股东资格而享有的，从公司获得经济利益，并参与公司经营管理的权利。

股权分配的核心是要让各个创始人在分配和讨论的过程中，从心眼里感觉到合理、公平，从而事后甚至是忘掉这个分配而集中精力做公司。以下是我们整理的几个要点：

①团队要有明确的老大，切忌平均分配股权。

平均分配股权的问题在于，当几个创始人之间意见不一致时，容易出现拍板人缺失，决策陷入僵局，不利于团队的稳定。股权分配时要避免平均分配，一定要有老大的角色。

②股东人数不要太多。

股东人数太多，就会导致决策比较难推动。比如在做工商变更时需要所有股东签字，此时如果有股东去外地出差或出国旅游，不能凑齐所有人员一起签字，就会耽误变更的时间。另外，不太稳定的小股东最容易产生股权纠纷，阻碍企业发展。

③创始合伙人的得权期、退出机制、回购权。

一个完整的企业股权结构，除了合理的股份分配外，还要有科学的管理体系，即提前约定好股权的得权、退出和回购机制，避免日后纠纷。

④提前留一定的期权池。

互联网公司股权激励的作用越来越重要，初创阶段股权分配时有必要提前预留一定的期权池，为今后的股权激励留出余地，一般期权池的比例大多设置为10%到20%，这些股份通常由创始人代持。

(2)后续事项。

①办理银行基本户。

公司注册完成后，需要办理银行基本户开户。基本户是公司资金往来的主要账户，经营活动的日常资金收付以及工资、奖金和现金的支取都可以通过这个账户来办理。每个公司只能开一个基本户。

②记账报税。

完成公司注册后，需先办理税务报到，报到时需提供一名会计的信息(包括姓名、身份证号、联系电话)。公司成立后一个月起，需要会计每月记账并向税务机关申报纳税。企业准备好资料到专管所报到后，税务局将核定企业缴纳税金的种类、税率、申报税金的时间，及企业的税务专管员。企业日后将根据税务部门核定的税金进行申报与缴纳。

③缴纳社保。

公司注册完成后，需要在30天内到所在区域管辖的社保局开设公司社保账户，办理《社保登记证》及CA证书，并和社保、银行签订三方协议。之后，社保的相关费用会在缴纳社保时自动从银行基本户里扣除。

④申请税控及发票。

如果企业要开发票，需要申办税控器，参加税控使用培训，核定申请发票。完成申请后，企业就可以自行开具发票了。

⑤企业年报。

根据《企业信息公示暂行条例》规定，每年1月1日至6月30日，企业应当报送上一年度的报告，内容包括公司基本情况简介、主要财务数据和指标、股本变动及股东情况等。

注：每年需要做年报的企业是：营业执照上，注册时间为前一年12月31日前的大陆企业。

工商行政规定，未按规定期限公示年度报告的企业，工商机关会将其载入经营异常名录，并处罚款。超过三年未年报的企业，将会纳入严重违法企业“黑名单”。纳入异常名录后，企业将无法变更、注销、转股，对外合作时，社会公众可随时查看到该公司的异常情况。同时对法人、高管进行行政限制。

(3)优惠政策。

公司为国家纳税，国家为公司提供市场基础设施架构，互惠互利之余，公司可以关注和利用一些优惠政策来减轻税负、加速成长。比如：

①很多地方政府推出产业园、科技园和孵化器，公司将注册地址设立在这些地方既方便又实惠，如：上海经济园区，为了吸引公司前往注册，开设了很多较为宽松的优惠政策。

另外，注册地址是和优惠政策相关的，特别是在上海注册公司。上海市区与郊区的开发区，各郊区的开发区之间的税收优惠政策差异很大，在上海郊区开发区注册公司，各开发区的各项政策也有差异。

②可以申请成为高新技术企业，可以享有企业所得税减免10%的税收优惠政策，而且企业的研发费用，享受所得税加计扣除优惠。类似的情况还有：小型微利企业、双软认证企业。我们可以通过快法务平台咨询，专业人士会给你财税解决方案。

(4)公司注销。

当公司不打算经营时，要及时进行注销。如果放着不管，几个月后税务机关就会把公司吊销，吊销不仅会使公司本身，而且连同其法定代表人均会进入企业信用黑名单。

如果不幸被工商部门吊销营业执照了，也要走正常的公司注销流程。

(5)开办改革。

2019年4月1日，北京市市场监督管理局等六部门发布《关于提高企业开办效率的通告》显示，申请人通过"e窗通"平台办理业务，市场监管部门1天内予以核准并向企业颁发电子营业执照，其他事项24小时内并行办理完成，企业2~3天即可具备经营条件。

专题五　道阻且长，行则将致：大学生职业生涯规划行动

☞【专题导读】

人生的道路虽然漫长，但重要的地方仅有几步，特别是年轻的时候。我们需要认识自己并不断地做出选择，在付诸实践的过程中成长。机会总是留给有准备的人，大学生职业规划是人生的重要阶段，生涯规划决定着未来的道路。面对职业生涯规划，从实践行动中让自己胸有成竹，勇敢地面对人生道路上的泪水与欢笑，走向职业生涯的新高度。

☞【名人名言】

一个真正认识自己的人，就没法不谦虚。谦虚使人的心缩小，像一个小石卵，虽然小，而极结实。结实才能诚实。

——老舍

吾日三省吾身：为人谋而不忠乎？与朋友交而不信乎？传不习乎？

——曾子

被人揭下面具是一种失败，自己揭下面具是一种胜利。

——雨果

要有所行动，然后认识你自己。

——蒙田

一步实际行动比一打纲领更重要。

——马克思

单元十　撰写职业生涯规划书

模块1：撰写大学生职业生涯规划的步骤

大学生职业生涯规划可以帮助学生树立科学合理的生涯目标，并根据自身特质制定行之有效的行动方案，对于大学生步入社会、职业发展和人生幸福打下坚实的基础。职业生

涯规划可分为自我认识与评价、职业环境评估、职业定位、实施策略和评估与反馈调整五大步骤。

一、自我认识与评价

自我认识主要是指对自己的兴趣、性格、能力、价值观进行深入的探索，从而发现自己的真实需求，全方面了解自我的过程。自我认识的途径主要有以下几个方面。

(1)自我观察和了解。认识自己是步入社会最基础的一步。曾子曰："吾日三省吾身"，时常自我反省在日常生活中的点滴表现，总结自己的个人特质，知道自己喜欢什么、不喜欢什么，认识自己的优势和劣势，才能更清楚地认识自己，知道自己适合什么样的工作。

(2)通过他人认识自己。自我认识可以通过其他人的评价来了解自己，古人云："当局者迷、旁观者清"，大部分人可以认识自身的优势，却很难看到缺点，周围人对我们的评价能帮助我们从其他角度认识自己，发现自己从未意识到的优点或者缺点。

(3)在实践中认识自我。在学习工作和生活实践中实现自我认识是认识自我最重要的方法之一，实践活动能充分反映一个人的能力、思维模式、处事方式与人际交往能力，挖掘自身内在的特质。通过一些集体活动或团队协作活动，观察自身与他人对同一事件在认知、思考与处理问题方面的差异，可以更加全面地认识自己，了解自己。

(4)用科学测评来认识自我。个人和他人对自我的评价往往是主观的、片面的。通过目前市面研发和推广的测评系统，追踪和评价个人成长发展中不同维度提升的能力指标，侧重从个人特质和职业兴趣等维度对大学生进行科学评价。

二、环境评估

职业环境评价包括对社会政治环境、经济环境和组织(企业)环境的评价，即要评价职业环境条件的特点、发展与需求变化的趋势，自己与职业环境的关系以及职业环境对自己的有利条件和不利因素，评价本专业、本行业的地位、形势以及发展趋势等，要想在职业生涯中取得成功，就必须对自身所处的环境有全面的分析和把握。自身要对职业环境带给我们的机遇、自身想要实现职业目标面临的挑战，自身在职业发展中规避的风险进行详实的调研评估。国家政策对人的成长与发展具有导向性的作用，在进行职业生涯的环境评估时首先应对国家政策与地方扶持情况进行充分了解，比如互联网+、人工智能、直播电商等领域的兴起，则可以思考如果日后从事相关领域工作是否能起到事半功倍的作用。了解本专业在我国的需求情况与在各省市的发展状况、如石油类行业在我国北方地区发展相对迅速，相关企业众多，如果在以上区域就业，面临的机遇和可选择的范用可能会更多一些。环境评估也包括了对相关企业与自身优劣势的评估，评估相关企业的发展规模、品牌文化、销售途径、研发现状、生产技术、福利待遇等，并详细了解企业对人才的需求状况。分析自身的优劣势，结合用人单位对大学生专业基础、实践操作、团队协作等能力的要求，得出环境对自身发展的最新要求。只有结合环境评估结果，进行职业生涯规划才是科学的和有意义的，才会切实可行，不流于空泛。

三、职业定位

职业定位就是要为职业目标与自己的潜能以及主客观条件谋求最佳匹配。良好的职业定位是以自己的最佳才能、最优性格、最大兴趣、最有利的环境等信息为依据的。成功的职业生涯需要不断地调整职业定位，而一个合理的职业定位则是基于对自己下个清晰的认识、准确的判断和合理的把握。目前很多大学生在毕业时无法找到一份令自己满意的工作或者预期目标与现实存在较大差距，很大一部分原因在于没有对自己进行科学合理的职业定位，未能明确个人与社会和单位的关系。一些大学生尤其是独生子女或家庭条件较好的大学生，从小就形成了以自我为中心的意识，使他们缺少对周围就业环境的正确分析，因此在制定职业生涯规划时，过于理想主义，容易造成高不成低不就的局面，使他们在就业浪潮中备受打击。还有一部分大学生，在职业定位时认为高工资、高福利、位于发达城市的单位就一定是好的，却没有考虑过自己是否对这些单位提供的岗位感兴趣，这些单位是否会给自己提供相应的发展平台，自己在该岗位是否有发展空间等。另有一部分学生，进行职业定位时盲目跟风、没有主见。他们觉得大家普遍认为好的单位就一定是适合自己的单位，从而容易形成找工作扎堆的局面，这一类学生的思想很容易受到社会上一些舆论的左右和亲朋好友的影响，缺乏独立的判断力，往往过分看重他人的意见而放弃适合自己的岗位。由此可见，我们在正确地认识自我，科学地进行环境评估之后，一定要合理地进行职业定位，这是我们职业生涯规划成功的一大保障。

四、实施策略

职业生涯实施策略，是指为实现职业生涯目标而制订的行动计划。有了明确的定位和目标后，必须要制定一套具体可行的方案，才有可能一步步实现目标走向成功。比如，大学期间要熟练掌握哪些专业课知识，要参加哪些竞赛，要阅读哪些书籍，要考取哪些证书，要熟练操作哪些软件，要学会使用实验室里的哪些仪器设备，要参加哪些社会实践活动以丰富自己的经历等。制定具体的实施策略的第一步就是要进行目标分解，按时间分解可分为长期目标、中期目标和短期目标。无论是对大学期间还是整个人生阶段进行职业生涯规划时，为了达到预期的目标，需要我们制订一系列的计划，而对于这一系列计划的实现，必须有一个合理的时间安排，也就是说，在校期间要将每个学年的目标进行分解，步入社会后要将一个大的目标分解成若干个小目标，在不同的时间段，完成对应的任务，实现目标的每一步都有明确的安排，这样不但有利于分阶段、有目的地完成计划，同时也有利于时刻检验目标的完成情况。

五、评估与反馈

制定具体的实施策略之后，看似职业生涯规划的步骤到此结束，其实只是开端，正所谓计划赶不上变化，在每一步实施的过程中可能会发现职业生涯规划目标与我们原来制定的有所偏差，这时需要结合外界各种影响因素随时进行调整。评估与反馈就是一个再认识、再发现的过程，是我们为了达到预期目标，圆满完成规划的一大保障。在职业发展的道路上，理想与现实脱节，目标与外界环境不符等情况时有发生，只有客观理性地分析现状，不断地反省并对规划的目标和行动方案做出修正或调整，才能保证最终人生理想的实现。

模块 2：大学生职业生涯规划书的撰写与修订

一、职业生涯规划书的撰写

职业生涯规划书的撰写过程是规划者根据自身的需要，针对具体情况建构文书编制职业生涯经过的程序。这个过程主要包括确立制订目的、安排内容结构、收集信息并展开分析、拟稿和修改四个步骤。

(一)确立撰写目的

撰写职业生涯规划书最根本的目的是帮助自己全面客观地了解自己、了解社会，根据兴趣爱好、能力特长、性格确定自己的发展方向和目标。职业生涯规划书的制作首先就是帮助自己分析环境及自身优劣势，明确个人的职业目标，为自己未来的职业选择和抉择提供依据和参考。目前政府组织职业生涯规划大赛，其实也是为了唤醒大学生的职业意识，增强大学生的危机感，推动大学生就业。

(二)安排内容结构

内容结构的安排应该服务于撰写目的以及个人的实际需求，可繁可简。简单的职业生涯规划书其实是一个计划书，主要是对未来发展目标的安排和打算，宜采用表格式或条例式结构。复杂的职业生涯规划书通过分析与论证确立职业目标，宜采用论文式结构。

(三)收集信息并展开分析

不论是了解自己，还是了解社会，都要在掌握大量资料、事实、数据的基础上进行。因此，收集信息并展开分析是职业生涯规划的关键环节，也直接决定着职业生涯规划是否切实可行，是否真实有用。收集信息的渠道主要有以下几个方面：

互联网。互联网上关于社会、职场的新闻是了解外部环境的重要窗口，能够为外部环境分析提供有效信息支持。但互联网上也充斥着虚假信息，利用互联网上的信息时必须有一定的鉴别力，去粗取精、去伪存真。

书籍文献。书籍是人类进步的阶梯，是知识、经验的总结和概括。一些职业规划方面的书籍文献能够帮助大家了解职业生涯规划该如何实施。

测评系统。一些专业测评的系统，如 MBTI 性格测试、霍兰德职业倾向测试等可以帮助我们更好地了解自己，深化对自己的认识。

身边的亲朋好友。有时候“当局者迷，旁观者清”，自己身边的人(父母、教师、朋友、同学等)的评价，最能反映自己的个性特点。但以上信息不应该孤立使用，应该合理充分整合。

(四)撰写和修改

在前期大量准备的基础上，可以根据自己确定的思路，草拟职业生涯规划书。撰写的过程要注意以下两点。

(1)不要写写停停，要尽可能一气呵成。应当集中一段时间撰写，力求一次性完成。

这样才能使自己的思路连贯、条理清晰。

(2)要注意强化语言的表意功能，做到用词准确精当。职业生涯规划书初稿撰写后，需要反复推敲，进一步修改完善。一经撰写完成，就需要采取行之有效的步骤去一步一步实现，毕竟规划再好，如果没有具体行动，仍是一纸空文。

二、职业生涯规划书撰写的格式和内容

(一)职业生涯规划书的格式

在遵从一般应用文写作规律的前提下，职业生涯规划书的格式可以不拘一格。职业生涯规划书的常见格式主要包含：表格式、条例式、复合式、论文式。

(1)表格式。表格式的规划书为不完整的职业生涯规划书，常常仅写有最简单的目标，可以较好地包含所有分析与论证的全部过程，一目了然。重点涵盖自我认识与评价、分段实现时间、职业机会评估和发展策略等项目，有的只相当于一份完整的职业生涯规划书的计划实施方案表，适合作为日常警示使用。

(2)条例式。条例式的规划书涵盖职业生涯规划的主要模块，但大多数只有简单的表述，没有详细的材料分析和评估，文章精练，但逻辑性和说理性不强。

☞【导入案例】

某大学生的职业规划书——条例式

①某高校女生，文法学院英语专业，校级优秀学生干部，英语翻译协会主席，校级十大年度新闻人物之一，通过全国英语六级，多次参加演讲、创新创业等比赛；家庭经济状况一般；身体健康；性格较外向，但不是特别活跃，喜欢安静。

②最想成为一名老师，这不仅是儿时的梦想，而且比较喜欢这种职业；其次可以成为翻译公司的一名专职翻译人员。

③做过家教，虽然不是自己的专业，但与孩子交流有天生的优势，当学生成绩进步时很有成就感；曾在翻译公司实习，但对翻译工作不是特别热爱。

④近几年都有学校来系里招聘英语专业的教师。但随着英语专业硕士研究生的培养，招聘本科英语专业毕业生从事教师工作的学校越来越少；现今英语行业需求量较大，特别是翻译和同声翻译领域，根据自身情况及所取得的成绩在英语单位就业不成问题。

⑤目标是到学校当老师，自己有这方面的兴趣和理想，在知识和能力方面并不欠缺，并且自己有信心成为学生心中理想的好老师。

(3)复合式。复合式的规划书就是表格式与条例式的综合。综合运用表格式和条例式的优点，使规划书具有较好的适应性和实用性。但复合式的规划书结构比较复杂，多做简单的表述，没有详细的材料分析和评估。文字简练，但逻辑性和说理性较弱，即表格式和条列式的综合，设计不好，容易给人凌乱的感觉。

☞【导入案例】

某大学生的职业规划书——复合式

详细执行计划如下：

①二年级在学好专业课的基础上，通过计算机二级、英语四级考试。

②三年级在临床实习期间，虚心求教，将理论与实践相结合，提高护理操作技能。

③在掌握技术的同时，要提高社会适应能力，做好踏入社会的准备。

④毕业后第一年掌握基本护理技能，了解护理精神，并取得护士资格证。

⑤毕业后2~5年，主要做好职业生涯的基础工作，加强沟通，虚心求教。抓住机遇，经过不断的尝试、努力，初步找到适合自身发展的工作环境、岗位。在工作上要做到不仅能掌握护理的所有技术，而且能熟练运用，最重要的还是要取得护师资格。另外还要经常锻炼身体，形成良好的、有规律的个人生活习惯。

(4)论文式。最完整的职业生涯规划书通常采用论文式，以数据调研和调查结果为依据。对职业生涯的主要内容进行翔实的分析与论述，逻辑性与说理性强。论文式的职业生涯规划书能够对一个人的职业生涯规划做全面、详细的分析和阐述，是一份研究自己未来发展道路的可行性分析报告。

☞【导入案例】

一名程序设计师成长的梦想

学校：湖北某理工学院；专业：软件工程；姓名：贺某。

(1)家庭背景与成长经历。

父亲是一名普通的工人，培养出了他和哥哥两位大学生，他从小就很喜欢计算机，通过他的哥哥，他了解到了“技术”这个词语，所以他立志长大后要成为一名高级技术人才。但当时还小，对技术型人才这个概念还很模糊。后来上了初中、高中，学校开设了微机课，贺某学习了一些简单的Word、Excel基础知识，从此对计算机技术产生了更加浓厚的兴趣。后来他哥哥成为了北京某大学的学生，毕业后，他的哥哥在某科技公司工作，生活水平非常高。他从哥哥那里了解到，电脑上一些神奇的功能都是程序员通过复杂的代码来实现的。在与哥哥的交流中，贺某对他的专业有了更深层次的理解。从那时起，他便将理想职业定位为程序设计师。凭着对电脑知识的热爱，他报考了湖北某学院人工智能系，学习软件工程专业。

(2)目标评估。

贺某想从事的职业是程序设计师。

已具备该职业必需的态度：性格开朗、诚实正直、责任心强、适应能力强、具有一定的领导能力、良好的沟通能力、较强的创造力和组织能力，具有较强的团队合作精神。还需要逐步加强的该职业的必需态度：开放、灵活、多方面地看待问题，理智、客观地看待周围的人和事等。

(3)性格和兴趣分析。

通过 MBTI 测评，贺某的人格类型为 INFJ 型，分值分别为：内向 17 分，情感 3 分，直觉 8 分，判断 7 分；成功愿望 95 分，影响愿望 64 分，挫折承受 94 分，人际交往 64 分，属于主宰型、开拓型，兴趣领域识别为复合型，组织能力较强，懂得怎样处理人际关系。根据测评和自我分析，其最感兴趣的专业为：软件开发、多媒体、美术设计；最感兴趣的职业有 3 种：程序设计师、室内设计师和项目经理。测评结果说明其适合做程序设计师这一职业。

(4)技能评估。

企业程序设计师招聘的基本要求如下；

①大学本科以上学历，计算机软件相关专业；

②具有四年以上的开发经验；参与过大、中型项目，并参与核心设计开发者优先；

③精通 Java 开发，有 B/S 架构开发经验；

④熟练使用 Eclipse 等主流 IDE；

⑤精通主流关系型数据库 Oracle、Postgresql、MySQL 等中的至少一种；Struts2、Spring MVC、Spring cloud、Hibernate 等中的至少一种；

⑥精通 JQuery、Extjs、JSP、JavasScript、CSS 等前端技术；

⑦具备一定的程序编写、调试功底，思维严密，编程风格良好；

⑧品德端正，性格开朗，身体健康，责任心强；

⑨具有较强的系统分析和设计能力、程序性能分析能力；

⑩具有良好的学习素质，喜欢研究新技术，良好的沟通能力及团队合作精神；

结合这些要求，对贺某的技能评估如下：

①湖北某学院人工智能系，接受了正规的软件技术培训。

②目前是大二学生，对 C 语言编程、Python 编程、数据结构等方面较为熟悉，成绩非常突出，但掌握得不够全面，从长远发展来看还需要提高学历和知识储备。

③在语言方面仍需要不断加强。计划在大二过英语四级，英语口语能力得到提升。

④贺某一直崇尚的就是团队精神，但在为人处世方面还需要加强。

⑤性格开朗、愿意与别人交流、积极进取、诚实、正直、勤奋、踏实、责任心强一直是其特点。

(5)职场分析。

①可行性分析。

第一，个人就业资源。从小的梦想就是做计算机技术人员，因此其兴趣爱好与选择的程序设计师这一职业相匹配，其职业测评的结果也说明了这一点，其特长与职业也是相匹配的。随着专业知识的不断学习，语言的不断加强会为他的就业打下良好的基础。同样，贺某的人生观与价值观和职业也非常匹配。他一直在有意培养自身的组织能力，贺某的性格也为他之后在团队中合作带来了天然优势。

第二，职业环境因素分析。程序设计师这个职业工作强度大，需要有娴熟的专业技能，有较强的语言能力、团队精神、组织能力，因此初步判定其可以胜任这个职业。

②信息整合。

第一，了解劳动力市场变化趋势。能够熟练编程的技术人员或基础程序员，称之为“软件蓝领”，蓝领的短缺是世界软件行业发展的“软肋”。因此，预测当贺某毕业走向社会时，就业前景是相对乐观的，这也是他选择程序设计师这一职业的重要原因之一。

第二，产业和行业的变化趋势。我国软件产业需要大量有创新能力的人才，只有有了创新人才才能从整体意义上促进我国软件的开发与利用，企业更注重其创新能力、技能以及做项目的经验。这就要求贺某在毕业后需不断地积累经验、开拓自己的思维方式、提高自己的创新能力，而最有效的方法就是从底层做起，扎实基础，多了解有关专业方面的书籍，开拓自己的眼界。

第三，职业发展轨迹。毕业后先进公司进行实习，然后做 3 年程序员，2 年高级程序员，2 年程序辅助设计师，最后实现职业程序设计师的理想。

第四，职业选择研究策略。贺某理想的就业公司就是某科技公司。因为其哥哥在那工作，他对该公司有一些了解。

③做出策略。

第一，职业长期目标：程序设计师。

第二，短期目标：期末考试保持前三，大二过英语四级。如遇特殊情况，如期末没有进入前三，贺某应找出不足之处，及时反思，加大对落后学科的学习，争取下次成功；若大二没过英语四级，则加大英语的学习力度，争取下次成功。

第三，时间管理。根据程序师这一职业的要求，贺某将大学三年的时间做了以下管理：大一多参加学校、社会组织的活动，锻炼自己的综合素质，利用假期学习专业的程序设计知识，多找程序开发的兼职工作，体验工作过程，同时专业课要学好，因为大一是基础；大二主攻英语，通过 CET-4；大三目标锁定在自己能够独立开发程序上，提高知识储备、职业技能，搜集公司信息。

(6) 求职策略。

①了解政策环境。因为软件业在中国属于初期阶段，因此武汉对软件人才的优惠政策有很多。

②设计一套完整的求职策略。一般招聘信息可以从网上搜索、报纸杂志、电视广告以及老师、朋友、家人介绍等途径得来。一般而言，软件业有 60%~90% 的岗位是经人介绍推荐或直接上岗或进行实习的，比在网上搜索后投出简历的方法更有效；在同等水平上，公司更愿意接纳了解它的员工。

③聚焦未来。

第一，对未来职位的满意度评估标准。根据现在市场的情况，毕业后贺某可以接受的职业收入须满足每月 8000 元以上的标准，公司要有良好的企业形象和社会评价，要有成型的项目及任务分工，同事之间相互帮助，可以充分发挥个人的想象空间。

第二，生涯规划的后备调整方案。

找到工作，实习不合格怎么办?

贺某会在听取用人单位对自己的整体评价后，弥补自己的不足，进行更全面的学习后，再尝试应聘其他公司。

企业不适合自己，怎么办?

第一种方法：再找其他效益更好、更适合自己的企业单位。第二种方法：找亲人、朋友等相关人士一起合资创业。工作几年得不到提升怎么办?主动与上级领导进行沟通，问清事情的真正原因，主动改正，争取在最短的时间内，让领导看到自己的进步。

☞【拓展训练】

基于贺某的案例，通过数据调研和信息收集，对职业生涯的主要内容进行分析并撰写一份自己未来发展的职业规划书。

(二)职业生涯规划书的内容

职业生涯规划书是对职业生涯规划的书面化呈现，不仅能梳理大学生的宏观规划，还能对具体的学习和工作起到指导和鞭策作用。一份完整、翔实的职业生涯规划书，既是深思熟虑的考量，又是人生奋斗的见证。按照参加职业生涯规划设计大赛的作品标准，职业生涯规划书的主要内容通常包括以下几点。

(1)封面。封面注意作品的名称，可以在封面插入图片和警示格言，署上姓名和年月日。封面用较厚实的纸张打印，既可以给人以庄重感，又可以增进文本的耐磨性。

(2)扉页。包括个人姓名、籍贯、年龄、性别、学历、专业、所在单位、通信地址、联系方式等，也可以在扉页放入个人照片。

(3)目录。介绍职业生涯规划书的主要内容构成，同时反映自己的分析思路和整体框架。

(4)自我认识与评价。包括对家庭因素、学校因素、自身条件及个性、兴趣爱好、能力特长及发展潜力等方面的测评结果。自我分析过程中，应该有对自己职业生涯产生影响的一些人的评价和建议。

(5)职业环境分析。包括对政治环境、经济环境、法律环境、职业环境和组织环境的分析。对外部环境的分析可以适当地取舍，突出职业环境和组织环境，分析完成以后应该有一个简单的总结。

(6)职业目标定位。根据自己对外部环境和自身特点的分析，确立职业发展方向，结合自己可能面临的职业发展机会并评估，做出职业选择和职业决策。

(7)实施策略。实时策略是将职业生涯目标按照时间段进行层层分解，并根据每个阶段的特点，提出具体可行的实施方法。

(8)职业生涯的评估和修正。对于职业发展状况按照一定的时间周期进行评估，并根据评估的结果修正自己的职业进程和阶段目标，同时预计职业生涯可能出现的危机，并进行危机干预准备。

(9)结束语。最后对职业生涯规划的整个过程进行总结，坚定个人发展的信心，对未来进行展望。

三、职业生涯规划书的修订

大学生的知识、技能、社会适应能力在不断增长，理想、价值观以及追求的职业目标在不断变化。我们身处的世界无时无刻不在变化之中，远到社会经济结构的发展、科学技术的飞跃、政治形势的突变、国家政策的调整；近到企业组织的制度调整、机构改革，乃至个人家庭、健康水平的变化，所处的环境存在太多影响个人目标制定的客观因素。外部因素和内部因素的变化都可能干扰我们事先的规划，是按部就班还是适时而变，关系到职业规划的有效性。职业规划的修订是个人对自己不断认识的过程，也是对社会不断认识的过程，是完善职业生涯规划的重要手段。通过对职业生涯的不断评估，自觉地总结职业生涯发展目标过程中的经验和教训，确保各个阶段目标的实现及实施进程的推进，进而保证职业生涯规划的阶段目标与总体目标的有效性。

修订的主要内容包括职业的重新选择、职业生涯路线的选择、阶段目标的修订、人生目标的修订、实施措施与行动计划的变更等。

(一)职业方向的修正

通过对评估结果的详细分析，我们会发现自己的职业生涯发展不顺利的原因是方向错误或是对内外环境缺乏客观的分析，或是缺乏对工作真实的体验。方向的正确与否是职业生涯是否成功的关键，这就要求我们必须重新进行自我认识和评价，重新评估外在环境，从而重新做出选择。

(二)计划和措施的修正

及时地调整自己的计划和措施是保证目标实现的重要因素。在分析自身实际与目标之间的差距之后，我们需要制定一些具体的措施，如参加专业技能培训、选择进修、参加实践锻炼等，这些措施可以具体到参加何种技能培训班，选择哪个老师、哪本教材进行学习，去哪家单位的具体岗位实习锻炼。

(三)行为和心理的调整

在职业生涯发展的过程中，要善于调节自己的心理，保持自信、坚持、乐观的最佳状态。通过不断地修正，我们可以进一步增强对自己强项的自信，对自己的发展机会有一个清楚的了解，找出关键有待改进之处，并制订详细的行动改变计划，确保能取得显著的进步和职业成就。

总之，大学生职业生涯规划是一个持续动态的过程，有效的职业生涯规划需要不断地反省修正自己的职业生涯目标，反省职业生涯路线、计划、措施是否恰当，是否适应环境的改变，同时可以作为下一轮规划的参考依据。因此，要以发展的眼光来看待职业生涯规划，将职业发展与职业生涯发展联系起来，在不断探索、进取和调整中实现自己的人生价值和社会价值。

大学生职业生涯规划书撰写后，就会形成一个暂定的职业发展目标，以及为实现这个目标而制定的行动方案。这个行动方案以提升自己在特定职业目标上的就业能力为焦点，应当规划好自己在大学甚至研究生期间主动的学习和实践内容。通过结合阶段性的职业目标、不断积累实践经验、向自己的终极目标不断靠近。掌握目标职业所需要的各种技能，为未来真正具备从业功能奠定良好的基础。

四、职业生涯规划书的误区

在现实中，发现部分同学没有把生涯规划当成事关自己人生质量的事情来看待，而是把它等同一个简单的课程作业，应付了事，常存在以下问题。

（一）剽窃他人——重形式、轻内涵

在现实中，有少部分同学懒得从内部环境去分析自己，更懒得从外部环境去分析职业机会，他们或是直接把别人写好的职业生涯规划书拿来抄袭，替换自己的名字和专业；或是东拼西凑，敷衍了事，以应付职业规划老师或素质导师的检查，最终不可避免出现“千篇一律”的现象。

职业生涯规划书不是一叠打满字的纸张或表格，而是关系到个人长远发展的重要事情；是一份对自己的职业生涯、对自己的生活质量负责的“人生责任书”：是一份为自己量身定做、有自己个性的可执行的计划。一些同学不重视通过撰写职业生涯规划书这个重要载体去学习、理解、体会、实施自己的职业生涯规划，把别人的东西硬套在自己头上，结果是要么不去实施；要么实施起来“水土不服”“半途而废”，他们毕业时或是无法顺利地找到适合自己的工作；或是历尽“千辛万苦”找到一份工作，很快又稀里糊涂被用人单位炒了鱿鱼。因为他们不知道自己对职业的需要，不知道为未来的职业做什么准备，更没有为自己的职业生涯做好规划和准备。这样的结局不仅仅是职业规划书不合格这么简单，更严重的是容易导致自己虚度年华，学无所成，学无所用，最后惨败职场，过着暗淡的人生。

（二）光说不做——热得快、冷得更快

一些同学在撰写自己的职业生涯规划时，非常兴奋和激动，热情高涨，这是件好事。但是令人遗憾的是他们不能持之以恒。不到一两个月，“心血来潮”过后，或是找不到自己的职业生涯规划书，不知把它放到哪里去了；或是把职业生涯规划书的内容和要求抛到九霄云外去了，忘得一干二净；更不用说对照职业生涯规划书去实施、评估、动态调整里面的内容了。

（三）高估自己——目标高于能力

大多数人对“不想当将军的士兵不是好士兵”的理解过于盲目。现实生活中的真实情况是，将军的位置很少，如果大家的现实目标都是当“将军”，那么这种主观愿望就会与客观条件产生差距，容易使个人在执行计划时遭遇“落差”。有些人认为，只要把本职工作做好就可以升任主管，其实不然，优秀的运动员不一定是好教练，一些表现优异的工程师、销售人员等升任主管后却表现不佳，就是因为主管还需具备专业技术以外的能力，如领导决策能力、协调组织能力等。

在校大学生也容易犯此类错误，在制定个人职业生涯规划书时，没有从实际出发，过高估计自己的能力，对目标，尤其是短期目标想当然地定得过高，结果造成在实施过程中“难度系数”过高而处处碰壁，人为形成浓厚的畏难情绪，对职业生涯规划书的执行失去信心。

因此，注意撰写职业生涯规划书不要随便过高估计自己的实力，目标要从实际出发。

☞【导入案例】

武汇，女，21岁，大学三年级，国际经济与贸易专业。武汇从小就深受老师喜欢，成绩优秀，多才多艺，特别是演讲能力超群，经常代表学校参加竞赛，并多次获奖。高中曾以第一名的成绩担任班级学习委员，但是后来由于多种原因导致高考发挥失常，最后被一所普通本科院校录取。武汇入学后很快脱颖而出，学习成绩名列班级前茅，担任班级班长、院学生会副主席、创客俱乐部副主席等职务，获得湖北省互联网+创新创业大赛金奖、挑战杯大学生课外学术科技作品竞赛铜奖等多个奖项，并获得励志奖学金、校长奖学金等各项奖学金，是德智体美劳全面发展的好学生。

武汇参加学校组织的大学生职业生涯规划大赛，做了认真的思考与准备，但还感觉思路不是很清晰，还有些困惑的问题。困惑一：武汇在学习过程中发现自己不是很适合做国际贸易的工作，她觉得自己的性格、学习风格、活动爱好都十分倾向行政管理类职业。于是她希望自己毕业后向行政类、管理类工作发展，但又担心自己在这类职业上的竞争力不够，同时又想根据大学创新创业经历去从事创业活动，希望有人点拨。困惑二：她对自己的学历一直不太满意，想通过考研考一所好的学校，提升自己的学历层次，另外也想考自己感兴趣的行政管理或创业管理类专业研究生，为自己的将来发展打下坚实的专业基础。同时她也认为考研要投入很长时间的学习，如果选择创业管理专业考研，跨专业考试，把握也不是很大。如果考不上，可能会错过好的工作机会，所以不知该如何决定。

☞【拓展训练】

(1)阅读上述案例，你认为武汇不知该如何决定的原因在哪里？

(2)认真领会下面关于大学生涯规划书撰写注意事项。

职业没有高低好坏，只有适合与否。只要符合自己的兴趣、人职匹配，而且自己能完全胜任的职业就是好职业。职业伴随人生三分之一的时间，倘若从事自己没有兴趣的工作，将无法坚持下去。挑选有较高效度和信度的人才素质测评软件进行测评；制定的职业目标要具有合理性；措施要有可行性；如果职业规划书要在同学中交流，无论是行文的风格、叙述的方式、文案的设计等，应体现自己的风格和特色；职业认知是职业规划中确定职业目标的重要环节，应该增加社会实践、见习和实习，让职业认知更具可行性。

根据以上撰写注意事项，你认为还需要注意什么，若有见解，写下来，并在自己规划书上体现出来。

(3)综合实践。

①拟定一份详尽且可行的职业生涯规划设计书。

②把自己职业生涯规划书的主要内容制作成PPT，用5~7分钟时间向同学们展示。

单元十一　职业生涯规划实施

模块1：大学生职业生涯规划的任务

一、不同阶段大学生的职业规划任务

(一)第一阶段

大一上学期的学生完成了从高中生到大学生的角色转变，经过了高考的洗礼，他们踌躇满志，怀着对大学生活的无限向往，满怀信心地走进大学校园，真正开始考虑自我、探索自我、认识自我。

从职业发展准备的情况来讲，进入大学后对自己的兴趣、气质、性格、价值观、职业能力和职业倾向进行初步的探索，为确定职业目标奠定基础。如果自己尚不明确，可以利用相关测评工具帮助自己进行自我认知。

(二)第二阶段

大学生对原有的新环境的适应压力逐渐消退，已经掌握了其中的规律，开始完全适应大学生活；初步建立了一定的人际关系，并且开始关注自己的成长，积极参加各种活动，进行能力提升训练。大学生们已经认识到探索的重要性，并积极开始行动，对于自己的性格、能力、优势、劣势、职业兴趣以及将来的职业方向、社会对人才的需求情况、社会各类职业的发展趋势等状况的探索更加积极，也更有实效。此阶段可以开始制定自己的职业生涯规划，其主要任务有以下几个方面。

①了解本专业对应的职业发展状况。

②继续探索自我，利用各种方式和手段了解自己的兴趣、性格和特长，从而根据自身的特点、外界的情况和自己所学的专业来明确自己的职业发展目标。

③根据自己的职业发展目标确定自己的努力方向，制定自己的职业生涯规划。

④围绕职业生涯规划，制定大学期间其他阶段的行动计划。

⑤对规划进行总结、评估与修正。

(三)第三阶段

大学生对自我的认识和社会的认识达到更高水平，职业发展目标更加明确。此时大学生的主要任务是检查职业规划的执行情况，根据变化的情况对自己制订的职业生涯规划目标进行相应的修正或调整。

大学生在较全面、客观地了解自己之后，就需要对自己所在的专业及该专业未来的就业前景、就业方向进行一番详细了解。同时，大学生还需要了解各类社会职业对人才的要求，然后根据这些要求衡量自身的情况，确立自己未来的就业目标。

由于大学生各自的志向和发展方向不同，在大三开始了不同的发展道路。准备考研的同学开始努力备战；想出国留学的学生则向不同的留学机构咨询有关留学信息，积极参与留学系列活动，准备 TOEFL、GRE，注意留学考试资讯，向相关教育部门索取招生简章

参考；想毕业后立即工作的大学生则更加积极地投入各种社会实践活动，培养自己的各种能力和团队合作精神，提高自己的综合素质，考取与就业相关的职业资格证书等；准备创业的同学，更加积极参加各种创业大赛和创业实践活动，提高创业能力，积累经验，了解创业相关政策与法律法规，明确创业方向等。

在此阶段，大学生会发现自己的理想职业与社会可以提供的职位之间的差距。于是，大学生开始思考自己的职业生涯目标是否符合社会实际，重新确立更加现实的符合自己和社会实际情况的职业目标。其主要任务有以下三方面：

①掌握职业生涯的评估方法和修正方法，对自己的职业生涯进行相应的调整，使之更加切实可行。

②寻找适合自己职业生涯发展的有效途径。

③对职业规划做一次全面评估，找出差距，分析原因，列出弥补不足的对策。

二、不同维度大学生的职业规划任务

从三维人才培养的角度将大学期间的规划分为通识素质规划、专业素质规划和创新创业素质规划，不同阶段侧重从三个维度反思自己的进步、成长、收获与缺陷、不足等，明确自己未来努力的方向。

通识素质涵盖：(1)目标：军训、思品、特长、博学、内省、特长、实践等项目学分。(2)措施：一是时间管理；二是毅力、纪律、习惯等培养。(3)目标达成度：针对自己制定目标的完成情况来填写。

专业素质涵盖：(1)目标：成绩、学分、证书、获奖等。(2)措施：一是时间管理：制定周计划表；二是方法：课前、课中、课后。(3)目标达成度：针对自己制定目标的完成情况来填写。

创新创业素质涵盖：(1)目标：创新创业学分、专利、论文、创业项目、创新创业赛事获奖等。(2)措施：一是时间管理；二是方法：科研方法、创新创业方法等。(3)目标达成度：针对自己制定目标的完成情况来填写。

☞【导入案例】

某学生的“三维”学业规划方案

规划	专业素质	通识素质	创新素质
目标	①从成绩上来说，专业课成绩达到年级前10%。 总学分目标：21学分 ②从学分方面来说，除了达到各专业课的基础学分之外，至少两门课程能够拿到超值素质学分。	①思品素质学分，增加0.2个学分。 ②特长素质学分，参加网络知识竞赛等竞赛活动获得0.3个特长学分，任职类获得0.2个学分。 ③博学素质学分。阅读至少三本博学书籍。 ④内省素质学分，基础0.5个学分。	①在创新创业赛事方面积极报名参加互联网+、创青春、挑战杯、三创等创业类赛事。每项赛事进入省赛。 ②申请一项外观专利。 ③每一项创业类赛事都做好准备工作，不出错。

续表

<table>
<tr><th colspan="2">规划</th><th>专业素质</th><th>通识素质</th><th>创新素质</th></tr>
<tr><td rowspan="2">措施</td><td>时间管理</td><td>①每周日 18：00，进行周总结。
②每周日 20：00，进行周计划
③每天 21:00 反思回顾一天的学习感受
④每天早上 7：00，晨读单词，列学习计划
⑤每天中午进行听力练习，持续时间 30 分钟。</td><td>①每周日 18：00，进行周总结。
②每晚 11:30 的时候关灯上床，不管睡不睡得着，但是要养成这个习惯。
③每天 19:00 对今天没有做完的事情进行补充，持续时间 10 分钟。
④每天早上 7:00，按时起床洗漱吃早餐。
⑤每天中午 12：00，午休，调整一天学习生活状态。</td><td>①每周日 18:00，进行周总结。
②每周日 20:00，进行周计划
③每天 21:00，给团队成员开总结会，持续时间 30 分钟。
④每天早上 7:00，列出当天团队任务和个人任务。
⑤每天中午团队交流学习，持续 1 小时。</td></tr>
<tr><td>方法</td><td>①课前积极与班级同学进行沟通。因为这学期是在家里上网课，所以很多信息不是很通畅，因此我需要积极与同学去进行沟通交流，了解大家的学习方法和学习途径。
②课中积极与老师进行互动。互动就是很好的能够了解老师传递信息的途径。
③课后按时保质保量地完成课后任务，对课后作业进行延伸性的拓展和思考。</td><td>①空余时间经常锻炼，身体健康状况和心理健康状况是息息相关的，经常锻炼可以增强我的毅力。
②经常去 B 站和知乎等网站上搜索提高通识素质的方法。自身的力量是有限的，但是借助互联网的力量能够有更多的思路。
③生活中热情帮助别人，因为帮助别人就是帮助自己。当有一天我把帮助当成一种习惯之后，就会内化于心，外化于行。</td><td>①经常开总结会，团队成员分享自己的观点，头脑风暴，选择最佳的解决方案。
②学习创业类赛事的相关资料。如互联网+国赛的路演视频，创青春金奖的 PDF 版计划书。
③和其他优秀团队和往届的学长学姐沟通，讨教经验和方法。
④了解团队成员思想动态，及时调整大家的心态。</td></tr>
<tr><td colspan="2">目标达成度</td><td>①专业学分成绩：
所有课程均拿到相应素质学分。
②从证书方面说，我在家里有坚持打卡单词，但没有每天都坚持。
③荣誉方面，获得了全国大学生电子商务创新创意及创业挑战赛一等奖及最佳创业奖。</td><td>①思品素质学分，获得先进部长等个人荣誉称号。
②特长学分，阅读了关于九信杯营销大赛等相关材料信息。
③博学素质学分，我阅读了两本博学书籍，为下学期的博学测评而做准备。
④内省素质学分，每一次内省演讲之前都写好了稿子，并认真拍摄视频。</td><td>①互联网+、挑战杯、三创等创业类赛事。均已突围校赛进入省赛阶段。
②一项关于创业类赛事的外观专利已申请，并正在受理当中。
③刚进行团队分工的时候，时间安排不合理，后来进行合理分工没有出现错误。</td></tr>
</table>

续表

规划	专业素质	通识素质	创新素质
改进举措	①专业成绩方面，对自身成绩不好的课程进行反思，反思自己到底是哪方面出现了问题。 ②学分方面，对拿到了超值素质学分的课程进行思考，在今后要总结这门课程的经验和方法，同时应用到其他课程上。 ③证书方面，我要给自己制定一个惩罚方案。 ④荣誉方面，带领的团队拿到省级荣誉，但这远远不够的，带团队也出现了很多问题，要及时处理。	①思品方面，我在下学期在学校的时候要积极参与志愿服务活动，不要犹犹豫豫考虑太多。 ②特长方面，我要积极参与学校举办的各类特长活动，完善自己。 ③博学方面，下个学期开学来，每一次博学测评我都要报名，并认真准备。 ④从内省方面来说，以后每一次内心，我要花更多的时间去准备，并且积极在人前讲话，改正容易紧张的毛病。	①从实践出发，了解自己的核心竞争力到底是什么，了解自己的优缺点。 ②提前安排分工情况，在团队成员进行工作之前就跟他们讲清楚，每一项工作是需要每个人去积极主动做的，单靠个人力量是很难完成的。 ③转变思想，不把所有的事情揽在自己一个人身上这样是很难把事情做好的。

(一)通识素质教育规划

近年来，“通识素质教育”越来越受到高校的重视，许多高校设立了“通识素质教育学院”，建立以通识课程和实践为主的通识素质能力培养，大学生通识素质教育主要包括以下几个方面。

(1)思想道德教育。

①认真学习马列主义、毛泽东思想、邓小平理论、“三个代表”重要思想、科学发展观、习近平新时代中国特色社会主义思想。

②参加学校相关部门组织的理论学习活动及形势与政策报告。

③参加以国情教育、革命传统教育、集体主义和爱国主义教育、扶贫支教为内容的主题教育捐助。

④参加旨在提高大学生文明道德修养的校园精神文明创建活动。

⑤参加突出时代主旋律，思想性强，有一定创意的分团委、班级、团支部主题教育活动。

⑥关注社会、关爱他人、奉献爱心的志愿者服务活动。

⑦认真践行《公民道德实施纲要》的内容：爱国守信、明理诚信、团结友善、勤俭自强、敬业奉献。

⑧递交入党申请书，积极向党组织靠拢。

(2)身心健康教育。

①参加心理健康知识讲座，以及相关团体辅导活动等。

②学习掌握心理健康知识，阅读相关书籍或身心健康相关影视作品。

③定期进行心理咨询，关注特殊时期的心理状态。

④多参加集体活动，敞开心扉与人交流。

⑤积极参加各类体育竞赛活动，强身健体，掌握一定的体育运动技能。

(3)人文素质教育。

①参加以弘扬民族文化，以倡导高雅艺术为目标的演出、讲座等系列活动。

②参加以倡导人文精神为目标的读书、演讲、辩论、征文等活动。

③参加一定规模的艺术欣赏活动(声乐、器乐、舞蹈、绘画等)，以及参加学生自创作品展示与评比(自创歌曲、话剧、小品、美术、摄影作品等)。

④观看优秀影视作品和阅读文艺作品(名人名著等)。

⑤积极学习和摄取中华民族传统文化以及世界历史文化。

⑥积极储备哲学、经济、管理类等学科知识。

⑦学习基本公关、礼仪知识，言行举止得体。

(4)实践能力教育。

①参加社会兼职、社团工作、学生工作、勤工俭学、志愿者服务、“三下乡”社会实践、企业实习。

②参加或组织各种文艺、体育比赛，各种征文、演讲、辩论赛等比赛。

③参加各级、各类科学竞赛活动，如挑战杯、机器人、程序设计、数学建模大赛等。

(二)专业素质教育规划

①掌握专业知识及与本专业相关的基础知识，多参加各类实验课活动。

②掌握正确的自然观、科学观和方法论，学会应用唯物主义辩证法发现问题、解决问题。

③崇尚理性思考，敢于批评，坚持认识的客观性和辨证性、追求认识的真理性，坚持理论联系实际。

④掌握和学会使用科学方法。

⑤强化专业实践，参加学院专业实习和专业竞赛。

(三)创新创业素质教育规划

创新创业赛事及实践

①参加创新型的科学竞赛。

②参加全校性学生课外科技创新活动。

③参加新技术、新观点、交叉学科和新学科的高水平学术报告会。

④参加院校两级学生创新创业基地的创新创业实践活动。

⑤参加各类鼓励创新的竞赛、展览和发明创造活动。

⑥参加具有独创精神和学术价值的学生社团、协会和集体。

⑦进行创业团队的组建、创业实践。

☞【导入案例】

选择自己的路

陈某，某学校生物科学院2016级学生，现在为生物信息学专业的研究生。陈某很喜欢生物，小时候就向往着以后能背一个旅行包，去探索大自然的奥秘。母亲希望她学医，父亲希望她读电信专业，她却选择了自己喜欢的生物专业。大一刚入学，她就开始学动物学和植物学，她每天晚上就在寝室描绘各种动植物和它们的细胞图，整整画了两厚本。对于专业学习，陈某颇有心得，像专业课生物化学，老师讲得很快而且发散性很强，很多同学刚开始听不懂就不听了，陈某就在课后花3倍的时间来看课本，晚上基本上泡在图书馆，找另外一本中文教材对照看，把上课的笔记中不明确的地方补充完整，有些错误的地方在旁边批注修改，而且她还找来一本英文经典教材看。这样的学习态度和方法使她的成绩一直保持年级前几名。

陈某毕业后选择了读研，还希望能出国去看看，在新环境中可能会找到对中国现在面临的问题的一些答案。她想从事环保和社会福利方面的工作是因为她很有爱心又外向开朗喜欢大自然，很希望能在这两方面为国家做出一些贡献。她对每年每阶段的生活都有安排和计划，从来不会在考试前一个星期才开始复习，更不会为“我以后要做什么”而迷茫郁闷。陈某对自己今后要走的路非常清晰，并为自己作了详细的职业生涯规划，坚信走适合自己的路，努力追逐生命的精彩！

☞【拓展训练】

(1)阅读案例，可能很多同学都觉得，课本知识的学习以后用处不大，但实际上专业学习的知识体系对今后的自学、研究都打下了坚实的基础，也培养了思维方式和处理问题的能力。你的观点是怎样的？你在大学阶段生涯规划中，都进行了哪些主要任务规划？

(2)社会实践的形式是多种多样的，参加哪些有助于提升自己？为自己将来就业提供帮助就需要首先明确自己想要什么，通过哪些可以得到你想要达到的目标。你的社会实践是怎样的呢？

(3)大学期间除了学业规划、职业生涯规划，还有一些其他规划，如就业、创业规划等。你进行了哪些其他规划？有何收获？

模块2：大学生职业规划的选择与实现

一、职业选择的影响因素

就业是人生发展的重要课题，职业选择对于每个大学生的一生都具有重要意义。大学生职业选择受到多种隐性因素和显性因素的影响，这些因素基本上可归纳为主观因素和客观因素两大类，主观因素主要包括个性、兴趣、能力和价值取向，客观因素主要包括社会评价、经济利益和家庭。

(一)主观因素

由主体内部产生的、与自我意识密切关联的影响因素，包括个性、兴趣、能力、价值取向等，它们往往是左右大学生职业选择的主要因素。

(1)个性。性格、气质是个性当中的稳定因素，性格如何、气质怎样，对大学生的职业选择乃至职业成功发挥着持续作用。以会计这个职业为例，要求从业者严谨细致、思维敏捷。以内向型大学生为例，他们一般不会选择需要较多自我表现、自我强调的职业，如推销员、演说员、律师、记者这类职业。即使选择了这类职业，也会感到极不适应，由此造成的障碍会影响到他们的职业成功，而像理论研究、微机操作等职业对他们有较强的吸引力，因为这类职业较少与人交往，需要高度的细心和耐心，需要在安静和孤独中完成工作。

(2)兴趣。兴趣是指对某件事物表现出来的特定喜好。心理学家认为兴趣是人们力求认识某种事物和从事某项活动的意识倾向。它表现为人们对某件事物、某项活动的选择性态度和积极的情绪反应。兴趣在人的实践活动中具有重要的意义，可以使人集中注意，产生愉悦的心理状态。一个人如果能选择自己的兴趣作为自己的职业，无疑是十分幸福的。

(3)能力。能力是指完成一定活动的本领，包括完成一定活动的具体方式以及所必需的心理特征。能力包括先天和后天两种，先天的能力我们称之为天赋；后天的能力是我们通过学习获得的，我们称之为技能。以自身能力强弱作为职业选择考虑因素，是当今大学生中的普遍现象。通常进行选择时，大学生仍是把能力作为非常重要的方面来权衡。如自己学校层次水平、大学所学专业方向、相关专业知识；自己的可迁移技能，如沟通能力、协调能力、组织能力等；自我管理技能，如是否细心等。

(4)价值取向。价值取向是一个人意识系统的核心部分，而且在根本上制约着主体因素的其他方面。它是隐藏极深的稳定因素，不易被观察和感觉到，但这丝毫不妨碍价值取向成为影响大学生职业定向与选择的重要因素。价值取向是价值观的具体化和方向化，价值观是一个人对各类事物的一般性态度，这种态度表现出比较明确而单一的趋向和情感，便成了价值取向。随着价值观的基本定型，大学生的价值取向也基本定型。具体到职业认识领域，大学生对某种价值的追求与排斥，对某类事物的偏好与厌恶，对某种情感的向往与躲避便成为价值取向中与职业最密切的部分。一个大学生可以为了维持生计而工作，为了避免生活空虚而工作，或者为了实现自己的梦想而工作。在大学生看来，一种工作可能具有多种意义，这些意义直接作用于职业定向与选择。排除现实职业，仅仅考察职业追求，这种追求无不是大学生价值取向的表现，或者说对某种价值的追求。一类职业必然体现为一定的价值，必然为一定的价值所支撑。从价值角度而言，如果职业现象底下的价值支撑荡然无存，那么这类职业就丧失了存在的意义。与其说大学生追求物质实惠型的职业，不如说这是对现实生存的关注、对经济利益的渴望，而这也恰恰成为大学生对工人、农民等低收入职业群产生强烈排斥态度的价值取向原因。一部分大学生之所以对精神实现型职业有强烈向往，并不是因为他们对现实生存和物质实现采取漠视甚至否定态度，只是因为他们价值取向结构中精神需求和精神实现超过了物质需求和物质实现，仅仅在于价值观结构中的精神性因素在职业选择中占据了优势地位。

以上是从大学生主体这一角度谈到了价值取向对职业定向与选择的影响。其实，大学的价值取向、职业社会的价值取向和家长的价值取向都参与了大学生职业定向与选择的构建过程，只不过它们都已融入了大学生主体的价值观系统，成了其价值观系统的一部分。

(二)客观因素

职业选择中环境因素的总和，也包括职业本身因素。如果说主体因素起着基础性作用，那么客体因素则发挥了制约和平衡的牵制作用。

(1)社会评价。大学生身处象牙塔中，并不是生活在真空状态。职业社会对各类职业所持的倾向性态度总会通过传媒、习惯、舆论等各种渠道渗透到大学生职业评价心理中，成为大学生社会化认识的重要一面。尽管我们经常会听到关于“职业分工不同，职业没有高低贵贱”之类的强调，但是，在现实社会中，人们实际普遍地存在着职业高低贵贱之分的认识，这种认识即是职业的社会评价。职业的社会评价受到社会心理的强有力制约。一般来说，有什么样的社会心理，就有什么样的社会评价，尤其是在传统心理仍然根深蒂固的当代社会，职业的社会评价往往体现出浓厚的传统色彩和保守色彩。这一点越是在不发达地区，便越是明显。

(2)国家政策。近年来，选择职业虽然以自主择业为主，但是国家的政策仍然起着重要的调节作用。而且，随着高等教育大众化进程的推进和毕业生就业制度改革的深入，国家各部门包括发改委、财政部、公安部、人事部、劳动保障部、民政部、共青团中央等众多部门都针对新形势下大学生就业问题出台了一系列新的政策，在培育市场、支持基层就业、就业见习和创业培训等方面给予了广泛的关注和政策支持，并以相关的法律、法规为指导，结合学校在就业方面的规章制度对高校就业工作进行指导。这些政策的规定和相关的法律法规在宏观上对大学毕业生就业起调控作用，引导大学生的就业行为朝着稳定、规范的方向进行，因此也必然会影响到大学毕业生的职业选择。

(3)经济利益。经济利益在当今大学生职业选择中扮演着愈加重要的角色。发展中的商品经济必然导致金钱意识的提升，这是一个好事，又不仅是一个好事，这中间存在着极大的转换性和可能性。说它是好事，是因为职业必须具有物质激励才能保持长久的吸引力，否则将无法获得选择者的青睐。说它不仅是一个好事，是因为金钱意识如果一味膨胀，必然损害许多职业的本色，职业将不再是“职业”，而蜕化成获取经济利益的工具。有人曾说，在当代中国社会，金钱扮演着上帝的角色。此言放在一部分人身上可以，倘若用于全体(包括大学生)则不免过激。但是，金钱意识的迅速扩散和增强却是任何人都不可否认的事实。

对于刚刚走出象牙塔、尚未迈入社会的大学毕业生来说，第一份工作的收入可能与预期相去甚远，只能在其能力范围内追求经济收入，获得经济收入。但是，如果大学生付出的劳动不能以合理的经济报酬加以实现，就会促使其重新选择职业，并且将经济利益放到其考虑因素中更加重要的位置，因此经济杠杆在当代大学生职业选择中发挥着举足轻重的作用。

(4)家庭环境。家庭在人生大事上会留下深刻痕迹，其中，大学生职业选择就融合了家长意志。父母可能会根据自己的人生经验给予子女相应的建议与指导，大学生也会在父母的熏陶和潜移默化中影响自己职业的选择。

职业选择对于每一个大学生的一生都具有十分重要的意义。尽管大学生的职业选择受到多重因素的影响，但是大学生经过多年学习，必须从第一个职业选择开始。经过现实职业尝试后，他们发现了适合自己特征以及与自己能力相适应的职业。或坚持首选职业，或做出职业修正，直至寻找到合适职业，也就是在这一过程中，大学生的职业意识完全现实化，职业能力与职业要求、职业现实与职业理想才能获得平衡。

二、职业选择标准及原则

(一)职业选择的标准

(1)个人兴趣与爱好。能否发挥个人专长，是否符合个人兴趣与爱好，是广大毕业生关注的重要问题。大学生只有在职业选择与个人状况的结合匹配合理时，才能够“干一行，爱一行”。

(2)单位性质及发展前景。很多大学毕业生受社会舆论对职业评价等的影响，对用人单位的性质和单位的发展前景有所考虑。毕业生注重单位的发展前景，既看眼前，又顾及长远。据调查，政府机关、金融机构、高等学校、国有企业深受毕业生们的青睐。

(3)工资收入水平。一般来说，人才的价值应该在经济收入上表现出来，大学生择业时常把工资收入水平作为重要的因素来考虑。但是，大学生在择业时要目光长远，决不能一味追求高工资而忽视其他选择因素。

(4)单位的地理位置。大学毕业生择业考虑的另一个问题是工作单位所处的区域。选择在大城市、沿海开放城市就职有一定的优越性，生活方便、条件优越，再学习、深造的机会多。但是也应该考虑到，这些大城市的大公司、大机关人才济济，专业人员齐备，毕业生工作压力相对较大。边远地区和中小城市的工作单位虽然条件相对较差，比较艰苦，但由于缺乏人才，因而对大学生极为重视，毕业生的才能有充分发挥的余地。

(5)继续深造的条件和机会。大学生从学校毕业出来，知识面还是有限的，要在今后求得发展，有所作为，必须在工作中继续学习，补充新的知识。因此，择业时很多人要考虑用人单位是否具备学习深造的条件和机会。

(6)自身发展机会。毕业生到用人单位工作后，在预期时间内可以取得什么样的业绩或晋升到什么职位，这可以根据该单位的发展前景、人事管理制度和培训计划机制等对其的发展机会做出判断。

(二)职业选择的原则

大学毕业生在就业过程中，能否掌握正确的职业岗位选择原则，不仅关系到个人能否找到合适的职业岗位，而且影响到个人的成长、成才和职业理想的实现。在具体的职业选择过程中，每个人都希望找到一份与自己兴趣、爱好、能力相当的职业，这是可以理解的，然而要实现这种理想却又不那么简单，因为就业是一项关系到社会、经济、文化以及家庭等诸多因素的复杂工程，不是单凭主观意愿就能解决好的。

(1)符合社会需要的原则。一个人在选择职业岗位时，把社会需要作为出发点和归宿，以社会对自己的要求为准细，去观察、认识问题，进而决定自己的职业岗位。虽然大学生就业实行双向选择、自主择业，但自主择业是相对的、有条件的，并非可以不顾社会需要，一味地追求“自我设计”。一方面，社会的发展，科技的进步，经济的繁荣需要广大学生为之奋斗；另一方面，社会是由人构成的，社会需求本质上就是人类的需求。在现实生活中，个人需求的内容无论怎样多，个人需求结构无论怎样复杂。它总是受现实社会要求的制约，人们正是通过不同的职业活动，在满足社会需要的同时，也在满足者个体的需要。社会的每一步发展，都是上述职业活动共同作用的结果。

(2)发挥个人能力优势的原则。一个人在选择职业岗位时，综合考虑自己的能力情况，根据自身的特长和优势选择职业岗位，以便在职业岗位上能够顺利、出色地完成本职工作。选择职业时，要结合自己的专业所长和个人能力进行选择。同一专业的同届毕业生，由于个人的情况不同，能力也有差异，根据不同的能力选择不同的职业岗位，是充分发挥个人素质优势的最佳体现。比如，有的人语言表达能力较强，适合搞教学、宣传工作；有的人研究能力较强，适合搞科研；有的人组织能力较强，适合领导或管理工作；还有的人文字表达能力较强，适合从事文秘、编辑等工作。由此可见，根据自己的能力所长选择职业岗位，既是胜任工作的需要，也是发挥个人最大潜力、进行创造性劳动的需要。否则的话，事与愿违，功不成、业不就，就会耽误事业与前程。

(3)适当考虑性格、兴趣特点。就性格本身来讲，并不能决定一个人的成才方向和成就的高低，同一性格的人，有的可能很有作为，有的则可能一事无成。性格相异的人也可能在同一领域、同一职业中成才。但是，在选择职业岗位时，适当考虑自己的性格特点，充分发挥性格所长，则是十分有必要的。比如在职业活动中，有的人是用理智去衡量一切并配合行动，这样的人就适合从事基础理论研究工作；有的人很有主见，并善于发现问题和解决问题，这样的人就较适合从事科学研究或领导工作。

(4)分清主次、着眼发展的原则。在就业选择过程中，摆在毕业生面前的选择是多方面的。比如单位性质、工作条件、生活待遇、工作地点、使用意图、发展方向等诸多方面，不可能每项都满足其心愿，重要的是在择业过程中怎样权衡利弊，分清主次，做出抉择。切不可因一味求全，急功近利，只看眼前实惠而失去好机会。

☞【导入案例】

学霸滑雪少女：谷爱凌

2022年2月8日，中国籍滑雪运动员谷爱凌，夺得自由式滑雪女子大跳台冠军！大家都说，属于谷爱凌的时代已经开启！谷爱凌也被冠以“天才少女”“学霸运动员”等称号。

翻开谷爱凌的履历，的确光彩熠熠。9岁就拿了美国少儿组滑雪冠军。13岁第一次参加成人组比赛，就夺得了冠军。15岁谷爱凌又登上了国际雪联年度积分榜榜首，引起了国际上的关注。16岁前，谷爱凌就拿了50多枚金牌，包括9个全美冠军。

虽然各种奖杯拿到手软，但是滑雪并未影响谷爱凌的文化课成绩。2020年12月，谷爱凌以SAT总分1580分(美国SAT总分1600分)，成功考入心仪的斯坦福大学。除此之外，谷爱凌兴趣爱好广泛，除了滑雪，她还擅长篮球、钢琴等，妥妥的“别人家的孩子”，德智体美，全面发展。

谷爱凌说："我太喜欢滑雪了！柔软且颗粒状的雪在我的雪板下流过的时候，我感觉自己无所不能，与众不同；滑雪飞起来的感觉，是最上瘾的；有没有奖牌，比不比赛，我都喜欢滑雪！"

三、就业与职业理想的实现

毕业生要想顺利就业并实现职业理想，还需要对求职的一般程序有深入的认知。很多大学生认为，在求职时只要写好简历、做好面试准备就万事大吉了。这种观点并不正确，因为在求职择业的过程中，毕业生不仅需要了解就业管理部门及学校的工作程序，同时自身也应当遵循合理的择业程序，以便最终达到顺利就业的目的。对于大学生而言，一个完整的择业过程至少包括自我分析、确立目标、收集信息、材料准备、笔试面试、签订就业协议、报到就职等环节。

（一）确定职业目标

从广义范围来说，大学生应该在自我分析的基础上需要确定的择业目标包括三个方面。

(1)行业选择。是打算在自己学的专业领域内就业，还是选择跨专业到其他行就业；在本专业领域内从事哪类岗位，是从事本专业的技术工作、管理工作、社会工作，还是从事教学工作、科研工作等，此时应多考虑自己的综合素质、个性心理特征、能力及兴趣特长等。

(2)地域选择。考虑是去沿海城市就业，还是在内地就业；是留在生源地就业，还是去外地就业。此时，既要考虑是否符合政策规定，还要考虑生活习惯以及今后的发展等因素。

(3)单位性质选择。明确选择单位的类别，是选择国有企业、三资企业、民营企业、事业单位还是报考公务员，在这些单位中，自己的条件符合哪些单位的用人标准，自己希望从事哪一类职业。

（二）收集就业信息

就业信息是毕业生求职择业的基础，是择业决策的重要根据，只有掌握了这些信息才能保证就业的顺利完成。毕业生能够有效地获得就业信息，不仅可以明确就业方向，更重要的是可以提高就业的成功率。就业信息的内容包括以下几个方面。

(1)就业政策和就业形势。国家、地区、部门及学校对毕业生就业的相关政策和规定，对毕业生来说是非常重要的信息，也是求职就业的前提基础。除此之外，掌握就业形势是至关重要的，毕业生要根据就业形势来确定自己的就业目标。就业形势一般包括以下几个方面：国内外经济发展总体情况和趋势：本届毕业生就业市场的总体形势、供求比例与结构；所选择城市或地区的经济情况、对人才的吸纳水平、人才的供求行情；所选择行业及领域的发展状况等。所谓"知己知彼，百战不殆"，只有了解清楚目前的就业形势，才能更好地制定自己的就业目标。

(2)就业招聘信息。目前大学生获取就业信息的主要渠道有：网络、招聘会以及老师、亲友的推荐等。在找工作的时候，毕业生应充分利用各种渠道关注企业招聘信息，注意目标行业职位的发布。毕业生初步选择了就业单位，须了解用人单位的相关情况，包括用人单位的准确名称、用人单位的隶属关系、用人单位的联系方式、用人单位的所有制性质、用人单位所需人才的具体要求、用人单位的规模、用人单位的福利待遇等信息，以清楚自己在此单位的发展和晋升的前景。

(3)社会需求。了解本校、本专业毕业生在社会上的需求及变化情况，并依据其受欢迎的程度及时调整择业期望值。特别是根据一些用人单位存在的用人不足、用人缺口大的情况，合理分析从而找到合适的岗位。

(三)准备求职材料

毕业生根据择业目标筛选加工就业信息之后，要及时制作高质量、有针对性、有自己特点的个人求职材料。个人求职材料主要包括求职信、简历、成绩单以及能证明自己能力的相关证书等材料。求职材料是反映毕业生本人基本情况和综合素质的主要材料，是毕业生与用人单位信息交流，推介的载体，也是毕业生求职择业的“敲门砖”，是用人单位能否给你面试机会或者录用的重要依据、因此，毕业生在制作求职材料时一定要做精心的准备。

☞**【导入案例】**

同一职业的不同选择

小张同学是学法律专业的，她讲述了她的成长经历：在她小的时候，她的爸爸在工作中受工伤，但是公司不付医药费和赔偿费，为此她爸爸将公司负责人告上法庭。经过律师的不懈努力和法院公平公正的审判，最终她爸爸胜诉了，拿回了属于自己的权益。那段经历对小张影响深刻，律师这个职业在她心目中充满了神圣感，高考时填报的第一志愿就是法律专业。如今她立志明确，满怀信心，虽然全国司法考试通过率很低，她也会全力以赴向律师这个职业迈进。

小刘同学同样也是法律专业的学生，她选这个专业的初衷是由于父亲的强烈坚持，父亲认为女孩子学这个专业将来考个公务员是非常不错的选择；小刘本身比较内向，不爱说话，也不是很喜欢这个专业。现在马上要毕业了，小刘还没找到工作，很是发愁。

☞**【拓展训练】**

(1)阅读案例，思考如下问题：

①在我们进行职业选择的过程中，会受到哪些因素的影响？

②职业选择过程中，应更多地考虑自己的兴趣特长还是家人的想法？

③如何选择对我们有利的因素，并正面有效地拒绝不利因素？

④选择职业过程中如何搜集有用的职业信息？

(2)参照相关特征和自己的实际情况，写一封求职自荐信，要求具有实际操作意义。

（四）笔试、面试

用人单位在招聘过程中，一般都采用面试、笔试的考核方式。面试是一种通过精心设计，以交流和观察为主要手段，以考查考生的综合素质及相关信息为目的的测试。在面试过程中，用人单位可以根据应聘者对所提出问题的回答来考查他的综合分析能力、求职动机、人际交往能力、自我情绪控制能力、计划协调能力、应变能力、语言表达能力、专业水平以及举止和修养等。和面试相比，笔试是相对初级的筛选方式，笔试一般包括专业考试、智力测试、技术测试、能力测试等。有的用人单位将笔试作为面试前的第一轮筛选，主要目的是选出那些符合单位企业文化的、具有单位所希望的思维方式和个性特征的人。还有的单位将笔试作为面试的辅助手段，侧重于考查面试中考查不出来的素质，如书面表达能力、心理健康以及性格气质类型等情况。对那些技术性要求很强的岗位，笔试是主要的甄选方式。因此无论是参加笔试还是面试，应聘者都要认真对待，做足功课，这是求职择业的关键环节。

☞**【知识链接】**

无论您穿什么，都必须充分体现您的自信。一般来说，面试时所穿的服装要保证干净，而且适合此行业穿着；尤其是去外企，一定要穿比较职业的正装（professional），男士应着西装，女士应穿套装。要全方位考虑，如服装配色、饰品佩戴等，让自己显得更职业、更老练，着装的好与坏能左右您的自信心。只有您的着装与周围人相融合，您才会感到放松，您的自信心自然也会提升，面试时就不会有自身形象方面的顾虑。那么是否一定要穿名牌呢？其实真的没必要。大的外企不会看重这些，真正看重的是您的内在素养，他们是不会喜欢花瓶的。

（五）签约

签约，指的是当毕业生与用人单位双方经过“双向选择”，在相互有一定了解和友好协商的基础上决定互相接纳，达到工作意愿之后，便以就业协议的形式将这种关系确定下来，也就是通常所说的“签订就业协议”。签订就业协议是一种法律行为，而且就业协议一经签订便具有了法律效力。因此，毕业生应该正确认识和严肃对待就业协议书，慎重签订就业协议。大学生在签订了就业协议后要切实遵守，不可随意违反就业协议的相关内容，否则便可能承担一定的法律责任、经济责任等。

☞**【知识链接】**

就业协议是明确毕业生、用人单位、学校在毕业生就业过程中权利和义务的书面表现形式，是高校毕业生和用人单位确立劳动关系的法律依据，也是双方确立劳动关系的标志。目前，我国高校毕业生通用的就业协议是由中华人民共和国教育部制定，省、自治区、直辖市就业主管部门以及教育部直属高校自行印制的《全国普通高等学校毕业生就业协议书》，也就是俗称的“三方协议”，主要包括三个方面的内容：①毕业生基本情况，主要包括毕业生的姓名、性别、年龄、民族、政治面貌、专业、学制、学历、培养方式、健康情况、家庭住址、应聘意见、联系电话等；②用人单位基本情况，主要包括单位名称、单位隶属、联系人、通信地址、联系电话、邮政编码、所有制性质、单位性质、用人单位意见、用人单位上级主管部门意见、档案转寄地址等；③学校意见及备注栏。学校意见主要包括学校毕业生就业部门意见、院系意见、学校联系人、联系电话、邮政编码、学校通信地址等，备注栏是用来添加各方均认可的附加条款。随着毕业生就业制度改革的深化，毕业生就业协议的内容也在进一步规范化、法律化。目前，一些用人单位或学校在就业协议书上已经附加上了有关劳动合同的内容，包括服务期、工作岗位和工作内容、劳动保护和工作条件、工资报酬和福利待遇、劳动纪律、协议终止的条件、违反协议的责任等内容，以保证毕业生的权利，进一步明确用人单位与毕业生之间的权利和义务。

(六)报到就业

按照教育部的规定，毕业生的报到期限原则上为派遣后的1个月，具体报到时间以各单位所规定的时间为准。毕业生应及时与单位联系，明确报到时间，按时报到。毕业生在报到时要携带《就业报到证》、毕业证、学位证、档案关系、户口关系、组织关系等材料。

☞**【知识链接】**

著名大学校长眼中的“大学生”

清华大学前校长王大中教授：我们需要有社会责任感的学生。大学最根本的任务是为国家培养高素质的人才，同时也要创新知识，发展科技。

牛津大学前校长卢卡斯教授：你必须真的想学。他/她必须非常聪明，脑子很好使，这意味着他/她能够在考试中获得很好的分数。他/她必须很严肃。严肃地对待自己所学习的东西。真的对自己所学的感兴趣，并且真的愿意去知道那些自己所不知道的东西。他/她能够自己思考，而不是照搬书上所写或者教授所说。总之，他/她必须是自己学习的主人，他/她真的很想，而且很愿意去学。

浙江大学前校长潘云鹤教授：大学生必须要有很强的主动能力。有很多学生是家长要他学、老师要他学，首先自己要学，想学什么，这个自己必须很清楚，而且要尽可能地使自己的知识与众不同。如果一些学生能够使自己的知识结构实现学科交叉，那发展就会很大。

南开大学前校长侯自新教授：成功的学生不完全是表现在学习上。大学为学生提供了一种氛围、环境和传统，培养学生的素质、品德和毅力，这些对他们将来在社会上获得成功都是很基础的东西。所以，成功的学生，是懂得利用大学提供的条件，为自己以后在社会上获得成功打了良好基础的学生。适应环境，并能利用环境提供的条件促进自己的发展，不论是对于在校的学生，还是对于进入社会工作的人，毫无疑问都是非常重要的。

法国巴黎高等师范学校前校长加伯利埃尔·于杰教授：我们欣赏眼界宽广的学

生。那些能够成功的学生，都必须急切地想获取知识。他们必须是有创造性的，他们在自己的一生中，不论是在哪种情况下，都能不断地增加自己的知识。我很欣赏的学生是那些具有非常宽广的眼界，并且找到自己的生活方式的学生。

单元十二　职业生涯规划调试

模块1：职业生涯规划的评估

一、评估的意义和目的

(一)评估是改进完善职业生涯规划的基本条件

无论短期职业生涯目标的实现是成功还是失败，其经验或教训都可以成为下一个生涯目标改进和完善的依据。在实施职业生涯规划的过程中，应自觉地总结经验和教训，评估职业生涯规划，通过不断修正对自我的认知，完善个人职业生涯规划，纠正并改进最终职业目标与分阶段职业目标。

(二)评估是推进职业生涯规划过程的重要环节

职业生涯规划包含一系列的短期和中期规划，彼此之间都不是孤立存在的，任何一个新的目标总是以先前完成的目标效果为背景和基础，前一个目标的完成为后续工作起到至关重要的推进作用；如果前一个目标的问题没有被发现和解决，必然会影响新目标的进程。

(三)评估是推动自身持续前进的不竭动力

评估可以极大地增强个人实现职业目标的信心。一个短期或中期目标的顺利完成，评估可以使人们看到完成的效果，甚至享受成功的喜悦，从而提高个人自信心，在自我成长的过程中不断挖掘自身的潜力，努力为完成下一阶段的生涯目标奠定良好的心理素质基础。

二、评估的程序

(一)重温生涯目标

①时常回顾你的职业规划构想和行动规划。有的人虽有计划，但总不将计划放在心上，无法明确自己努力的方向。②把你的职业规划构想和任务方案存入电脑文件或贴在床头等可经常看见的地方，通过将电子版和纸质版时常呈现的形式提醒自己。③当做出一个对生活和工作极其重要的决定时，请考虑一下你的职业规划构想和行动规划，并确保你当下的决策与你内心的想法匹配。④时常自我反省：你正在做的是最想做的事吗？你真的适合做这个职业吗？你能如期完成既定目标吗？你将重心放在了最重要还是最紧急的地方？

(二)分析当前的实际情况与当初目标的吻合状态

①根据目标完成情况，判断实际行为效果与期望值的偏差。②探究偏差及失败的根本

原因。

（三）运用结果修正完善目标

①采取及时、适当的纠正措施。经常自省是必要的，过程监督也十分重要。保证至少每个月进行一次自我检查，在思考和回顾过程中发现得与失，②调整策略，改变行动。当发现工作过程中的成果与先前既定的效果出入较大时，重新检查验证前期执行效果，纠正分阶段目标中出现的偏差，有针对性地提出规划方案。

三、评估的要点

评估可以参照各类短期、中期预定目标和实际结果进行。一般来说，任何形式的评估都可以归结为自我素质和现实环境的适应性判断，分析自身现状，特别是针对变化的环境，找出偏差所在，并做出修正方案。

（一）抓住最重要的内容

在众多要素之中抓住最重要的环节是评估的核心。如果每一个要素都要花时间进行详细的分析，势必无法聚焦评估的重点，要把有限的精力花在最重要的内容上，剔除不重要内容的干扰，才能达到事半功倍的效果。

（二）分离出最新的需求

针对变化了的内外环境，要善于发掘最新的趋势和影响。当今时代发展迅速，要“跟上形势”，对于新的变化和需求，审视并明确如何制定策略才是最有效最有新意的。

（三）找到突破方向

找到突破点是影响全盘进程的关键。通常，在某一点上取得实质性的改变将影响整个局面。想一想，先前规划中的策略方案，哪一条对于目标的达成应该有突破性的影响？达到了吗？为什么没达到？如何寻求新的突破？

（四）关注最弱点

管理学中有个著名的“木桶理论”，即一只沿口不齐的木桶，其容量的大小，并不取决于桶壁上最长的那块木板，而恰恰取决于最短的那块木板。在反馈评估过程中，当然要肯定自己取得的成绩与长处，但更重要的是切合变化的环境，发现自己的素质与策略的“短木板”，然后想办法修正，或者把这块短木板换掉，或将其加长，唯有如此，你的职业生涯这只“木桶”才能有更大的容量，更广的空间。一般来说，短木板可能存在于下列方面：

①观念差距。按照实施策略所积累的知识仍然不够？还是学错方向了？观念陈旧往往会造成策略的失误，导致行动失效。②心理素质差距。很多时候，我们没有取得预期的进步，并不是规划得不够好，或者措施不够得当，而是心理素质不够。一个人职业生涯的发展，首先是心理素质的成长过程。③能力差距。环境在变化，对人的能力的要求也是在不断变化的。彼一时你通过种种努力提高了某些能力，但此一时可能又会出现新差距。另外，前一阶段是否坚持按计划措施来提高能力了？提高了多少？遇到过什么困难？这对后一阶段有重要的启发。

模块 2：职业生涯规划的调整

一、调整职业生涯规划的必要性

(1)职业生涯是一个动态的过程，是需要不断根据内部和外部环境进行调整的。社会适应是一个动态变化的过程，职业是依附于社会环境中，由社会不断分工细化而产生的。职业生涯规划的实施是大学生依次实现各个阶段目标并逐步向最终目标推进的过程。在此过程中，由于各种确定及不确定影响因素的存在，实际目标与规划目标之间存在落差在所难免。为了最大限度地发现和减小落差，对职业生涯的进展情况进行调整是实施过程中不可少的阶段。职业生涯规划书的调整与修订需要在评估的基础上，依据实际情况对职业规划的实施过程进行调整完善，确保规划的成功推进。大学生要根据外部的环境，包括经济发展趋势和行业发展趋势，以及自身特点和优劣势，不断调整自己的职业生涯规划。大学生正处于对自己和社会的认识之中，价值观处于形成时期，加上现实种种不确定因素的存在，原先制定的职业生涯规划有时候会与现实情况有所偏差，这就需要对规划做出调整，保证职业生涯规划的顺利进行，从而实现职业理想。

(2)职业生涯不同阶段会面临不同挑战和机遇，灵活调整可以让特定目标更现实可行。我们制订职业生涯规划时，在客观分析自我的基础上会为自己定下目标，短期目标看结果，中期目标看进程，长期目标看方向。并根据目标制订相应的策略，包括详尽的学习计划、培训计划、工作计划等，这一系列措施能够保证目标的实现。但是，职业生涯发展过程中会遇到难以预估的挑战和不可控的因素，自身和外部环境的变化带动职业生涯发展的变化从而进行调整是客观存在的。这些措施的制定都要建立在主观分析和经验的基础上的，实际效果如何，不得而知。比如个人兴趣和计划的改变，家庭的突发事件，婚姻的改变，孩子的出生、孩子读大学、配偶的工作变动等都会让人们改变和调整自己的规划，灵活地调整是为了更好地适应这些变化。

(3)职业生涯规划的调整与修订有利于实现职业目标。随着一个人年龄和阅历的增长，对自己的期望会发生越来越高的改变。职业生涯规划是一个循序渐进的过程，目的是实现以个人的职业理想，达到职业目标，也就是金字塔的顶端。各个阶段的实际结果能否与规划目标相符或相近，是评价实施过程是否成功的关键，而调整与修订则是实现这一目的的重要保证。一方面，修订给具体的实施过程提供了方向与路线保障；另一方面，修订也为实施的效果提供了评估标准。通过职业生涯规划的调整与修订，可以发现前一阶段策略方案的施行及目标完成情况，知道满足规划的相关要求，并决定下一阶段的目标实施，进而决定向最终目标推进的进度。

二、调整职业生涯规划的时机

职业生涯发展是一个不断调整的过程，在我们的职业生涯过程中会不同程度地出现各式各样的问题。当你遇到以下问题时，就是调整职业生涯规划的时机，换言之就是应该停止挣扎，重新审视是否适应目前的工作，需要及时调整职业规划，开启新的征程。

(一)怀疑自己不合格

如果你感到工作痛苦，可能是自己工作表现不佳而又不愿意正视这个问题。所以要扪心自问：自己到底干得如何？你可以请教一位信得过的同事帮忙做一个客观的评估，或者请上司对你的表现进行评定，以确定是否符合他的要求。

(二)与上司不合拍

一个常用的评测方法是：工作是否有得到上司的肯定？在上司身边时感觉如何？是自在放松还是紧张不安，或者存在敌对情绪。如果是这样，你可能需要明确自己的工作内容与领导要求是否有出入

(三)与周围同事不合拍

你可以问自己：当你与周围同事交往时，是否觉得格格不入？你是否对引起他们兴趣的话题感到乏味和无聊？如果是这样，你可能已经陷入一个无法展现自己的环境中。

(四)工作过于轻松

如果你闭着眼睛都能工作时。这可能表明你的能力已经远远超过这个职位而自己却不知道。你可以问问自己；你仍然能够从工作中学习到新的东西吗？想进一步发展你正在使用的技巧吗？

(五)对该行业不感兴趣

如果让你重新选择，你还会选择同一职业吗？你有兴趣阅读这一领域名人的自传吗？这些是评测你是否对这个行业感兴趣的问题。

对于刚毕业的大学生来讲，调整职业生涯规划的最佳时间有两个；第一个是毕业前夕，有了行业实践，根据最新的就业信息和社会需求，在求职过程中进行调整。第二个是工作3~5年后，有了从业实践，根据从业过程中对自身条件的检验，根据周围环境和自身素质的变化，及时予以调整。通过3年以上的社会工作，可以让刚毕业的大学生更了解社会和企业的需求。职业生涯规划多是从学校时期开始，通常是以在校生的视角进行规划，通过3年的工作经历，更能够从社会实际的角度来看待自己的职业发展。这种重新审视自己的过程，以及调整自己的职业发展方向，对职业生涯发展有着非常重要的意义。

三、调整职业生涯规划的方法

(一)重新认知自我

个人在经历中会不断成长，重新认识自己就是掌握个人条件的变化，以及实际工作中的经验积累，能够更清晰地认识自己，明白自己想要什么？能干什么？在让工作适合自己的基础上，调整自己的职业生涯规划更具有现实意义和长远的发展意义。

(二)重置职业生涯规划

通过对社会环境(比如目前经济发展动向)、行业发展趋势、自己在本行业是否有更多的发展空间、工作现状和人际关系、工作环境等方面进行综合而全面的分析，进一步确定自己喜欢做什么，适合做什么，能做什么。

(三)调整职业生涯目标

根据外部情况和自身条件发生的变化，可以适当地调整自己设定的职业发展中期目标

和长期目标。

（四）落实行动计划

职业人要根据每个阶段不同的外部环境和内部环境的变化，调整自己的职业生涯发展规划，制定一个提升自我发展的规划。调整并不是放弃以前的规划，而是更符合当前的社会发展环境，而且调整的过程也是自我提升的重要途径。

专题六　追求卓越，走向成功：大学生职业生涯规划管理

☞【专题导读】

在当今时代，全球化、知识化、信息化和社会多元化发展已经成为新的发展潮流。技术的突飞猛进，政治、经济格局的巨大改变，科技、文化的高速发展，使得我们每一个人都面临着新的挑战和机遇。职业生涯规划管理面临着巨大的挑战。

☞【导入案例】

吴玉光：清华 MBA 借我飞翔的翅膀①

一个石油国企的技术员，如何通过调整职业发展跑道实现华丽转身，成长为知名的战略管理专家？

吴玉光 1968 年出生在豫南大别山麓的一个风景秀丽的乡村，童年虽然清苦，但也充满着欢乐。小时候他经常躺在山坡上，看着天上的白云苍狗，眺望几十里外的青山，梦想自己长大以后可以坐飞机到处跑。

在乡村小学的课程只有语文和数学，能看到的杂志和书籍特别少，喜欢读书的吴玉光如饥似渴地将父亲珍藏的书籍和姐姐们拥有的课外书全都看遍了。他的语文成绩特别好，记忆力也超强，经常被语文老师“邀请”去其他班级“秀”背课文的功夫。这个“偏科”的习惯一直保持到高中。

吴玉光读中学时还比较贪玩，学习成绩中等偏上，一直当班长的他人缘好，朋友多。因为语文成绩不错，初中时语文老师每次上课都会提问吴玉光，给他很多表现机会，很大程度上鼓励了他继续学好语文。

圆梦清华

吴玉光本科读的是工业电气与自动化专业，毕业后去了中石油旗下的一家炼油厂从事技术工作。勤奋好学的他业务上手很快，毕业不到两年就成为当时工厂最年轻的车间主任。

1997 年，吴玉光遇到了职业发展瓶颈。对于国有企业论资排辈的上升通道有了深切的感受，他厌倦了那种相对单调、程式化的生活，希望能够转换一条职业跑道，

① 职场故事. 吴玉光：清华 MBA 借我飞翔的翅膀-职场论坛-世界经理人论坛[EB/OL]. [2022-02-16]. http://www.ceconlinebbs.com/FORUM_POST_900001_900004_1073389_0.HTM.

像雄鹰一样去更广阔的天空翱翔。于是，开始为自己的未来发展积极谋划，积极准备报考西安交大的研究生。然而，当年正赶上清华大学首次通过全国联考招收 MBA，中石油、核工业总公司得到了一些内部推荐指标。吴玉光作为中石油内部后备人才推荐，通过层层选拔，终于脱颖而出，得到了参加全国首次 MBA 联考的机会。为了做好联考准备，吴玉光与来自全国各大油田的近百人一起，在石油管理干部学院集中复习准备参加考试。毕竟离开校园已有五六年，重新复习英语、数学、逻辑、写作等课程有一定挑战性。知道自己要什么，了解考试成败对自己意味着什么，带着背水一战的决心，他的学习效率非常高，最终联考顺利过关，成为清华大学 MBA 学生。在美丽的清华校园，吴玉光渡过了两年多的时光。他和同学们都是工作几年后重新考入清华的，特别珍惜来之不易的学习机会，一直都有一种如饥似渴的学习热情。MBA 注重体验式学习，吴玉光还积极参与联想、三九、东风汽车和一些大中型国有企业实习考察，从实践中得到能力的提升。

回眸往昔，吴玉光觉得读 MBA 最直接、最大的收获就是改变了他的职业生涯，让他有机会更换职业跑道，走上创业之路，同时开阔了他的视野，让他在思维方式、工作风格上有较大的提升和转变，而读书期间建立的师生、同学情谊也成为他人生中不可多得的财富。

创业路漫漫

离开清华以后，吴玉光来到深圳，先后在华为、三诺电子和 TCL 电脑工作过，也不断调适自己，希望找到合适的岗位，创造更高的价值。三诺电子和 TCL 电脑两家企业当时正处于快速成长的阶段，吴玉光作为高层团队的一员，承担了非常有挑战性的工作，涉及企业运营管理的方方面面，包括公司战略、人力资源、销售管理、资本运作等，也为他后来成为管理咨询专家打下了扎实的基础。

吴玉光内心一直有一种创业的冲动，再加上深圳本身的创业氛围比较浓厚。因为没有资金，也没有什么背景，刘冀生教授一直认为他是做咨询的“好料”，也多次邀请他加入，这也给他很大的信心和支持。他选择了管理咨询这个“食脑”的行当。2001 年年底，他真正开始创业，第一单业务是为上海一家国有纺织企业提供战略咨询服务。

2008 年金融危机时，吴玉光的一个客户遇到了非常大的困难，当时董事长感觉身心俱疲，非常诚恳地邀请他去帮忙，说：“你要不来帮我，我要么去医院，要么去火葬场。”救场如救火，吴玉光放下自己的事业，去这家企业担任董事总经理的职务，经过他一系列有效的工作，当年销售收入有了 100%的增长，利润圆满完成指标，也构建了有序的管理体系和管理团队，为这家企业后来的高速成长奠定了坚实的基础。

功成身退，吴玉光重新回到了咨询行业，创立了中和正道管理咨询有限公司，最大的挑战还是如何找到合适的合作伙伴，也就是找到合适的合伙人。咨询这个行业对于人才的要求还是比较高的，无论是从分析思维能力，还是沟通表达能力，还有经验与心态都很重要，更关键的是要在困难面前坚韧不拔的毅力。当然，中和正道也一直坚持自己培养和实战锻炼，已经形成了自己的核心骨干团队。

专攻战略绩效

吴玉光在清华经管学院和导师一起做咨询项目的时候，就关注到企业战略难以落地的问题。在从事人力资源工作的时候，他又发现绩效管理推进的难度很大，其往往被认为是人力资源部的事情，和公司的战略目标基本没关联，其他部门参与的积极性也不高，效果自然也不理想。开始从事咨询行业以后，他结合之前的工作经历开始思考：如何将公司的战略与最终的绩效实现贯通？后来，吴玉光在导师的指导下，在同事们的共同探讨中，也吸收了一些客户的建议，提出了“从战略到绩效”，形成了相对完整的理论、方法、工具体系，也在不同类型的企业中进行实践，都取得了非常显著的效果，成功帮助不少的客户实现了快速业绩增长。

现在，吴玉光带领着中和正道管理咨询团队，在战略转型、营销突破、组织变革和机制创新方面都有了比较坚实的积累，在钢铁、能源、汽车制造等行业有许多非常成功的案例。他们曾经为一个客户连续十年提供了30多个不同类型咨询项目的服务，创造了咨询行业客户回签最高的纪录，也切实帮助客户不断跨上新的发展台阶。

单元十三　职业生涯规划管理概述

职业生涯规划管理是指一个人对自己的职业生涯进行设计、规划、执行、评估、反馈和修整的综合性过程。职业生涯规划管理是对自己所要从事的职业、要进入的组织、在职业发展上要达到的高度等做出规划和设计，并为实现自己的职业目标而积累知识、开发技能的过程。它一般通过选择职业、工作组织、工作岗位，在工作中技能得到提高、职位得到晋升、才干得到发挥等来实现。参与职业生涯规划管理可以增强对工作环境的把握能力和对工作困难的控制能力，既能了解自己的长处和短处，养成对环境和工作目标进行分析的习惯，又可以合理计划、分配时间和精力完成任务、提高技能有利于个人完善职业生活，处理好职业生活和其他生活的关系；良好的职业生涯规划管理可以帮助自己从更高的角度看待工作的各种问题和选择，它更能考虑职业生活同个人追求、家庭目标等其他生活目标的平衡，避免顾此失彼、两面为难的困境。

模块1：职业生涯管理的意义

大学生职业生涯规划是大学生对将来职业应有的基本定位和必要知识及能力的准备。而大学生有效地对职业生涯进行管理是实现其职业生涯规划的重要保证。因此，每位大学生都应当清楚地意识到，只有增强自我管理的能力，对自己的大学生涯进行必要，及时的管理，才能使大学阶段成为自己职业生涯发展旅途上的良好开端。

一、大学生职业生涯管理的意义

多数大学生在步入职场生活后，通过对职场环境认识的逐步加深了解，开始对自己的职业生涯进行管理，这是一种对前期职业生涯规划的延伸和完善行为。职业生涯管理的意义体现也可以通过大学生在企业工作实践中进行延展。因为在企业中，由于职业生涯管理兼顾企业和个人的发展目标，而且职业生涯管理贯穿了员工职业发展的全过程和企业发展的全过程，所以一个有效的职业生涯管理系统能将员工和组织的需要、目标、利益相结合，达到动态均衡和协调。所以我们认为职业生涯管理的现实意义主要体现在以下几个方面。

(一)对企业的意义

企业对员工进行职业生涯管理，对公司所有职位进行划分，有利于合理配置企业资源，调动员工的积极性、激发员工的能动性，是百利而无一害的措施。

(1)实现企业资源合理配置。

企业员工作为企业人力资源的组成部分，是一种可以不断开发进行增值的资源，员工能够通过提高自己的知识技能水平，培养提升工作中所需的各方面能力，从而更好地为公司创造价值，因此企业对员工进行职业生涯管理，能够在帮助每个员工成长的同时，使人才各尽其有，实现企业资源的合理配置。

(2)能够调动员工的工作积极性。

企业对员工的职业生涯管理中，能够帮助员工规划未来职业发展道路，并提供不同的晋升发展通道。员工在明确晋升路线与未来发展目标后，就会更加有动力提升自我，激发工作热情，提升工作积极性，进而推动企业更快更好地发展。

(3)是企业成长发展，转型升级的保障。

企业的成长与发展离不开好的管理者和员工，企业对员工进行职业生涯管理，使得员工的才能和潜力得到发挥，滋养了企业的生长。员工在提升过程中，也加强了对企业的认同感，企业能够留住、凝聚人才，人才也愿意和企业共同发展，从而为企业的成功奠定了坚实的人才基础。加强了对企业的归属感和认同感，有利于企业进一步的升级变革。

(4)帮助企业获得人才竞争优势，增强员工对企业的认同感。

如何留住人才是企业管理者和人事部门亟待解决的一个问题。而人才的去留往往取决于企业是否关心并为他们的成长和发展提供机会，是否能帮助他们实现职业目标。通过职业生涯管理可以帮助企业了解内部员工的现状、需求、能力、及目标调、和职业机会与挑战之间的矛盾，并设计出不同的职业发展途径，以利于不同类型员工在职业生涯中扬长避短，提高技能，实现职业生涯发展。从而达到保持工作的稳定性和积极性，不断提高员工的业务技能和为企业创造更好的经济效益的双重目标。

(二)个人的意义

(1)增强个人对职业环境的把握能力和对职业困境的控制能力。

职业生涯规划不仅可以使个人了解自身的长处和短处，养成对环境和工作目标进行分析的习惯也可以使个人合理计划、安排时间和精力开展学习和培训，以完成工作任务、提高职业技能。

(2)帮助个人协调好职业生活与家庭生活的关系，更好地实现人生目标。

良好的职业生涯规划和职业生涯开发与管理工作可以帮助个人从更高的角度看待职业生活中的各种问题和选择，将各分离的事件结合在一起，相互联系，共同服务于职业目标，使职业生活更加充实和富有成效。

(3)有效激励员工潜能，调动员工个人积极性。

心理学家马斯洛的需求层次理论认为，五种需求形成一定层次，若较低层次需求满足后就会向高一层次需求发展，同一时期，个体可能同时存在多种需要，但每个时期总有一种需要占支配地位。给员工提供更高的薪酬、待遇只是满足了员工低层次需求。而知识经济时代，员工的需求已从低层次的生理，安全需求向高层次的自我实现需求转移，切实针对员工深层次职业需要的职业生涯管理具有更有效的激励作用。

(4)有利于个人实现自我价值的不断提升和超越。

职业生涯规划对职业目标的提炼可以逐步使个人工作目的超越财富和地位之上，追求更高层次自我价值实现的成就感和满足感。能够将个人与企业紧密联系起来；企业为员工创造职业发展的条件和路径，帮助员工实现自己的职业生涯目标；而员工能在企业中明确自己的发展前景和机会，会提升对企业的满意度、依赖度和忠诚度，同时会充分发挥自己的主观能动性去抓住发展机会，使自己对工作充满激情，并不断地提高个人的能力水平，为公司创造更大的收益。

因此我们可以总结出，一个成功的职业生涯规划，需要我们不时根据情况调整修改并为之不断注入生命力。职业生涯规划的后续管理需要企业和个人的共同配合，二者缺一不可。企业和个人共同对职业生涯规划进行后续管理，能使企业和个人共同进步，共同实现企业价值和个人职业生涯目标。这对于企业和个人来说，无疑是双赢的局面。

(三)企业中职业生涯管理的价值链体现

以企业为例，职业生涯管理互动的过程分为三个阶段：一是企业和员工结合自身需求，实现人职或企业匹配，共同确定职业目标；二是员工进行自我职业探索，企业为员工量身定制职业发展路线，共同选择职业发展策略；三是员工职业目标的自我评估，企业为员工的职业发展进行评价，从而调整或修正职业目职业生涯管理价值链。

这三个阶段循环往复，不断推进员工的职业生涯发展。当员工与企业的利益一致时，企业的外在需要转变为员工内在的职业需求，引发员工的角色内行为，努力达到外在任职资格要求，也就构成了员工人力资本价值的实现和企业价值增值的辩证统一过程，最终实现员工与企业内外的和谐发展。

企业与员工结合自身需求，共同确定职业目标的过程，实际上就是企业对吸纳适宜素质的人才进行价值设定；员工自我职业探索和企业为员工量身定制职业发展策略，也可看作企业基于自身与员工需要所进行的价值开发活动；企业和员工的职业评价及职业目标修正就是企业科学评价员工的贡献，并分配价值的过程。在职业生涯管理价值链中，每个环节又包含若干人力资本管理职能。价值设定环节包括企业调研模块、配置模块、职责目标分解模块；价值开发环节包括工作设计、培训、职业通道等模块；价值评价和分配环节包括绩效管理、整体薪酬设计等模块。这三大环节相互协调，从不同的角度来整合和激活企业的人力资本。

职业生涯管理价值链是员工人力资本价值与企业价值共同提升的过程。企业经营战略驱动职业生涯规划和管理工作，职业生涯管理价值链中的价值设定环节通过吸纳与不同职种、职层相匹配的适宜素质的人才进入企业，从而影响各个岗位员工的职业素质特征；价值开发环节旨在使员工的知识技能与任职资格要求相一致，从而具备相应的职业行为能力；价值评价和分配环节驱动并强化员工的职业化行为，员工的规范行为促进企业业务运作流程的实现，从而提高企业的运营绩效，最终使企业价值提升。职业生涯管理价值链的三个环节环环相扣，有其必然的内在联系。

二、高校职业生涯管理对大学生就业的积极意义

随着我国社会主义经济的不断完善，我国的高等教育已经得到全面普及，我国每年高校毕业生的人数不断增长。但其弊端也日益突显出来，高校毕业生面临就业困境。就业是民生之本，就业问题目前是我国民生建设中最急需解决的问题。而高校职业生涯管理能够帮助高校毕业生对自己今后的职业生涯进行规划，明确就业方向，做好就业准备，提升毕业生的就业概率，从而有效缓解高校毕业生就业难的问题。

（一）明确就业方向

很多学生在进入高校之后就失去了奋斗的目标，非常迷茫，也没有任何职业理想，在选择专业时具有一定的盲目性，从而在学习时动力不足、热情不高。而高校职业生涯管理工作的开展，可以帮助大学生树立正确的职业理想和就业观，明确自己今后的就业方向。并在学习的过程中不断增强自身的职业意识，提升自身的职业能力，充分发挥自身的优势，找准自身的定位，对自己的职业生涯进行科学的规划。

（二）做好就业准备

我国大学生普遍缺乏提前规划和谋划职业的意识。高校可以通过讲座以及职业生涯管理系统来对学生进行个性化指导以及社会职业基本知识的传授。同时还需要加强自我认知教学，使得学生能够对自身职业价值观、性格、职业兴趣等有一个全面的了解。在职业认知教学中，应重视当代职业的发展趋势，使得学生更好地掌握职业认知途径和方法，客观地对某一职业岗位的各个方面进行评价和分析。这些知识对于学生明确择业目标有着极大的帮助，同时还能够帮助学生更好地适应职业需求，为今后的成功就业奠定扎实的基础。

（三）做好职场适应和心理调适

高校毕业生面临的就业环境越来越复杂，影响因素也愈发多样化。高校职业生涯管理的教育价值更加突显，能够帮助学生做好心理调适，使他们能够更好地适应职场。当前社会所需要的是理性的择业观，而这也是实现自身价值的必要前提。所以，高校必须引导学生积极转变传统就业观念，使他们能够对未来的职业活动有着心理准备和心理预期，绝对不能够期望太高，否则必定会出现高不成、低不就的情况。除之外，高校还要教育学生明确自身所肩负的历史使命，引导学生选择最为适合的心理调适方法，使他们能够更加自如地应对未来就业中的挫折和困难。

（四）更好地应对面试

就业过程能够很好地检验一个人的综合能力和素质，而面试则可以直接考察一个人的仪表气质、专业知识以及应变能力等。而良好的职业生涯管理不仅能够提升学生的面试自信心，同时还能够使得学生更好地推销自己，让他们明白在面试的时候应该提前做好准备，将自身优势充分发挥出来，并且从容地回答面试官所提出的各种问题。还需要强化大学生的个人信誉以及道德修养的培养，使得他们在面试的时候不会急功近利，一味地吹嘘自己。

（五）帮助大学生建立良好的职业认知

职业发展规划中最为重要的一项内容就是对社会工作环境的分析。高校需要引导学生在暂定生涯目标和生涯期待的基础上，通过各种途径去收集有关理想职业的资料，例如发展趋势、具体的工作内容以及从业需要的条件等。然后还可以让学生和本行业的前辈和学长们进行访谈，以此来更好地了解从业人员的工作感受和状态等，得到他人的宝贵经验。通过这些途径来对目标职业进行多方面的探索，能够很好地帮助学生更快地融入社会，清楚地认识到社会发展形势，建立合理良好的职业认知。之后，学生能在此基础上不断地进行自身观念更新，形成合理且务实的就业期望。

（六）帮助大学生更好地自我定位

高校职业生涯管理中最为重要的一部分就是帮助学生进行自我探索，通过各种活动体验和专业测评来分析学生的兴趣爱好、价值观以及人格特质等，引导学生清楚地认识到自身潜在的优势和特点，然后准确地进行自我定位，建立最为适合自己的暂定职业生涯和职业生涯期待的发展目标，使得他们能够清楚认识到自己就是就业的主体。所以，从自身实际出发，绝对不能够盲目地进行攀比，否则只能造成高不成低不就的尴尬局面。每个人的教育背景、成长环境以及技能特长等都不同，所以适合的职业必定也会有着极大的差异。职业不分高低贵贱，只有适合自己的才是最好的。

模块2：职业生涯规划管理的内容

大学生职业生涯规划通常以学生当前的自我认知、职业认知、环境认知为基础来制订，以上各因素虽在短期内不会发生显著变化，但是随着时间的延长必然会发生改变，因此在职业生涯规划制订以后必需对其进行跟踪管理，对相应环节和内容进行调整或整改。大学生职业生涯规划贯穿大学生从学校到社会的整个生涯中，并不是短期性、即时性的，而是长期性、持续性的，这决定了对其进行的跟踪管理也必然是长期性的、持续性的。

职业生涯的规划与管理工作主要分为两方面：组织管理与个人管理。从组织的角度而言，职业生涯规划管理是组织根据自身的发展目标并结合员工的发展需求，制订和组织职业需求战略、职业变动规划与职业通道，并采取必要的措施加以实施，以实现组织目标与雇员职业发展目标相统一的过程。从大学生个人角度而言，职业生涯规划管理是指个人对自身情况、机遇和制约因素等进行主客观分析、总结和测定，为自己确立职业目标、选择职业发展路径、确定教育、培训和发展计划等，并对每一个步骤的实现程度和实现时间做出合理的安排，从而确定自己实现职业生涯目标的行动方案。

本模块仅从大学生个人角度对职业生涯规划目标的管理、实时策略的管理、规划路径的管理以及影响因素的管理等内容展开论述。

一、职业生涯规划的目标管理

大学生在大学生活阶段通过对自身和外部环境的了解，为自己的未来发展确定职业目标。并根据职业目标设计职业路径，制订学习计划，并为实现职业目标而确定行动时间和行动方案，可见职业目标决定了职业生涯发展方向。因此对职业目标进行有效管理是确保大学生职业生涯规划方向正确的必然选择。

目标管理(Management by Objectives)是美国现代管理学之父彼得·德鲁克最先提出的一个概念，这是一种以目标为导向、以个人为中心、以成果为标准，使组织和个人取得最佳业绩的现代管理方法。

(一)大学生自身的变化决定了职业目标管理的主观性

首先，随着大学生的成长和发展，其知识水平、专业知识和技能的逐渐提高，对新的专业产生新的爱好，社会阅历逐步增加，思考问题的能力提高及思维方式、价值观、性格、个人志向均发生变化，这些因素潜移默化地影响着职业目标，尤其是中长期目标。

例如各高校通常在大一上学期开设职业生涯规划课程，此时大多数大一的学生尚未开始学习专业知识和技能，既不了解专业知识也没有掌握专业技术，此时确定的职业目标在一定程度上具有狭隘性，因此后期需要对其进行跟踪管理。

其次，职业实践对职业生涯规划的目标产生直接的影响。对于所选定的职业，个体寻找与该职业相关的具体工作，在工作中体验该职业，发展职业方面的能力并积累工作经验，这个过程就是职业实践，如图 6-1。职业实践是个体检验自己的职业选择和职业规划的客观标准。个体制定的职业规划是主观的意识层面的东西，主观的东西难免有偏差，必须通过客观的职业实践来检验其正确性。

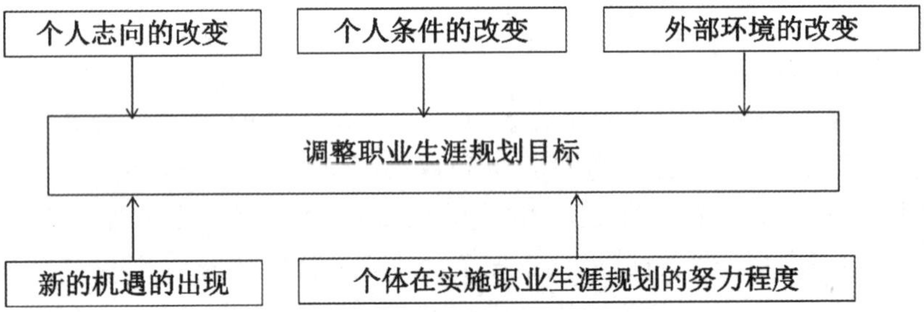

图 6-1　职业实践过程

在职业实践中如果个体发现先前的职业选择和职业规划并不符合自己的个性特点和客观的就业形势，那就要回到前面的步骤，调整职业规划，重新剖析自我和分析客观就业环境，重新选定职业，再次进行职业实践。在职业实践方面，大学生可以先找自己所选定的职业做兼职，通过实际工作，去亲身体验该职业，包括职业工作环境，职业发展前途等。亲身体验能发现很多东西，如果发现职业的现实与自己原有的设想差距很大，就需要及时调整自己原有的职业规划。举个例子来讲，某个法律专业的学生一开始觉得律师职业收入很高，想毕业后从事律师工作，大学时在律师事务所找到了一份兼职工作，通过切身体会发现，自己有很多方面并不适合做律师，律师需要处理各种复杂的社会关系，面临极大的业务压力，而且收入也呈现二八现象，并非每个人都能有高收入，而自己又是一个极其内向的学生，很难达到律师职业对人际沟通和协调能力的要求。这时他也许需要调整原有的职业规划。此外，通过兼职也可以积累相关的工作经验，为毕业后找工作，从事相关职业做好准备，提前开始相关的职业生涯。

（二）职业环境的变化决定了职业目标管理的客观性

社会是不断发展变化的，曾经的人才短缺行业经过一段时间的积累和发展之后，必然会出现人才饱和过剩，进而导致社会出现结构性人才过剩。新的职业在产生，旧的职业在衰退，热门职业会式微，冷门职业会兴起。就业市场需求的变化、行业发展趋势的变化、用人单位需要的变化以及新的发展机遇的出现都将会使职业目标发生变化。以教育培训行业为例，2020 年是中国在线教育培训行业爆发的一年，受疫情影响，线下教育培训机构纷纷线上转型，同时资本市场大举进入在线教育市场。疫情平稳以后线下教育紧随线上教育的势头发展得风生水起，教育行业一度成为热门行业。然而随着国家“双减”政策的落地，曾经热门的教培行业迅速变为冷淡行业。

若原本所定职业目标为一度热门的行业或者岗位，但是受政策、经济等大环境的影响而变成冷门行业，这时则需要慎重考虑是否继续坚持目标。若更改，该如何再次制定目标？又比如在制定职业目标时尚未出现，在落实职业生涯规划的过程中出现的一些新兴职业，如人工智能工程技术人员、电子竞技运营师、电子竞技员、无人机驾驶员、农业经理人等，此时可以根据当前的自我认知、职业认知对职业目标进行调整。

（三）职业生涯规划目标的管理内容

1. 目标的制定

首先，我们所设定的目标应采用具体的可以量化的数据，尽量避免用人为的主观认识和感觉的指标，如以英语学习为例，“争取大一下学期学好英语”与“大一下学期通过英语四级考试”相比，显然后者更为具体、更加科学合理。以获得技能证书为例，“争取在大学期间多获得几种技能证书”和“在大二期间获得计算机二级和英语四级两种技能证书，大三获得教师资格证”相比，后者显然能够为后期的自我评估和自我考核提供依据。

其次，我们的目标必须是现实的、符合实际的，同时具有一定的挑战性，不是轻易就能到达的，即管理上讲的“跳一跳摘苹果原则”，苹果太高摘不到，或是随便就能摘到，那么目标就没有什么意义；同时，必须注意前后的比较和目标达成的时间长短。

2. 目标的审视和调整

首先，对职业生涯规划目标进行审视和管理应贯穿始终。大学生是一个潜力较大且成长速度极为迅速的群体，在制定职业生涯规划的目标是通常根据当前的社会环境、个人心境、家庭环境、个人能力、兴趣等确定。然而随着大学生的成长和改变，随着社会的发展或政策的影响，我们需要经常审视已经制订的既往目标是否适应当前的情况、是否需要进行调整。如在大学生制订职业规划的时候对职业的了解仅限于课堂上或者网络上了解到的内容，然而经过大二、大三学习和社会实践经验后，应重新审视既定目标是否需要调整，若需要则即刻行动。

其次，对目标的完成情况进行监控是目标管理中至关重要的一部分。在落实职业生涯规划的过程中需要定时的对。若超前完成，则需分析既定目标是否较为容易，需要考虑是否需要增加其他目标、后续的一系列阶段的目标是否需要进行调整。若延迟完成，则需思考是由于目标太难还是由于自律性不足、时间安全不合理等原因导致，从而有针对性地进行调整。

目标是终点，也是结果，在通往结果的道路上需要我们同未来对话，也就是和目标对话，不断地去拔高自己对目标的掌控和预估，因此要经常性地对目标进行审视。在职业生涯规划的管理中大学生个人既是制订者也是管理者，这是毋庸置疑的，制订之后必须适时地进行管理，方能确保职业生涯顺利发展。

二、职业生涯规划实施策略的管理

策略是可以实现目标的方案集合，职业生涯规划实施策略即为了实现职业目标所采取的方案或者措施的集合。在确定了职业生涯目标后，策略便成了关键的环节。没有策略，目标就难以实现，也就谈不上职业的发展和成功。例如为取得大学英语四级证书，在英语学习方面你计划采取什么措施来提高学习效率；在专业素质方面，你计划学习哪些知识、掌握哪些技能来提高专业能力；在潜能开发方面，采取什么措施开发潜能等，都要有具体的计划与明确的措施，并且这些计划应具体化，以便于定时检查。

大学生职业生涯规划的实施策略一般根据不同阶段的不同目标采取不同的措施。以短期规划为例，大一学年的策略包括熟悉环境，建立新的人际关系，提高交际沟通能力；积极参加各种各样的社团活动；要巩固扎实专业基础知识，加强英语、计算机能力的培养等；大二和大三学年的策略包括积极参加学科竞赛、专业技能的掌握、社会实践活动、考级考证等；毕业学年的策略包括增加社会实践经验、积极参加招聘活动、参与实习工作、职业实践等方面的措施。

需要强调的是，职业生涯规划的实施是一个动态发展的过程，这一过程受到多方面因素的影响。这些因素可能影响规划实施的进度，使规划超前或者延后，也可能影响阶段目标甚至职业方向。例如当因为个体的努力程度不够等原因导致职业生涯发展的实际进度较制订的规划落后很多时，就需要对我们后续的职业生涯的实施策略进行修正，确保能够达到既定的阶段目标，顺利完成职业生涯规划的最终目标。又如一个计算机专业学生在大学一年级时对编程比较感兴趣，决定以后做一名 Web 前端开发工程师，可是随着自己专业知识的增长以及对人工智能了解的增多，到大三对架构师更加感兴趣，于是将职业规划的目标改为架构师，此时实施策略必然需随之调整。

当人们的行动有明确的目标，并且把自己的行动与目标不断对照，清楚地知道自己的行进速度与目标的距离时，行动的动机就会得到维持和加强，人就会自觉地克服一切困难，努力达到目标。对职业生涯规划的实施策略进行管理就是为了不断调节我们的行动与目标之间的距离，确保最终实现生涯目标。同时我们在调整实施策略时需要经常问问自己：什么做得好？什么做得不好？还需要做什么？学习什么？增加什么经验？现处于职业生涯哪一阶段？这一阶段特点是什么？这些自我提问对我们后续的实施策略有较强的导向作用。

三、职业生涯规划路径的管理

要实现职业目标就要了解我们所从事的职业发展的路径，即要知道职业发展的起点、过程及能够达到的高度。就像一个人在踏上一段旅程之前，首先要弄清楚目的地以及到达目的地的线路是什么。通俗地讲，职业生涯规划路径类似于旅行路线，它是指一个人确定了职业后，职业发展过程中由一系列拟定岗位构成的岗位发展链条。

以 IT 职业生涯发展路径为例。一家大型软件公司开发类职位典型的职业发展路径分为三个层次：第一，公司高级技术管理层，包括技术总监、产品总监、项目总监和测试/质量总监；第二，中高层技术管理人员，包括：系统分析师、系统架构师、项目经理、测试经理、高级软件工程师；第三，基层技术人员，包括：软件工程师、测试工程师及助理软件工程师，如图 6-2。

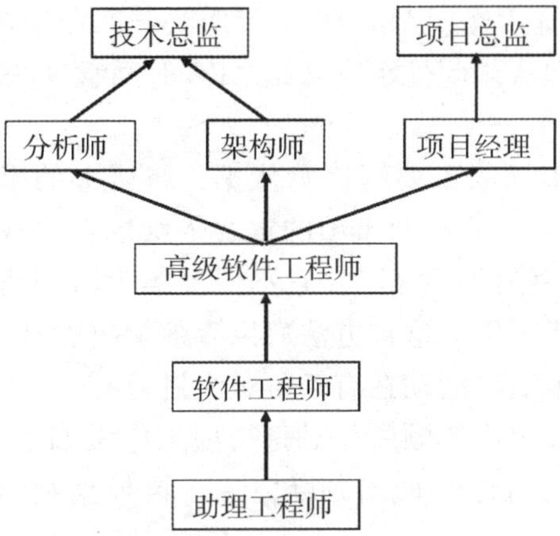

图 6-2　IT 职业生涯发展路径

对刚刚毕业的大学生而言，一般情况下，进入大型软件企业都要从基层开始做起，即从做助理工程师开始。如果该学生在进入企业之前已具备一定的项目开发经验和良好的技术水平，则能从软件工程师开始做起。按发展年限计算，从助理工程师到软件工程师一般需要 1 年时间，从软件工程师到高级软件工程师则需要 2～3 年的时间。如果高级软件工程具备了一定的管理能力和规划能力，则在 3～4 年可以提升至系统分析师、架构师、经理层。需要说明的是，系统架构师、分析师更加偏重高级技术层面，而经理则偏重项目的运作和管理。

也就是说，从底层的助理工程师到达中高层技术人员所需年限一般为 6～8 年。而如果想要进入公司的高级管理层，则需要 10～12 年时间。如果一个人 22 岁时从助理工程师做起，在努力工作、不断学习、工作成绩得到公司认可的情况下，一般在 30 岁左右可以达到项目经理的级别。因此，在一家大型规范化的软件开发公司里，一名助理工程师规划自己在 3 年内做到软件开发项目经理职位(这也是大多数应届学生对自己的规划)，实现的可能性比较小。

伴随现代组织的发展趋势，职业生涯规划路径也呈现多元化发展，目前主要有单一纵向职业规划路径、双重职业规划路径、横向职业规划路径和网状职业规划路径四种。我们在进行职业生涯规划路径的管理时要做好合理的安排和选择，必要时也要根据客观情况进行适当转换和调整。

四、职业生涯规划的时间管理

给目标管理做一个切入点，然后开始拆分目标，从小目标和小阶段开始执行，就如小河流汇合成为大江大河一样，因此对整个目标的实施，需要合理安排时间，以及不同时间内取得的成绩，也就是排期表，在排期中根据预期的目表即使调整和修正，尽量去接近最终目标。

时间管理的方法有很多种，如“备忘录”法、“规划与准备”法、“制定优先顺序”法、“一切行动以未来目标为中心”法、ABC 时间管理法、四象限时间管理法、记录统计法、拟定时间进度表、区域管理法。此处重点介绍 ABC 时间管理法和四象限时间管理法。

（一）ABC 时间管理法

ABC 时间管理法是以事务的重要程度为依据，将待办的事项按照又重要到轻的顺序划分为 A、B、C 三个等级，然后按照事项的重要等级依据完成任务的做事方法。ABC 时间管理法可谓事务优先顺序法的“鼻祖”，它不但屡屡为时间管理专家们所称道，还被许多热衷于规划生活的人们所采用。这种方法可以有效解决因日常事务异常繁乱而陷入混乱的状况，使学习、工作和生活等活动在有条不紊中进行。

根据事务的重要性来规定优先顺序，对每一项工作做如下考虑：“这件事是不是有助于达到我的长期目标或短期目标?”做出判断之后，再根据判断确定事物的级别。划分标准如下：

A 级事务：如果非常有助于达到目标，即为最重要的事项，将其标注为 A——必须做的事，是指与实现自己的目标相关的关键事务。一旦完成，A 级事务就会产生显著的效果。A 级事务的关键是需要立刻行动起来去做。

B 级事务：如果对于达到目标具有一般的意义，即为次重要的事项，将其标注为 B——应该做的事，是指具有中等价值的事务，这类事务有助于提高个人或组织业绩，但不是关键性的。B 级事务是应该在短期内完成的任务，这些工作可以在一定期限内相应地推迟。若规定的完成期限较短，就应该将它们很快提升为 A 级。

C 级事务：如果对达到目标起的作用不大，即为不重要的事项，将其标注为 C——可以做的事，是指价值较低的一类事务，无论这些事务多么紧急，都应该拖后处理。但是那些有较长时间限制的事务，也会随着完成期限的临近最终转变为 A 级别或 B 级别。

（二）四象限时间管理法

四象限时间管理法把要做的事情按照紧急、不紧急、重要、不重要的排列组合分成四个象限，如图 6-3。

第一象限包含一些紧急而重要的事情，这一类的事情具有时间的紧迫性和影响的重要性，无法回避也不能拖延，必须首先处理优先解决。它表现为重大项目的谈判，重要的会议工作等。

第二象限包含那些紧急但不重要的事情，这些事情很紧急但并不重要，因此这一象限的事件具有很大的欺骗性。很多人认识上有误区，认为紧急的事情都显得重要，实际上，像无谓的电话、附和别人期望的事等并不重要。这些不重要的事件往往因为它紧急，会占据人们的很多宝贵时间。

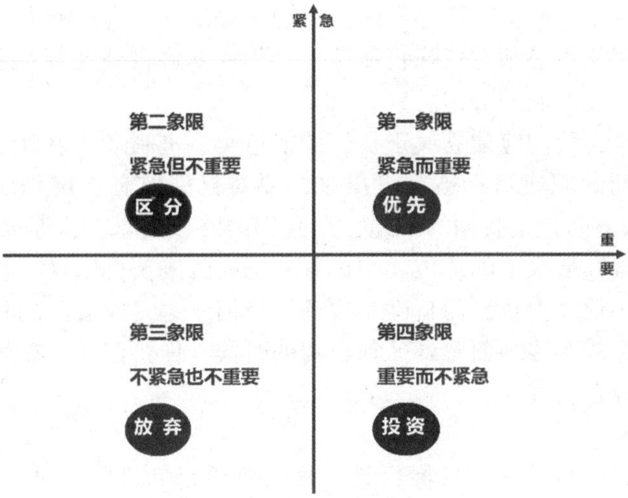

图 6-3　四象限时间管理法示意图

第三象限包含琐碎的杂事，没有时间的紧迫性，没有任何的重要性，这种事件与时间的结合纯粹是在扼杀时间，是在浪费生命。发呆、上网、闲聊、游逛，这是饱食终日无所事事的人的生活方式。

第四象限不同于第一象限，这一象限包含的事件不具有时间上的紧迫性，但是它具有重大的影响，对于个人或者企业的存在和发展以及周围环境的建立维护，都具有重大的意义。

应优先解决第一象限，首先要有准确的判断能力，确定是既紧急又重要的事情，然后优先处理。注意区分一二象限，第一象限和第二象限难以区分，第二象限对人们的欺骗性是最大的，它很紧急的事实造成了它很重要的假象，耗费了人们大量的时间。依据紧急与否是很难区分这两个象限的，要区分它们就必须借助另一标准，看这件事是否重要。也就是按照自己的人生目标和人生规划来衡量这件事的重要性。如果它重要就属于第一象限的内容；如果它不重要，就属于第二象限的内容。

注重投资第四象限。第一象限的事情重要而且紧急，由于时间原因人们往往不能做得很好。第四象限的事情很重要，而且会有充足的时间去准备，有充足的时间去做好。可见，投资第四象限，它的回报才是最大的。

果断放弃第三象限。第三象限都是既不重要也不紧急的琐事，但它们往往使人们难以脱身，所以人们经常会跌进第三象限而无法自拔。例如，玩游戏、看娱乐视频等，只要一玩起来就很难停下来，会花费大量的时间。

五、其他因素的管理

(一) 自律性管理

未来职务的晋升、职业生涯的成功取决于多种因素工作时间的长短仅仅是影响职位发展的表象因素，真正的核心因素在于能力的积累。企业对与各层级人员都有一些基本的素质要求，可总结为六个方面：责任心、团队意识、忠诚度、沟通能力、学习能力及科学思维方式。要积累这些能力必须有较强自律性，自律程度将会是人与人之间拉开距离的关键因素，将会是促进职业发展的关键因素。

为了强化自律性，我们应建立属于自己的特色奖惩机制来约束自己，最终的目标是要实现自我控制。我们的职业目标被制订出来，要对目标保有一定程度的尊重甚至是“敬畏”，目标是我们的方向，是我们的准绳，是我们的终极追求。人是实现目标的主体，然而目标才拥有最中心和最根本的地位。当你看到别人的成功可以复制就想要改变自己目标的时候，当你看着小伙伴去玩，而自己一边挥汗流泪一边完成自己的时间表的时候，当你觉得为了自己的目标放弃很多而感到孤独寂寞的时候，你要记住：在某种意义上，不是你管理目标，而是目标在管理你。

(二)效率管理

任何项目都需要评估效率，目标也是一样，要给目标进行评估，做最好和最坏的打算，以及如何应对和处理，其实就是风险规避和应对，在这些干扰实施的条件下，要提升完成任务的效率以及避免造成烂尾、亡羊补牢。

(三)情绪管理

大学生在其心智发育尚未成熟的同时需要承担来自学业、人际关系、性格、就业规划、恋爱、家庭关系等方面的压力。其中学业成绩是最主要压力来源，人际关系和性格带来的压力紧随其后。对本科生和专科生来说，年级越高受职业生涯规划困扰的比例越高。到了大三，“为未来做打算”被列入要考虑的问题中，就业压力成了学生学业压力以外的第二大压力源。大四学生中，情绪困扰占比最高达47%。

情绪对个体的行为活动产生显著影响，积极的情绪可以提高人的活动能力，消极的情绪则会抑制人的活动能力。我们在生活、学习或工作中出现不良情绪是较为普遍的现象。如无法完成既定目标时会出现挫败感；沉迷于网络游戏之后会有自责感；看到他人获得较好的成绩时会有嫉妒感等，这些都是不良情绪。及时调控不良的情绪，避免不良情绪影响活动是情绪管理的重要功课之一。可采用观念转变法、情境重现法、自我训练等方法来控制不良情绪。同时在平时应经常参加体育运动，适时地肯定自己，多接触乐观向上的人和事来培养自己的积极情绪。

情绪管理的目标就是就要将情绪调整到适中状态。尽可能延长健康积极的情绪的影响时间，及时化解消极情绪，将消极影响降到最低，避免影响心理健康。心理健康是指心理的各个方面及活动过程处于一种良好或正常的状态。心理健康的理想状态是保持性格完好、智力正常、认知正确、情感适当、意志合理、态度积极、行为恰当、适应良好的状态。好的心理健康状态对个体的重要性不言而喻。

心理学家将心理健康的标准描述为以下几点：具有充分的适应力；能充分地了解自己，并对自己的能力做出适当的评价；生活的目标切合实际；不脱离现实环境；能保持人格的完整与和谐；善于从经验中学习；能保持良好的人际关系；能适度地发泄自己的情绪和控制自己的情绪；在不违背集体利益的前提下，能够有限度地发挥个性；在不违背社会规范的前提下，能够恰当地满足个人的基本需求。我们可以据此进行心理健康的自我诊断。若自己的心理状况与心理健康标准有一定距离，就有针对性地加强心理锻炼，以期达到心理健康水平；若严重地偏离心理健康标准，就要及时地求医，以便早期诊断与早期治疗。

情绪管理和心理健康有着紧密的联系。在日常生活与学习中我们应加强心理修养，提高心理素质；主动接受心理教育，学习心理健康知识；学会心理调适，遇到负性事件主动向人求助，及时缓解负面情绪；培养积极、乐观、上进、自信的心态；客观评价自我，积极接纳自我；培养兴趣，丰富生活等。

（四）挫折管理

首先，要正确对待挫折，要认识到挫折是普遍存在的，任何人都会遇到挫折。挫折本身是具有两面性的，挫折是走向成功的阶梯。要树立正确对待挫折的态度，对挫折保持开放的姿态。挫折是机遇，是精神力量，是人生成长的宝贵财富，我们应该有变挫折为动力的能力和意识。

其次，挫折磨难是锻炼意志、增加能力的好机会。遇到挫折后应积极地采取行动，走出挫折的阴影。如遭遇挫折后，寻找自己好的一面，增强自信，进行冷静分析，从客观、主观、目标、环境条件等方面找出受挫的原因，采取有效的补救措施，借此机会锻炼意志、增加能力。

模块3：职业生涯规划管理的模式

设置职业生涯规划管理的模式这一模块，既符合职业生涯规划管理概述设计体系需要，又契合本模块内容所隐含的交叉学科背景。基于此，要探讨职业生涯规划管理的模式，首先要厘清职业生涯规划和职业生涯管理之间的差异，并将两者有机结合在一起，才能更好地理解不同的职业生涯管理模式。

一、职业生涯规划管理模式的起源

职业生涯规划管理模式起源于职业生涯规划，也称职业生涯设计，是建立在衡量、分析和总结一个人的职业主客观条件的基础上，结合周围组织环境和时代背景，来确定个人最佳的选择目标，并采取有效措施来实现。而这其中最为关键的控制点有两个：个人的主观能动性；人和组织之间的联系。

随着时间的推移，职业概念的含义发生了很大变化。在20世纪70年代，职业被定义为个人生活和工作的各个方面。随后，“事业”的概念被赋予了许多新的含义，甚至包括生活中个人、集体和经济生活的方方面面。所谓职业生涯，是指一个人一生所经历的职业道路。一个人的职业生涯是他一生的主要部分，在他的职业生涯中占有举足轻重的地位。人的职业生涯有很多不同的机会：有的人从事这个行业，有的人从事那个行业；有的人一生换好几个职业，有的人一生都在同一个岗位上；有的人继续学习、事业成功，有的人穷困潦倒、一事无成。人们职业生涯的差异是由个人能力、心理和能力以及社会环境的影响造成的。

职业生涯是一个动态过程，是一个人在职业生涯中所有与工作相关经历的连续集合体。它不以事业成败、发展进程为依据，无论地位高低，事业成败，每一个工作的人都有自己的职业生涯。从个体的视角理解职业生涯规划就是围绕人的“生涯”这一词展开，如果说“涯”是边界亦是终点的话，那么“生”就是起点，人的一生包括青春期、成熟期和老年期，其中成熟期无疑是最重要的时期。这个时期之所以重要，是因为它是人们忙于职业生活的时期，是职业发展日趋成熟稳定的阶段，更是自我实现和追求理想的历程。

二、职业生涯规划管理模式的差异

结合职业生涯规划管理的起源，我们不难发现，职业生涯规划管理是人们规划、选择、调整和发展自己职业生涯的活动过程，同时也是组织采用一种有效方法来完成目标设定的过程。职业生涯规划管理模式绕不开的关系分别是个人与组织的关系、职业生涯规划和管理的关系。考虑到个人和组织的关系贯穿职业生涯全过程，我们讨论其管理模式的差异势必侧重于职业生涯规划和管理的差异，其具体体现在以下四个方面。

(一)概念范畴不同

职业生涯管理的范围比职业生涯规划更广。职业生涯管理涵盖了包括职业生涯规划、职业选择和职业发展的一系列活动过程。而职业生涯规划仅仅是职业生涯管理的一个部分，其主活动分别是职业能力获得、职业准备、职业目标选择和职业策略制定与调整等过程。

(二)实施主体不同

职业生涯管理主要是以组织为中心，是组织管理者根据组织的政策和需求，结合员工个人职业生涯规划，不断实现组织目标和个人生涯目标的协调统达到共同发展的过程。职业生涯规划的实施主体主要是员工，是个人根据自身条件和环境状况所选择的与工作有关的体验和经历。

(三)实施手段不同

职业生涯管理主要依托组织人力资源管理的相关职能来实现，比如建立各种适合员工发展的职业通道、针对员工职业发展需求进行培训等。1986 年古特里奇提出职业生涯管理的五种常见方法，分别是：①给员工提供自我评估的工具和机会，如职业生涯讨论会、提供职业生涯规划手册等。②个别咨询，如人事部职员与员工讨论个人职业生涯规划，聘请专家或通过直接上司帮助员工确定个人职业生涯目标等。③发布内部劳动力市场信息，如公布空缺职位、介绍职业生涯通道等。④设置潜能评价中心，如评价中心、心理测验、替换或接班人计划等。⑤实施发展项目。此外，我国台湾地区学者李肇平还提出 10 种职业生涯管理方案，来整合人力资源计划、设计生涯发展途径，提供生涯的各种信息、公布空缺职位、员工评估、生涯咨询、工作经验的历练、主管的支持、教育训练计划的支持、新的人事政策。相比之下，个人职业生涯规划主要集中在自我测评、自我学习和社会实践等微观层面的个人行为。

(四)影响两者的因素不同

从职业生涯规划与职业生涯管理的实施手段和主体分析，影响员工进行生涯规划和组织实施生涯管理的因素存在较大的差异。就员工个本而言，个人对职业的准备和选择主要受到个体层面变量的影响。这些变量包括员工对个人兴趣和能力的认知程度、员工自我提升意识的强弱、员工对职业前景的预期，以及员工所受教育程度、家庭背景和经济状况等。从一定意义上讲，个人职业生涯规划是以自我实现为基础，这种自我实现并不局限于特定的组织内部。而组织职业生涯管理要取得成功，不仅要看员工个体是否有清晰合理的个人职业规划，发展特定目标的系列活动，同时，组织人力资源管理职能是否完善、管理者态度和价值观、组织资源获取的可行性等都影响职业生涯管理的成败。一般而言，影响组织职业生涯管理因素主要是组织层面的变量。由于影响变量的不同，组织和员工在进行职业规划与职业管理时关注的重点各有所侧重。

三、职业生涯规划管理模式的类别

(一)以个人为导向的职业生涯管理模式

以个人为导向去规制职业生涯规划，就会发现难以量化和考核，尤其是对周期的界定，如果以月度划分就会周期太短难以获取有效信息，以十年划分就会难以协调，因而引入企业管理中的“滚动式计划法”并加以修改，就能让职业生涯管理模式变得灵活和高效。滚动式计划法是以年度划分的长期规划方式，具有能高效执行、灵活调整的优势，是建立在已有的计划基础上、每经过一段固定的时期(例如一年或一个季度，这段固定的时期被称为滚动期)、结合年末的总结情况来分析变化情况、据此调整新一年度的计划，来确保实现原有的计划，而每次调整时，确保每一个滚动周期不变，只调整期末的下一规划方案，并持续将滚动期退推动到下一个周期。

采用滚动计划法，可以根据环境条件变化和实际完成情况，定期对计划进行修订，使个人始终有一个较为切合实际的长期计划作指导，并使长期计划能够始终与短期计划紧密地衔接在一起。在制订工作计划时，一般都难以对未来一个时期各种影响计划实现的因素作出准确无误的预测，因此制订出来的计划往往不能完全符合未来的实际情况。在这种情况下，为了使计划能够起到指引个人发展的作用，不得不在计划执行过程中进行经常的调整。采用滚动计划法来制订工作计划，可以充分发挥计划的灵活性，从而克服以上问题。

在计划编制过程中，尤其是编制长期计划时，为了能准确地预测影响计划执行的各种因素，可以采取近细远粗的办法，即近期计划订得较细，远期计划订得较粗。在一个计划期结束时，根据上期计划执行的结果以及本人的实际体验，对原订计划进行必要的调整和修订，并将计划期顺序向前推进一期，如此不断滚动。

1. 以个人为导向的职业生涯管理模式的意义

(1)有利于强化职业生涯规划阶段的思政引领，完善个人的三观。

职业生涯规划管理的目的是为了帮助个人更好的认识自己、了解社会就业动态和行情、不断进行自我完善，从而制定出一份切合自身发展的职业目标，最终成为一名有价值、全面发展的人。思想政治教育的主要目的是为了培养人的道德情操，从而树立正确的人生观、世界观和价值观，不断健全独立的人格。而以个人为导向开展职业生涯管理，就必须适时的引入思想政治教育，或者说职业生涯规划离不开思政引领，这种导向不仅可以满足个体的需求，将理想目标与现实目标有效结合，实现自己的人生价值，同时还是顺应时代潮流的必然选择，

通过自我分析，结合当前的社会就业动态，合理制定出符合自身的职业目标，在充分

发挥主观能动性的基础上完成对个体的思政引领和三观塑造。

(2)有利于差异化管理，更快地完成个人的角色转变。

个人的发展明显具有阶段性，以大学生为例，一年级是学生由高中生想大学生角色转变的时期，是大学学习和生活的适应期，由高中的紧张高压学习一下子转变为自由支配时间较多的大学生活，会出现目标缺失和过度放纵，因此导入生涯规划设计，有助于帮助学生在适应大学生活的基础上，激发他们对未来的学习和生活的思考。具体做法为通过自我认知中性格和兴趣的测试，正确评价自我、认识自我，并在此基础上找到自己适合或喜欢的职业，查找目前自身条件与未来职业差距；专业带头人讲座初步了解专业学习步骤和专业就业范围；新老师交流会，了解大学生活和学习特点；最终制定长期和短期学习目标，合理规划四年大学生活，建立学生职业规划档案。在此基础上再以主题班会或问卷调查，完成价值观探索，真正做到由内而外的激发学生的学习动力，提高学生的自我管理能力。

二年级学生重在技能准备和就业前的工作世界探索。技能准备主要包括专业学习和能力锻炼。专业学习，是在学好学校规定课程基础上，有目的为职业做其他知识的准备，如考技能证书、英语等级考试、计算机相关知识学习、学历提升等，建立合理的知识结构。能力锻炼则是其他技能的准备，通过担任学生干部，参加各类校园活动全方位提升自己综合素质。就业前的工作世界探索，作为学校层面主要是组织专业教师开专业讲座，招聘企业做企业家讲坛、优秀毕业生走访和优秀毕业生事迹宣讲。通过这些让学生了解行业一线信息和企业文化、了解往届学生就业情况及职业发展前景。作为学生自己通过参加人才市场招聘会、搜集各类求职信息、简历撰写、模拟面试等，了解工作世界。最终在大二通过以上方式来查找不足，补充知识、培养能力、修订个人规划，为将来就业做好各项准备。

三年级、四年级是上岗实习和毕业实习，是真正进入实战的阶段，重在进行职业适应，落实职业规划，走好求职之路。学生职业规划管理的重点在于做好自身角色转换引导，开展围绕就业形式、就业政策、就业程序与方法的指导。

2. 以个人为导向的职业生涯管理模式的流程

从个人职业生涯的管理来看可以分为以下6个步骤：

(1)立志。

个人职业生涯规划的第一个要素是确认个人的志向和人生目标，也就是“立大志、明大德、成大才、担大任的时代新人”。

(2)知己——自我。

个人职业生涯规划的重要因素是自我认知。自我认知包括：个人兴趣、能力、价值观、个性、职业锚等。自我认知是对自我深层次的剖析，了解自己能力的大小，明确自己的优势和劣势，根据过去的经验、经历，选择未来可能从事的工作方向，从而解决“我想干什么”和“我能干什么”的问题。关于自我认知的维度有很多，第一方面是价值观。萨柏(Super)提出了15种与职业有关的价值观，即利他主义、美的追求、创造力、智能刺激、成就感、独立性、声望、管理的权力、经济报酬、安全感、工作环境，与上司的关系、与同事的关系、生活方式的选择、变异性。自我评价的第二个重要方面是个人兴趣。许多研究表明，兴趣和职业满足具有显著相性。自我认知的第三个重要方面是个人的一般能力。能力是一种心理特征，是顺利实现某种活的心理条件。一般能力会影响个人职业生涯发展和成功的水平。

(3)知彼——环境。

“知彼”就是探索外在的世界，包括社会环境、职业特性、地域特点、行业与企业所需的能力、就业渠道、工作内容、工作发展前景、行业与职业的薪资待遇等。“知彼”是了解工作舞台的特性，它和“知己”一起构成了职业生涯认知的两面。遗憾的是，许多人并不了解自己面对的职业世界在发生何种变化，缺乏对职业信息应有的关注。对个人而言，了解职业世界就要了解职业社会的组成，了解组织能够提供哪些职位，什么样的学术准备或训练是必需的，组织人力资源正常有什么样的特征，以及组织对新人晋升提供什么样的具体机会，等等。

(4)抉择。

抉择即做决策，是个人根据自己的爱好、特长、社会需要以及自己的利益要求选择适合自己的职业。职业生涯的决策不同于一般意义上的日常决策。从什么地方购买商品可能会影响到个人一时的生活质量，而职业生涯的决策却很能影响个人的一生，因此，职业生涯决策对人们生活的影响非常巨大。现实中，人们往往在面对职业决策时表现得犹豫不决恰好说明了职业生涯决策的重要性。正确的职业决策不仅需要有足够的信息和时间保证，而且对个体自身经验、阅历等要求较高。

(5)制定职业目标。

职业目标是在知己知彼的基础上，根据自身的特点，结合社会环境，规划自己的人生职业目标。职业目标可以分为终身职业目标、长期职业目标、中期职业目标和短期职业目标。相对而信，长期的职业目标比较模糊，不很精确，往往只是某种职业期望。而中短期的职业目标需要具体、细致和精确。长期职业目标对短期职业目标具有导向性。职业目标并不是固定不变、静止不动的，而是动态的、反复的过程。职业目标的制定决定了个人职业发展的方向。

(6)行动。

有了明确的人生目标后，就要付诸行动。只有行动才能真正达成自己的人生目标。行动是职业生涯规划者在目标基础上罗列的一系列实现目标的具体措施，如，何时何地参加何种培训、何时何地拜访某位上司等比较琐碎的事务安排。行动必须支持目标为目标服务。同时，行动还需要具有可行性和弹性，能够根据外部环境和自身条件的变化进行调整。行动应有对时间的要无时间限制的行动难以确保职业目标的实现。

(二)以组织为导向的职业生涯管理模式

1. 基于发展圆锥体模型的职业生涯管理模式

1971 年，美国麻省理工学院施恩教授提出个人在特定组织内的三种流动方式，以实现组织对个人职业生涯的帮助和管理。这就是著名的员工职业发展圆锥体模型，指出人们在组织内部的职业发展规划表现为向内的核心维度发展、横向的职能维度发展、垂直的职级维度发展等三种模式。

(1)向核心地位流动模式。

这种流动方式是由组织外围逐步向组织内圈方向变动。当发生这类变动时，成员对组织情况了解得更多，承担的责任也更为重大，并且经常会参加重大问题的讨论和决策。一个人进入一家企业后，由新入职的员工身份逐渐得到团队成员和老板的认同，这个过程本身就是向内发展。

有时企业会主动采取这种模式帮助员工发展。一是由于个人的能力和努力取得组织的认可，但不适合于提升到组织的更高等级；二是准备让个人沿纵向上行，但暂时无法提供相应的职位。通常，核心度越高，说明你在企业的重要性越高，职业稳定度也就越高。

(2)横向的职能维度发展。

这种流动方式是组织内部个人的工作或职务沿着职能部门或技术部门的同一等级进行发展变动。这种方式的流动，会让你的工作更加丰富化，对企业的运营会有更全面的了解，有利于把自己培养成掌管全局的管理人员，为以后的纵向发展作准备。

(3)垂直的职级维度发展。

这种流动方式是指组织内部的职位的升降。在一般的观念中，只有纵向的上行流动，才是得到发展和肯定。如果某个人得到职位等级的提高，但仍然没有列入组织重要的核心活动或决策之列，则意味着“明升暗降”，或只是一种特别的待遇而已。

“垂直”型发展是员工职业发展的主要模式。这种发展模式要求员工达到目标职位所应具备的能力、素质等条件，员工总是在能力或素质达到一定水平后，才能上升或被提升到更高层面的职位，企业则通过设立相应的职业发展阶梯，为员工提供职业生涯持续发展的可能性和具体台阶。

在这个三维模式中，朝核心方向变动则是从圆锥体的外围向圆锥体的中心变动；横向变动是围绕圆锥体周围，从一个职能或部门向另一种职能或部门变动；纵向的变动是一种上下升降的圆锥体。现实的职业发展路线是三种之间的有机结合。

2. 以组织为导向的职业生涯管理原则

(1)利益整合原则。

利益整合是指员工利益与组织利益的整分过形整台不是牺牲员工的利益，而是处理好员工个人发展和组织发展的关系寻找个人发展与组织发展的结合点。每个个体都是在一定的组织环境与社会环境中学习发展的，因此，个体必须认可组织的目标和价值观，并把它的价值、知识和努力集中于组织的需要和机会上。

(2)公平、公开原则。

在职业生涯规划方面，企业在提供有关职业发展的各种信息、教育培训机会、任职机会时，都应当公开其条件标准，保持高度的透明度。这是组织成员的人格受到尊重的体现，是维护组织成员整体积极性的保证。

(3)协作进行原则。

协作进行原则，即职业生涯规划的各项活动，都要由组织与员工双方共同制定、共同实施、共同参与完成。职业生涯规划本是好事，应当有利于组织与员工双方。但如果缺乏沟通，就可能造成双方的不理解、不配合以致造成风险，因此必须在职业生涯开发管理战略开始前和进行中，建立相互信任的上下级关系。建立互信关系的最有效方法就是始终共同参与、共同制定、共同实施职业生涯规划。

(4)动态目标原则。

一般来说，组织是变动的，组织的职位是动态的，因此组织对于员工的职业生涯规划也应当是动态的。职业发展目标或措施要具有弹性或缓冲性，要能依循环境的变化而做出调整。在“未来职位”的供给方面，组织除了要用自身的良好成长加以保证外，还要注重员工在成长中所能开拓和创造的岗位。

(5)时间梯度原则。

由于人生具有发展阶段和职业生涯周期发展的任务，职业生涯规划与管理的内容就必须分解为若干个阶段，并划分到不同的时间段内完成。每一时间阶段又有“起点”和“终点”，即“开始执行”和“达到目标”两个时间坐标。如果没有明确的时间规定，会使职业生涯规划陷于空谈和失败。

(6)发展创新原则。

发挥员工的“创造性”这一点，在确定职业生涯目标时就应得到体现。职业生涯规划和管理工作，并不是只是制定一套规章程序，让员工循规蹈矩、按部就班地完成，而是要让员工发挥自己的能力和潜能，达到自我实现，创造组织效益的目的。还应当看到，一个人职业生涯的成功，不仅仅是职务上的提升，还包括工作内容的转换或增加、责任范围的扩大、创造性的增强等内在质量的变化。

(7)可行性原则。

职业发展目标或措施应该充分考虑到个人、社会和企业环境的特点与需要，要从实际出发，各阶段的路线划分与措施安排应切实可行。

(8)可持续性原则。

拟定职业生涯规划方案时要考虑到职业生涯发展的整个历程的连贯性。在实施职业生涯规划的各个环节上，对员工进行全过程的观察、设施和调整，以保证职业生涯规划与管理活动的持续性，使其效果得到保证。

(9)可评价原则。

职业生涯规划的目标、措施应当清晰、明确，实现目标的步骤应当简明清晰、直截了当，要明确时间限制或标准，以便评价、检查，使自己随时掌握执行的情况，并为进一步修正职业生涯规划提供依据。

3. 以组织为导向的职业生涯管理类型

1909年美国波士顿大学教授弗兰克·帕森斯(Frank Parsons)在其《选择一个职业》的著作中提出了人与职业相匹配是职业选择焦点的观点，他认为，每个人都有自己独特的人格模式，每种人格模式的个人都有与其相适应的职业类型。人—职匹配理论即关于人的个性特征与职业性质一致的理论。其基本思想是，个体差异是普遍存在的，每一个个体都有自己的个性特征，而每一种职业由于其工作性质、环境、条件、方式的不同，对工作者的能力、知识、技能、性格、气质、心理素质等有不同的要求。因此，在进行职业决策(如选拔、安置、职业指导)时，就要根据一个人的个性特征来选择与之相对应的职业种类，即进行人—职匹配。如果匹配得好，则个人的特征与职业环境协调一致，工作效率和职业成功的可能性就大为提高；反之，则工作效率和职业成功的可能性就很低。因此，对于组织和个体来说，进行恰当的人—职匹配具有非常重要的意义。而进行人—职匹配的前提之一是必须对人的个体的特性有充分的了解掌握，而人才测评是了解个体特征的最有效方法。所以，人—职匹配理论是现代人才测评的理论基础。在人一职匹配理论指导下，个人职业生涯规划的主要关键在于识别个体的自身特征和组织岗位的基本要求。为此，在过去几十年的职业发展研究中，心理学家开发出了各种测量个性特征的量表，这其中最著名的就是美国约翰·霍普金斯大学心理学教授和职业指导专家约翰·霍兰德编制的兴趣量表——职业自我探索量表(Self-Directed Search)。与此同时，针对工作的分析技术也大量涌现并日趋成熟。工作分析和个性分析方法极大地实现了由以前依靠经验和主观感受来选择职业的传统方法向依靠科学手段进行职业决策的现代方法的转变。

20世纪50年代美国心理学家萨柏(D. Super)提出了人—组织匹配理论，学者Kristof在总结了相关研究的基础上提出了其整合模型。与人—职匹配职业规划模式不同，人—组织匹配模式将职业规划过程放在人与组织充分互动的框架里，对人和组织的定义和评估更广泛，它强调在职业规划过程中要达到两种匹配：第一，互补匹配，即个人的知识、技能和能力等与工作任务要求或职位的关键要求一致；第二，一致匹配，即个人的整体个性(如需求、兴趣和价值观)与组织的气氛或文化相一致。人一组织匹配职业规划以一致匹配作为基础，以保证互补匹配的功效发挥。基于此，个人职业生涯规划主要体现出以下基本特征：

(1)个体不仅需要借助专业工具来测评自己的知识和技能，还需要分析个体的个性、价值观、个人目标和态度等。因此，借助战略分析中的SWOT分析方法可以较好地实现研究对象内部优势、劣势和机会与威胁等的多位匹配。

(2)个体进行组织分析时，不再局限于对具体岗位要求的界定和评估，而是对组织特征进行综合评估，这些评估内容涉及组织目标、组织环境属性、组织文化氛围和组织价值观等。

(3)组织对个人职业生涯规划的管理以人的全面发展，实现组织与员工持久关系为目标，双赢成为职业生涯规划的基本原则。组织在充分尊重员工个人意愿的前提下，为员工提供职业发展的空间。具体而言，当个人与某一职位要求匹配较差时，组织应该考虑为员工提供其他工作岗位，实现个人价值。

单元十四　职业生涯规划管理实践

模块1：职业生涯规划管理方法

在前面的章节中，我们已经掌握了职业生涯规划管理概述。职业生涯规划是根据个人对自身的主观因素和客观环境的分析，确立自己职业生涯发展目标，在选择这一目标之后并制定相应工作、学习计划，采取必要行动实施职业生涯目标的过程。这个过程，一定要科学决策，目标清晰，而且需要指标进行衡量；这个过程，也需要科学管理，有效管理。

一、人才测评管理法

做好职业生涯规划的前提是个人能够清晰了解自我，个人的自我认知是科学而具体的。为此，人才测评成了职业生涯规划的有效管理手段和方法。以任职评价为基准的人才测评体系，为了确保体系有效，通过深入挖掘和实践测评研究，分别开发出量化的人才测评手段与工具，其目的都是通过各种方法，有效地减少应聘双方的信息不对称。目前社会上的测评手段有心理测验、纸笔考试、情景模拟、面谈、履历检查等。其中情景模拟还包含文件筐测试、无领导小组测评等方式。这些方法的使用将结合不同岗位胜任力素质特征来综合使用。

一是履历分析。个人履历档案分析是根据履历或档案中记载的事实，了解一个人的成长历程和工作业绩，从而对其人格背景有一定的了解。近年来这一方式越来越受到人力资源管理部门的重视，被广泛地用于人员选拔等人力资源管理活动中。使用个人履历资料，既可以用于初审个人简历，迅速排除明显不合格的人员，也可以根据与工作要求相关性的高低，事先确定履历中各项内容的权重，把申请人各项得分相加得总分，根据总分确定选择决策。

研究结果表明，履历分析对申请人今后的工作表现有一定的预测效果，个体的过去总是能从某种程度上表明他的未来。这种方法用于人员测评的优点是较为客观，而且低成本，对于评判员工的职业生涯规划具有非常实用的效果。但是这种方法也存在一些问题，比如：履历填写的真实性问题；履历分析的预测效度随着时间的推进会越来越低；履历项目分数的设计是纯实证性的，除了统计数字外，缺乏合乎逻辑的解释原理。

二是纸笔考试。纸笔考试主要用于测量人的基本知识、专业知识、管理知识、相关知识以及综合分析能力、文字表达能力等素质及能力要素。它是一种最古老、而又最基本的人员测评方法，至今仍是企业组织经常采用的选拔人才的重要方法。

纸笔考试在测定知识面和思维分析能力方面效度较高，而且成本低，可以大规模地进行施测，成绩评定比较客观，往往作为人员选拔录用程序中的初期筛选工具，在研究生考试、公务员考试、事业单位考试等考试中应用广泛，且占了较大比重。

三是心理测验。心理测量是通过观察人的具有代表性的行为，对于贯穿在人的行为活动中的心理特征，依据确定的原则进行推论和数量化分析的一种科学手段。心理测验是对胜任职务所需要的个性特点能够最好地描述并测量的工具，被广泛用于人事测评工作中。第一种测验是标准化测验。标准化的心理测验一般有事前确定好的测验题目和答卷、详细的答题说明、客观的计分系统、解释系统、良好的常模以及测验的信度、效度和项目分析数据等相关的资料。通常用于人事测评的心理测验主要包括：智力测验、能力倾向测验、人格测验、其他心理素质测验，如兴趣测验、价值观测验、态度测评等。标准化的心理测验同样具有使用方便、经济、客观等特点；第二种心理测验是投射测验。投射测验主要用于对人格、动机等内容的测量，它要求被测试者对一些模棱两可或模糊不清、结构不明确的刺激做出描述或反应，通过对这些反应的分析来推断被试者的内在心理特点。它基于这样一种假设：人们对外在事物的看法实际上反映出其内在的真实状态或特征。投射技术可以使被试者不愿表现的个性特征、内在冲突和态度更容易地表达出来，因而在对人格结构、内容的深度分析上有独特的功能。但投射测验在计分和解释上相对缺乏客观标准，对测验结果的评价带有浓重的主观色彩，对主试和评分者的要求很高，一般的人事管理人员无法直接使用；第三种心理测验是笔迹分析法。运用笔迹学知识和技术，对具体的笔迹现象进行心理学意义的测量和评估，得出有关笔迹书写者个性特征与内心世界诸方面的结论。第四种常见的心理测验十迷宫游戏法。此法就是通过迷宫游戏的方式搜集测评者的信息，是评估人的表现和表现能力的新方法，它以心理诊疗，医学以及神经学的最新科学研究成果为基础，有效地克服了被测者记忆考题产生的问题，从心理学、神经学的双重角度对测评者给出客观而科学的评价. 迷宫游戏法有着简捷、方便、高效度、高信度、低成本、隐蔽性强、无倾向性、趣味高等优势。欧美国家，在人才的招聘和选拔过程中已广泛使用迷宫游戏法这种人才测评方法。

四是面试。面试是通过测试者与被试者双方面对面的观察、交谈，收集有关信息，从而了解被试者的素质状况、能力特征以及动机的一种人事测量方法。可以说，面试是人事管理领域应用最普遍的一种测量形式，企业组织在招聘中几乎都会用到面试。面试按其形式的不同可以分为结构化面试和非结构化面试。所谓结构化面试就是首先根据对职位的分析，确定面试的测评要素，在每一个测评的维度上预先编制好面试题目并制定相应的评分标准，对被试者的表现进行量化分析。不同的测试者使用相同的评价尺度，对应聘同一岗位的不同被试者使用相同的题目、提问方式、计分和评价标准，以保证评价的公平合理性；非结构化面试则没有固定的面谈程序，评价者提问的内容和顺序都取决于测试者的兴趣和现场被试者的回答，不同的被试者所回答的问题可能不同。面试的特点是灵活，获得的信息丰富、完整和深入，但是同时也具有主观性强、成本高、效率低等弱点。

五是情景模拟。情景模拟是通过设置一种逼真的管理系统或工作场景，让被试者参与其中，按测试者提出的要求，完成一个或一系列任务，在这个过程中，测试者根据被试者的表现或通过模拟提交的报告、总结材料为其打分，以此来预测被试者在拟聘岗位上的实际工作能力和水平。情景模拟测验主要适用于管理人员和某些专业人员。常用的情景模拟测验包括以下四种：一是文件筐作业。将实际工作中可能会碰到的各类信件、便笺、指令等放在一个文件筐中，要求被试者在一定时间内处理这些文件，相应地作出决定、撰写回信和报告、制订计划、组织和安排工作。考察被试者的敏感性、工作独立性、组织与规划能力、合作精神、控制能力、分析能力、判断力和决策能力等。二是无领导小组讨论。安排一组互不相识的被试者(通常为6~8人)组成一个临时任务小组，并不指定任务负责人，请大家就给定的任务进行自由讨论，并拿出小组决策意见。测试者对每个被试者在讨论中的表现进行观察，考察其在自信心、口头表达、组织协调、洞察力、说服力、责任心、灵活性、情绪控制、处理人际关系、团队精神等方面的能力和特点。三是管理游戏。以游戏或共同完成某种任务的方式，考察小组内每个被试者的管理技巧、合作能力、团队精神等方面的素质。四是角色扮演。测试者设置一系列尖锐的人际矛盾和人际冲突，要求被试者扮演某一角色，模拟实际工作情境中的一些活动，去处理各种问题和矛盾。情景模拟测验能够获得关于被试者更加全面的信息，对将来的工作表现有更好的预测效果，但其缺点是对于被试者的观察和评价比较困难，且费时。

人力资源开发和管理的基础和前提是知人，知人才能善任。人才测评在许多招聘考试中得到了极为广泛的重视和应用，为大学生职业生涯规划的管理提供了有效的检测手段，为同学们科学规划职业生涯指明了方向。

二、年龄管理法

大学生多数已经年满18岁。大学生在这个年龄段进行职业生涯规划有助于引导大学生进行人生价值的思考，树立正确的职业理想；可以有助于大学生正确认识自身的个性特质、兴趣和能力倾向，从而学会运用科学的方法，采取行之有效的措施，提升自己的职业能力，从而实现职业规划和理想。

某会计本科专业学生立志做上市公司财务总监，这就需要学生按照如下小目标来实现。第一步，考取会计专业研究生；第二步，在读研期间考取CPA、证券从业资格证、银行从业资格证等证书；第三步，进入企业做财务相关工作；第四步，不断积累工作经验，丰富自身工作岗位和阅历，比如公司投融资、市场开拓、人力资源、财务规划、资本运作等岗位或业务，都要逐步涉及；第五步，进一步提高业务水平，完成重大项目，提升从业能力，做财务主管；第六步，在财务主管的岗位上，仍然需要不断更新自生知识体系，提升个人能力，才有可能被任命为一家上市公司的财务总监。从年龄阶段发展历程来看，对于大学生就业来说，表6-1可供参考。

表6-1　大学生就业职业生涯规划的发展历程(会计专业)

年龄	身份(目标)	努力方向
18~22岁	研究生	努力学习，考会计初级职称、英语四六级等
23~25岁	任职上市公司财务	考CPA、证券从业、基金从业、银行从业等证书
26~31岁	财务主管	考会计中级职称、积累财务相关工作经验
32~36岁	财务总监	考高级会计职称，积累融投资、资本运作、人力资源等岗位经验

例如：某计算机本科专业学生想创业开一家互联网+企业，实现目标的方式也是要一步一步来实现。第一步，在校期间不仅要学懂学精计算机专业课程，还要多参加校园创新创业计划大赛、全国大学生创新创业训练计划、全国挑战杯比赛等活动，从活动中锻炼自己的管理、策划、分析和组织能力；第二步，在校期间多去企业进行行业或专业实践，了解所创业行业的现状，为创业做好理论和思想基础；第三步，大四的时候开始组建创业团队，进行市场调研，开展项目可行性分析，筹措资金；第四步，向学校有关部门和工商部门了解大学生创业扶持有关政策，如果条件允许，可以先入住学校的大学生创业孵化器，在资金和场所方面会得到学校的大力支持；第五步，毕业之后，企业进入试运营阶段，保持进行财务分析、市场分析、营销分析，在不断纠错中前进；第六步，企业从无到有，从小到大，在不断学习优秀企业经验和不断的自我反省中成长，企业做大做强。从年龄阶段发展历程来看，对于大学生创业来说，表6-2可供参考。

表 6-2　大学生创业职业生涯规划的发展历程(计算机专业)

年龄	目标	努力方向
18~21 岁	积累创业知识	努力学好专业知识、多参加创新创业活动和比赛
22~23 岁	创办企业初期	做好企业调研、市场分析、资金筹措等准备
24~27 岁	企业进入稳定期	学习同行业其他优秀企业，多交流学习
28~35 岁	企业进入上升期	扩大投资规模、进行产业优化升级

例如：某法学本科专业学生想在公务员岗位上有所建树。这一目标的实现不能急功近利，更要处处以道德和法律为准绳，以党性修养为约束，以服务人民为己任。详细来说，第一步，在校期间要积极向党组织靠拢，要主动关注时政要闻和国家大事，积累常识；第二步，在校期间要努力学好法学专业的专业知识，以通过司法考试为目标；第三步，大四的时候报考国家公务员考试或省级公务员考试，根据自身能力和备考水平选择单位或岗位，不宜目标过高，努力考上公务员；第四步，要通过实践和自律使自己具备较好的领导、组织、协调能力，以为人民服务为宗旨，努力使自己在公务员岗位上发光发热，实现自身价值，如表 6-3。

表 6-3　大学生考公务员职业生涯规划的发展历程(计算机专业)

年龄	目标	努力方向
18~21 岁	储备知识、充实条件	努力学好专业知识、提升政治面貌和政治觉悟，储备基础知识
22~23 岁	努力参加考试	给自己两年时间，全心准备，全力考试
24~28 岁	公务员环境适应	熟悉和适应公务员制度，适应单位和同事环境
28 岁以上	公务员职业进入稳定和上升期	一边提升自身学历，一边继续加强党政方针的学习

根据《国务院关于工人退休、退职的暂行办法》的规定，我国职工现行退休年龄是，男性 60 周岁，女干部 55 周岁，女工人 50 周岁。也就是说对于大学毕业生，只有 30 多年的职业期。这 30 多年如何有效规划自己的职业生涯，便成了重中之重。主要来讲，以下几个方面要重视。

一是职场上会产生限制就业年龄的错配。根据脉脉数据研究院发布的《互联网人才流动报告 2020》显示，19 家互联网头部企业的人才平均年龄为 29. 6 岁。其中，字节跳动和拼多多的人才平均年龄仅为 27 岁，对于就业年龄限制比较多的都是跟互联网、人工智能等相关的新兴行业，比如从事技术开发或软件开发等职位，也可以理解为市场化强的行业更愿意招聘年轻人，同学在训责就读专业或者从事职业的时候，可以根据自身条件和家庭情况谨慎选择。当然也有不少行业是年龄越大越吃香，比如医生、老师、律师、金融行业等，都是随着工作经验、社会关系的不断积累而自身价值不断提升。

二是做好35岁之前的职业生涯规划。研究表明，职业生涯在35岁左右基本定型。这也是大部分公司在招聘中层以下的职位时，大都会有"年龄在35岁以下"的要求的原因了。给整个社会的感觉就是人过了35岁，在人力资源市场上就突然贬值了。好好规划职业生涯是非常重要的，做完善的大学生职业生涯规划有助于帮助个体更大化的激发自己的价值潜能。首先是要做自己喜欢的事情。要确定35岁之前自己目前的职业是否是自己所喜欢的，很多人在自己的岗位工作了几十年却没得到晋升是因为自己对于这个职业没有兴趣，只是单纯地为了赚钱养家，为了工作而工作。如果对自己的职业丝毫不感兴趣，那么对于晋升的积极性也就不高，领导要求做什么就去做什么，并不会提出自己的见解。这样下去，对工作没有激情，也就不会在工作上有所建树。其次是要发挥自身价值。如果说大学毕业之后的工作都是在为30岁之后发挥自身价值而做铺垫，那么30岁至35岁就是你发挥自身价值最好的时机。30岁之前的你可能不知道哪份工作适合自己，在不断地跳槽尝试其他工作。可是如果年过35岁还在不断跳槽进行选择，那么最能够自我发展的时间已经过去，即使跳到自己心仪的公司，也不一定能够发挥自己最大的价值。所以在30岁之前就要想好自己今后的职业规划，再在30岁至35岁时将自己的价值发挥到最大。最后是要树立影响力。30岁至35岁正是人们在职场大展宏图的好时机，不论是年龄还是阅历都能够让人认可。工作了近十年，一个人普遍会被认为在工作中应该有所建树，不然就是趋于平庸了。如果一个人在自己的职位上有所建树，那么就可以开始着手于更进一步了，努力提升自己的同时也要做到运用好之前的经验，尽量能够在自己的岗位上具有一定的影响力。

三、目标管理法

（一）大学生职业生涯规划分类

可以分为人生规划、长期规划、中期规划、短期规划四类。

（1）人生规划。人生规划是指跨度为整个职业生涯或整个生命长度的规划，时间长至80年。例如，设定人生的发展目标为成为一位影响上万农村儿童的农村教师。

（2）长期规划。长期规划一般是10年以上的规划。例如：立志10年后将所创办的企业在国内做上市，15年后做到在美国纳斯达克上市。

（3）中期规划。中期规划一般是3年以上10年以下的规划。例如：5年之后要考上公务员；3年之内考过注册会计师证书。

（4）短期规划。短期规划一般是3年以内的规划。例如：规划大一的第一个学期考过英语四级；大一的第二个学期考过英语六级；大二的第一个学期考过计算机二级；大二的第二个学期考过普通话证书；大三的第一个学期考过教师资格证、大三的第二个学期考过会计初级职称考试。

一个人要获得事业的成功，应该按照自身的实际情况和成功的规律来制定个人的行动目标。换句话说，一个人真正的成功者，必定是又明确奋斗目标的人。明确的奋斗目标，既是头脑中始终有清楚的目的，鉴定目标丝毫不放松，直到目标实现。

（二）目标管理法注意事项

（1）要与生活目标结合考虑。人生除了事业目标之外，还有婚恋、健康、养老、财富等必须要去面对的事情。这些事情都是直接影响着人生事业发展的效果与质量。因此，婚恋、健康、养老、财富必须要作为重要组成部分，在制定职业生涯目标的时候加以考虑。

（2）目标在同一时期不宜太多。“鱼和熊掌不可兼得”，人的精力和体力是有限的。有的同学到了大四的时候，又想考公务员、又想考研究生、又想去找工作，最后导致任何一个目标都没有实现。因此，同一时期定下的目标不宜太多，而是要集中精力去实现最重要的那个目标。

（3）目标要符合个人特点和优势。不同的人有不同的特点。有的人活泼开朗；有的人沉默寡言不善交际；有的同学学习特别勤奋刻苦；而有的同学不爱学习但是动手能力很强。人之才能，各不相同。目标选择不能偏离自己的优势和特长，也不能盲目选择自己不擅长或不喜欢的目标。一定要在目标选择上游刃有余，抓住目标选择的主动权。一般来说，大学生的专长和专业关系密切，因此个人职业生涯规划与个人专长是否匹配的评判标准就是——职业目标与专业对口，但也并非绝对。例如，学工科的同学，擅长新闻写作；学会计的学生，通宵法律条文；学历史的同学，热爱做化学实验等研究。因此，只有从自身实际出发，衡量比较自己在哪个领域比较擅长，找出自己的专长，自己的专长才是自己奋斗目标制定的最重要依据。

（4）目标高低要恰到好处。大学生应该树立远大理想。在与自己实际能力相符的范围内，目标越高，发展前途越大。远大的目标能够激励奋斗者不断努力，发奋工作，最终实现目标。但是，如果所定的目标远远低于自己的能力范围，那么制定规划的人势必会回避新的激励，从而陷入消极应付、徘徊不前的状态。同时，目标也不能太高。如果目标过高，会使人一直存在幻想，让规划制定者在现实中处处碰壁，逐渐失去前进的动力。

（5）目标要明确具体。目标必须清清楚楚摆在那里。哪个时间段干什么？干到什么程度？获得什么效果？都要有具体明确的要求。目标在内容上可以分为：学习目标、思想目标、岗位晋升目标、经济收益目标、身体锻炼目标等。目标之间只有做到互相配合，相互作用，才会促进个人身心健康、生活和事业的全面发展。

职业生涯目标一旦确定，就要有“走自己的路，让别人去说吧”的定力。大学生应该制定一个切实可行的目标，并且可以根据环境、个人情况变化适时进行调整修正。只有这样，大学生才会在前进路上减少自己在人生道路、前途选择上的犹豫徘徊，尽早实现大学的奋斗目标。

总之，在市场经济条件下，每位大学生要真正成为具有自主性的市场主体：自主择业、自己管理自己的职业。任何一个具体的职位都要求从事这一职业的个人具备特定的条件，如：教育程度、专业知识和技能水平，思想品质、体质状况等。并不是每一个人都能使用任何一个职业。一个人在择业上的自由度很大程度上取决于个人所拥有的职业能力和素养。将自身的潜能转化为现实的价值，需要每一位大学生科学有效地设计并管理好自己的职业生涯规划。

模块2：职业生涯规划管理技巧

职业生涯规划管理技巧包括职业选择技巧和职业发展阶段技巧。

职业选择是劳动者按照自己的职业期望和兴趣，凭借自身能力挑选职业，使自身能力素质与职业需求特征相符合的过程。职业选择是一项非常复杂的工作，会受诸多因素的影响，个人在作职业选择前，要先了解自己，了解自己的能力、气质、性格以及职业适应性。

一个人一生的职业发展可根据人的生理特点和职业发展特点分为不同阶段。许多学者对职业发展的不同阶段进行研究，如萨柏的职业生涯阶段理论、金斯伯格的职业生涯发展阶段理论、格林豪斯的职业生涯发展阶段理论、利文森的职业发展阶段理论、道尔顿和汤普森的职业发展阶段模型、施恩的职业发展阶段理论等。

有效的职业生涯规划管理技巧结合职业选择和职业发展阶段，可有效对个人作出初步职业选择，形成可行的发展目标，对于掌握职业技能起到一定的指导作用。

一、有效的职业生涯规划管理的特征

由于职业生涯规划管理是一个规律的持续的过程，可以尝试通过考察某一时点的职业决策的结果来评估职业生涯管理活动的效果。比如，一个人通过观察职业名称、责任及绩效水平的改良来估算职业生涯规划管理的有效性。但是，职业生涯规划管理是一个持续的可调整的过程，仅靠快速浏览一个人的绩效、职位并不足以了解这个人的职业生涯规划管理是否有效。对此，格林豪斯等人提出下列四个有效职业生涯规划管理的特征，并以此作为职业生涯管理模型的总结。

(一)有效的职业生涯规划管理需要对自我和环境有深入且准确的把握

虽然有些人几乎不了解自己可能在工作环境中面临的其他选择，但也可能恰好找到一份适合自己并能发挥自身能力的工作。但从长期来看，一个人若想进行有效的职业生涯规划管理，不能仅凭运气，职业生涯是由一生中很多决定组成的，对自我和环境的准确理解能够让人在恰当决策时扮演积极的角色。

(二)有效的职业生涯管理要求制定现实的目标，且符合个人的价值观、兴趣、能力及向往的生活方式

对自我和环境的准确理解，是有效职业生涯管理的必要但非充分条件。这些信息必须转化为制定一个目标的决定。也就是说，应根据个人的需要去制定相关目标。对一些人而言，他们倾向于选择其他人认为合适的目标，而不管这些目标是否能满足自己的需要。事实上，目标与个人需要和价值观的一致才是有效的职业生涯管理的特征。

(三)有效的职业生涯规划管理要求制定并执行适当的职业生涯战略

制定有效的职业生涯目标是一回事，按照计划尝试实现它又是另一回事。另外，即使一个人在没有意识到战略计划的情况下偶然达成了目标，这样的好运也不会总是重现，因为职业生涯规划管理需要长期的很多不同类型的决策，制定并执行职业生涯战略的技能对

有效的职业生涯管理来说是必不可少的。

（四）有效的职业生涯规划管理是一个不断改进的过程

有效的职业生涯管理要求一个持续的反馈过程，在面临有挑战的环境时做出相应调整，没有人能完全准确地掌握关于自己和环境的信息，尤其是在人与环境都处于不断变化之中。并且，目标和战略本身可能也需要改善甚至彻底推翻。在实际生活中，人们常常能感受到职业生涯中的“停滞”或者觉得好像遇到了“瓶颈”或“路障”。这种情况可能会使我们认识到自己的职业生涯计划在这种有挑战性的工作环境中是不合适的。认识的不全面和目标战略的不合适并不是无效职业生涯管理的信号，真正的问题在于个人缺乏对这些困难的觉察力并进行一些建设性的改进。因此，有效的职业生涯管理是一个不断改进的过程，是不完善的信息和决策被更好的信息和决策不断取代的过程。

从以上的论述中可以看到，职业生涯规划管理的技巧是建立在理性思维和行动的基础上的。格林豪斯等专家建议个人用系统的方法探索自我和环境，选定职业生涯目标，有意识地制定战略并密切关注自己和周围环境的变化。事实上，大量的研究也都表明，用理性的方法进行职业生涯规划管理是非常有用的，积极、自信的职业生涯管理能使个人受益无穷。然而，认为职业生涯规划管理应该是理性系统并不代表其是机械的、无感情的或一刀切的。格林豪斯等特别指出，从本质上讲，进行职业生涯规划管理时获取的信息从来都是不完整的，准确地发掘自我意识和环境意识是非常困难的，目标和战略可能修改很多次也无法起到相应作用。因此，个人在进行职业生涯规划管理时应当灵活借助相关测量工具，确定最优职业选择和最佳的职业发展路线。

二、有效职业生涯规划管理的测量工具

（一）职业胜任力

1. 胜任力的概念

胜任力（Competence）的概念最先是由美国心理学家戴维·麦克利兰（David McClelland，1973）提出的。他在发表于《美国心理学家》杂志上的论文《测试胜任力而非智力》中提出，单凭学术能力倾向测验和以知识为内容的测验并不能预测工作中的高绩效以及在生活中取得成功。他提出了“胜任力”的概念，认为通过某些个人特征和胜任力可以将高绩效者鉴别出来。在这里，麦克利兰将胜任力定义为一系列广泛的特性，所有与成功有关的心理或行为特征都可以看作胜任力。

他把胜任力划分为以下六个层次：

（1）知识，是指对某一职业领域有用信息的组织和利用；

（2）技能，是指通过重复而习得的从事某一活动的熟练程度；

（3）社会角色，是指一个人在他人面前想表现出的形象；

（4）自我概念，是指对自己身份的认识或知觉；

（5）人格特质，是指一个人的身体特征及典型的行为方式；

（6）动机与需要，是指决定一个人外事行为的内部动力。

知识、技能属于表层的胜任力特征，漂浮在水面上，很容易被发现；社会角色、自我

概念人格特质和动机与需要，属于深层次的胜任力特征，隐藏在水面下，且越往水下，越难发现，深层特征是决定人们的行为及表现的关键因素。

随着许多学者介入胜任力研究，胜任力的内涵也发生了许多变化。麦克利兰的同事波雅提兹(Boyatizis，1982)将胜任力定义为“个体的潜在特征，可能是动机、特质、技能、自我形象或社会角色的方面，或者他/她所运用的知识体”。Mirable(1997)把胜任力定义为：能区分高绩效和一般绩效的知识、技能、能力或者其他的一些特性。罗茨(Losey，1999)则提出了一个胜任力方程式，即：胜任力=智力+教育+经历+道德规范+/-兴趣。

2. 胜任力的特点

麦克利兰(1973)总结了以下五个胜任力特点：

(1)了解绩效的最好途径是观察人们实际上做了什么而取得成功，而不是依靠基于智力之类的潜在特质和特性的假定。

(2)测量和预测绩效最好的办法是让人们表现出你想要测量的胜任力的关键方面而不是实施一个测验来评估潜在的特质和特性。

(3)胜任力是可以学习和发展的，与此相反，特质和特性是通过遗传获得的，并且很难改变。

(4)胜任力是可见的、可理解的，人们可以理解并发展出达到绩效所必需的胜任力水平。

(5)胜任力和有意义的生活结果联系在一起，这些有意义的生活结果揭述了人们在现实世界里一定会表现的方式，而绝非是只有心理学家才能理解的深奥的心理特质或构造。

已有的应用研究发现，在不同职位、不同行业、不同文化环境中的胜任特征模型是不同的。能预测大部分行业工作成功的最常用的有20个胜任特征，主要分为六大类型。

(1)成就特征：成就欲、主动性、关注秩序和质量；

(2)助人/服务特征：人际洞察力，客户服务意识；

(3)影响特征：个人影响力、权限意识、公关能力；

(4)管理特征：指挥、团队协作、培养下属、团队领导；

(5)认知特征：技术专长、综合分析能力、判断推理能力、信息寻求；

(6)个人特征：自信、自我控制、灵活性、组织承诺。

3. 胜任特征评价的步骤

(1)定义绩效标准。

定义绩效标准就是要制定一些客观、明确的标准与规则，用来确定什么样的绩效是优秀的，什么样的绩效是差的，从而为该职位所需能力的研究提供基础。一般采用工作分析和专家小组讨论的办法来确定。

(2)确定效标样本。

确定效标样本，采用已确定的绩效标准，就可以鉴别和选取达到绩效标准的优秀组和没有达到绩效标准的一般组。

(3)获取效标样本有关的胜任特征的数据资料。

获取样本数据的方法会因使用的胜任力模型而有所不同，获取效标样本有关胜任特征的数据资料的方法有行为事件访谈法、专家小组讨论法、问卷调查法、全方位评价法、专家系统数据库法和观察法。

(4)分析数据资料并建立胜任特征模型。

将通过各种渠道获得的资料进行分析，确定绩优人员与一般人员的个性和能力，这个过程称为主题分析、概念形成。首先，由两位或两位以上经过训练的分析师将绩优人员与一般人员的资料列出来，寻找其中的差异，包括动机和技巧等。任何符合能力词典的动机、思想或行为都会编码。其次，分析师不断修正、提炼行为事件中的能力定义，一定要使每项能力在定义上都获得大家可以接受的“评分者间信度”。“评分者间信度”是指两个或两个以上的人阅读同一个故事时，能够彼此同意该故事是否包含某一个能力。各个事件由分析师不断评分，一直到他们的“评分者间信度”达到期望的标准为止。最后，编制成胜任能力词典，建立胜任特征模型。

(5)应用于实践。

将编制的胜任特征模型应用于人力资源管理的各环节，如培训开方、考核和薪酬激励。

(二)职业能力倾向及其测验

能力倾向意味着学习的能力，为了探索某个特定的职业领域就个人的能力而言是不是合适的选择，可以做一些能力倾向测验。目前有一系列的能力测验，包括“一般能力倾向测验”(General Aptitude Test Battery，GATB)、“军队职业能力倾向测验”(Armed Services Vocational Aptitude Battery，ASVAB)、“差别能力倾向测验”(Differential Aptitude Tests，DAT)和“职业能力安置调查”(Career Ability Placement Survey，CAPS)。

能力倾向测验测量的是个人在某些能力领域(通常是8~9个)的学习能力，而智力测验则往往只给出了一个一般学习能力或学习潜能的分数。

表6-4列出了以上四个广为人知的能力倾向测验所测量的能力倾向。表6-5、表6-6和表6-7列出了一般能力倾向测验的内容。

表6-4　四种能力倾向测验

	一般能力倾向测验	军队职业能力倾向测验(ASVAB)	差别能力倾向测验(DAT)	职业能力安置调查(CAPS)
能力倾向	一般学习能力 词汇能力 数字/数学推理、计算空间能力 形状知觉 文书知觉 运动协调 手指灵活性 手的灵活性 眼—手—足的协调	一般科学 数学推理 词汇知识 段落理解 数学知识 电子信息 汽车和车间信息 机械理解	词汇推理(VR) 数字能力(DA) VR+NA 抽象推理 知觉速度和精确性 机械推理 空间关系 拼写 语言运用	机械推理 空间关系 词汇推理 数字能力 语言运用 词汇知识 知觉速度和精确性 手的速度与灵活性

表 6-5　一般能力倾向测验内容 A

能力倾向	空间能力倾向(S)	形状知觉(P)	文书知觉(Q)	运动协调(K)
对此能力倾向的定义	在头脑中形成三维形象	观察物体和图画的细节	注意到词汇、数学和符号的细节	迅速移动手，眼和手指去完成任务的能力
水平 1：最高的 10%(很高)	在艺术，地理，机械绘图上大部分得 A，能在绘图，雕塑和服装设计上获奖	在艺术、科学、速记和绘画等科目上大部分得 A，能够轻易地看出相似物体的大小、形状上的差异	在打字、高等数学和英语等科目上大部分得 A，能快速准确地使用数字，在亲人细节性的指导上做得很出色	在打字、速记、体育、工业艺术和家政等科目上大部分得 A，在运动、舞蹈、演奏乐器方面优秀
水平 2：出去最高的 10% 的 1/3(高于中等)	在上述科目中，大部分得 A 和 B，在做衣服和绘画方面比一般人要好，能看懂电路	在上述科目中大部分得 A 和 B，擅长印刷、解字谜、读乐谱、做艺术工作、设计和摄影	在上述科目中大部分得 A 和 B，可以迅速、准确地抄写记录，做秘书和出纳员表现很优秀	在上述科目中大部分得 A 和 B，擅长体育，能够绘画、装配模型、缝纫、制作精美的金属制品和木制品
水平 3：中间的 30%(中等)	在上述科目中大部分得 B 和 C，可根据式样缝制服装，具有中等绘画水平，经常阅读装配图	在上述科目中大部分得 B 和 C，能注意到物体和绘画的轻微失真，能拍摄归档，能遵从大部有吸引力的照片	在上述科目中大部分得 B 和 C，可根据体系对事物进行轻微失真，能拍摄归档，能遵从大分的装配指导	在上述科目中大部分得 B 和 C，在运动中很活跃，属于中等水平，能令人满意地完成像送报纸和割草这样的任务
水平 4：出去最低的 10% 的 3/1(低于中等)	在上述科目中的大部分得 C 和 D，绘画和缝纫做得不太好，能够整理好购物袋中的各种杂货	在上述科目中大部分得 C 和 D，很少做字谜，可以区分螺母、螺栓和螺钉，能够修理和粘贴物体	可以根据菜谱烹饪和烘烤，在遵从指令上有困难，在拼写和数学上犯粗心大意的错误	在上述科目中大部分得 C 和 D，能洗车，做清洁工作和体力劳动
水平 5：最低 10%	在识别图画和图表的形状及大小上有困难，视觉能力差，无法估计速度和距离	在识别形状和大小的相似及差异上有困难，视觉能力差	在要求计算和注重细节的科目上有困难，很难发现拼写错误	不能完成需要迅速准确地使用眼、手和手指的任务，在快速运动中存在身体障碍
我的最高水平				

表 6-6　一般能力倾向测验内容 B

能力倾向	一般学习能力(G)	语言能力倾向(V)	数学能力倾向(N)
对此能力倾向的定义	与在学校取得的优异成绩相关的能力，推理能力	理解词意、使用文字清晰的表达思想	迅速、准确地使用数学
水平 1：最高的 10%(很高)	在英语、数学、科学、社会科学和语言课程中大部分得A，能够解决困难的问题，在一些学术科目上获奖	在英语，外语和社会科学等科目中大部分得 A，在辩论、写作、出版、公开、演讲，学期论文和一些论文中赢得关注和认可	在数学和科学中大部分得 A，可以解决高等数学(代数和微积分)的难题
水平 2：出去最高的 10% 的 1/3(高于中等)	在上述科目中得 A 和 B，能够自觉，有规律地进行阅读，在成绩报告中得到较高的等级	在上述科目中大部分得 A 和 B，在这些科目中能轻松地理解课本，很少犯语法错误	在上述科目中大部分得 A 和 B，可以利用公式解决问题，可以轻松的使用小数和分数
水平 3：中间的 30%(中等)	在上述科目上大部分得 B 和 C，可以解决像保存材料，装备设备和保存记录之类的问题	在上述科目中大部分得 B 和 C，能注意并纠正在拼写、语法和标点方面的错误	在上述科目中大部分得 B 和 C，可以在中等速度下准确的进行加减乘除运算
水平 4：出去最低的 10% 的 3/1(低于中等)	在上述科目中大部分得 C 和 D，能够执行清楚明确的指示	在上述科目中大部分得 C 和 D，撰写论文和报告及看懂书面指示上存在困难	在上述科目中大部分得 C 和 D，可以测量物体的高度，宽度和深度
水平 5：最低 10%	需要在指导下才能完成装配和其他制造工作，在学校中基本要特殊帮助，但仍有困难	在要求读和写的科目上有许多困难(如果你能做这个练习，你能达到 5 以上)	在任何数学问题上都有麻烦，买东西时在计量物体和数钱时有困难
我的最高水平			

表 6-7　一般能力倾向测验内容 C

能力倾向	手指的灵活性(F)	手的灵活性(M)	眼手足协调(E)	颜色辨识(C)
对此能力倾向的定义	手指迅速移动处理细小物体的能力	在放置和翻转运动中能很容易地移动手部	根据观察移动手脚	能看出颜色和阴影的相似与不同
水平 1：最高的 10%(很高)	在打印、速记、工业艺术和家政等科目大部分得 A，能在乐器方面获奖，可以熟练地构造模型、装配物体，娴熟地制作木雕	在体育、工业艺术、家政和乐器方面得A，擅长体育、木雕、雕塑和手工	在体育科目上大部分得 A，擅长舞蹈和芭蕾，在体操中获奖，手风琴弹得好，能在驾驶培训中得 A	在艺术科目上大部分得 A，在绘画上获得奖励与认可，出售自己的工艺品，设计自己的服装，可以轻松地区分相似色泽和色度之间的不同

续表

能力倾向	手指的灵活性(F)	手的灵活性(M)	眼手足协调(E)	颜色辨识(C)
水平 2：出去最高的10%的1/3(高于中等)	在上述科目中大部分得A和B，能在乐队A和和管弦乐队中演奏，能很好地建造模型和装配物体	在上述科目中大部分得A和B，可以很好地使用工具，擅长做衣服、体育运动、魔术和木偶表演	在体育上大部分得A和B，擅长运动，会骑自行车、滑冰、跳舞、开车、做体操	在上述科目中大部分得A和B，会设计自己的衣服，做海报，选择颜色装饰房间，识别颜色的细微差别
水平 3：中间的30%(中等)	在上述科目中大部分得B和C。可以做自己的一些衣服，能很好地制作东西和维修	在上述科目中大部分得B和C，会做各种零工，会修剪灌木、种植和园艺、使用电器，属于普通水平的运动	在体育上大部分得B和C，能在军乐队中演奏，运动水平一般，会驾驶汽车，可操作割草机	在上述科目中大部分得B和C，摄影较好，不能敏锐、清晰地分辨颜色，为表演设计布景
水平 4：出去最低的10%的3/1(低于中等)	在上述科目中大部分得C和D，会修补衣服、准备食物和饭菜修理家具	在上述科目中大部分得C和D，会使用锤子和钳子做简单的修理工作。运动水平属于中下	在体育上大部分得C和D，边演奏乐器边行进会有困难	在上述科目中大部分得C和D，在衣服颜色的搭配上需要帮助，不能清楚地区分颜色
水平 5：最低10%	不能完成要求用手指完成细微动作的任务	不能完成需要快速、准确地使用手的工作	在需要跑、跳、投和抛球的运动上存在很大的困难	不能选出人们认为协调搭配的颜色，是个色盲
我的最高水平				

三、影响职业生涯规划管理的因素及平衡技巧

(一)工作压力

1. 工作压力的概述

工作压力是指在工作情景中，由于与工作相关的因素，个人感到需要未获满足或受到威胁工工负内前而产生的生理心理反应。工作压力的含义包括三个方面：存在于环境中的压力源、对压力源作出的生理和心理反应的个性差异、形成压力的内在作用机制。而且，工作压力是一个复杂的概念，压力源涉及社会、组织、个人及其他相关因素，不同文化、国家、职业的压力源是不同的。同时，工作压力是压力源与个体特点交互作用的结果。

2. 工作压力的来源

要想缓解压力，必须首先找到压力的根源，然后才能对症下药。不同的文化、国家、职业、时期，工作压力的来源有所不同。国内学者胡春光(2005)在借鉴了国内外工作压力来源研究成果的基础上，特别吸收了国内具体行业压力来源的研究成果，经过调查研

究，总结出我国目前组织内员工工作压力的来源一般有以下两个方面：社会环境因素、组织因素。

(1)社会环境因素。

我国正处于变革发展的时代，可以说每天都在发生着变化。从某种意义上来讲，变化是压力的诱因，它迫使你努力去适应“变化”。社会环境因素的变化是员工压力的来源之一，包括经济、文化思想和技术的变化。竞争越来越激烈，经济形势也处于变化之中，人们为自己的经济和生存保障而倍感压力；价值观念不断变化，新思想、新观念不断涌现，如果员工的思想不能与当代社会相适应，会诱发压力感；技术的高速发展是诱发压力的第三种社会因素，技术更新会使员工的技术和经验在很短的时间内变得落后。IT行业就是这方面的典型，员工必须不断学习新的技术，否则就会面临被淘汰的危险。社会环境因素是不可控的，对它们的了解有助于分析员工的压力，但是一般来说，它们是无法改变的，所以压力管理策略不直接涉及这方面的内容。

(2)组织因素。

组织内部的因素直接造成员工的压力，所以分析造成压力的组织因素是制定压力管理策略的基础。压力来源中的组织因素主要来自工作本身的问题和管理方面的问题。

①工作方面。

在我国，许多组织的工作环境条件较差，其中过多的噪音、极端的温度、光线太暗或太亮、辐射和空气污染、卫生状况不好等因素都会给员工造成压力。工作的危险和风险也会给员工造成压力。各种不同的职业群体处于不同的人身危险中。警察、消防人员、矿工和军人的工作性质，决定了他们不得不面对明显的人身危险和潜在的伤害行为。其他工作也存在一些风险，如工人工作中接触的化学物质、机器等。工作场所存在的一些暴力倾向也对员工的安全造成了威胁。

随着国内外市场竞争的不断加剧，许多组织尽量精简人员，加大工作量，以降低成本来提高竞争力，因此工作负荷过重成为许多人普遍面对的问题。员工必须在限定的时间里完成如此多的工作任务，不切实际的时间期限压力导致员工超长时间工作。他们肩负的生产需求和责任不断增加，由其他人或机器控制的工作速率变得更快，工作的难度加大，可利用资源缺乏或分配不均，加上工作需求中的高峰和低谷现象的影响，所有这些都会造成员工工作负荷过重，不得不经常加班工作。

②管理方式。

管理者的领导作风对员工心理有显著的影响，如果领导作风不当，会给员工造成压力。我国“官本位”的思想比较严重，有些管理者的人格、性格特征、行为有问题，如每天都发脾气、经常小题大做、不懂得尊重员工、不兑现承诺、独裁等，会导致组织中的人际关系恶化，给员工造成很大的压力。虽然每个管理者的领导风格可以有所不同，但是在强调以人为本和民主平等的当代社会，这种不尊重员工的领导作风会严重影响员工的情绪和积极性，进而影响到组织的业绩。

有的管理者不注意运用积极强化，而是过多地采用惩罚的方式。惩罚是强化的一种，在管理中有一定的效果，但它也有一些负面的效应：惩罚可以导致一些不想要的情绪反应，如因为多休息一会儿而遭到责备的员工可能会对管理者和组织产生愤怒的反应；惩罚会压制员工的创造力和适应能力，也会使员工采用回避或逃避的方式躲避惩罚：惩罚也会产生对管理的条件性恐惧，也就是说，员工形成了一种对以惩罚为主要强化方式的管理者的普遍恐惧。所以，过多的惩罚会加大员工的压力，影响员工的绩效。

3. 减少工作压力的途径

过多的工作压力会严重地影响员工的身心健康和工作绩效，进而对组织产生不利的影响，所以采取一定的策略来有效地缓解压力，使压力保持在适宜的水平上，对组织来说是很重要的。因此，压力管理是管理的一项重要内容，主要指的是有效地缓解压力的管理策略。

(1)社交支持。

社交支持是支持性心理治疗的一种具体运用，它的实施者不是心理医生，而是员工的社交网络，包括员工的家庭、朋友、同事、上司等。支持性心理治疗是一种适用于各种情况、简单易行的心理治疗方法，其目的在于帮助员工渡过当前的难关，而不探讨深层的心理冲突。主要的做法是：以同情的态度耐心地倾听员工的诉说，关怀其情况，然后给予解释、安慰和劝导，并给予鼓励，使其看到自己的未来与希望。在实际生活中，人们已经有意无意地在运用这种方法。它对宣泄消极情绪有很好的作用，同时也能改变员工不合理的认知，进行认知重建，从而能够有效地缓解压力。尤其对较轻微的焦虑、抑郁症状，这一方法可以完全解决。豪斯(1981)发现，与来自一个人的家庭和朋友的支持相比，来自工作同事的社交支持能让他更有效地缓解工作压力的影响。这是因为同事可以更好地了解情况，也可以提出更切实可行的建议，发挥共情的作用。

在组织中，支持性的氛围可以通过下述途径得以改善：第一，在招聘过程中，为了促进建立一个员工渴望的氛围和文化，强调支持性人际关系和人际网络的重要性是必要的；第二，通过举办各种文化体育和其他活动增加员工们沟通的机会，增进友谊；第三，强调沟通的重要性，提倡一种有问题就要沟通的组织氛围，因为及时的沟通会使很多实际问题在萌芽之中就得到解决，而一个具有开放性格、善于沟通思想的人对心理问题会有较好的免疫能力；第四，来自上司的社交支持对缓释紧张感和压力是非常重要的，对工作满意度和健康具有很大的影响因此对管理者进行这方面的培训，使其能够对下属进行很好的心理支持是很有必要的：第五，关于工作和家庭生活中社交支持重要性，使员们的配偶或伙伴都能理解支持的价值，以及支持缺乏的伤害性后果。

如果建立起良好的支持性氛围，就能够及时缓解员工的压力，而且参与者广泛，可以充分利用已有的资源，成本较低。如果实施得当的话，大多数问题在这一层次就能得到解决。

(2)对管理者进行基本咨询技能培训。

压力管理对管理者是一个新的课题，很多管理者还没有意识到这是自己职责的一部分。对员工因压力而产生的心理问题进行心理咨询，他们可能认为这是员工自己的事情，或是心理咨询师的事情。但这种认识是错误的，因为管理过程的一个重要组成部分就是力求扫除任何对业绩和生产力存在负面影响的障碍，确保与员工的精诚合作。那些感到焦虑与压抑的员工是痛苦的，当他们工作时，会因此降低工作效率，甚至无法工作。因此，通过帮助他们有效地解决压力问题，管理者就能重新获得一个高效的员工，实现人力资源潜力的最大化。之所以要特别对管理者进行基本咨询技能的培训，除了因为这是职责所在之外，还因为管理者对情况有全面的了解，也有能力消除或控制某些导致员工压力的压力源，而且上司的支持对员工克服压力有着很重要的作用。

很多人认为心理咨询是一个高深莫测的事情，的确，对于严重的心理问题而言，应当由专业的心理咨询师来进行咨询，但是对于不严重的心理问题而言，一般经过管理者基本咨询技能的培训后，就可以初步掌握解决问题的办法。基本咨询技能的内容应当包括一些员工压力应对的技能、认知疗法、行为疗法、支持性疗法、有效的倾听、共情，以及知道什么时候得到专业人士的帮助等。其实，我国传统的思想政治工作，从某种意义上来讲，就是心理咨询中认知疗法的一种应用。认知疗法认为，对于同一事情，不同的人会有不同的情绪和行为的反应，这些不同的反应来自人们对事物的不同的信念、看法、评价和解释，也就是人们对事物的认知。所以改变人的认知就可以改变人的情绪和行为，也可以缓解或消除员工的压力。与思想工作相比，认知疗法可能更加注意从人的心理规律出发来改变员工的认知，而不是硬性地讲大道理。实践证明，认知行为疗法是消除焦虑、压抑的一种有效方法，应当重点加以培训。经过培训之后，管理者应当做好消除或控制压力源的工作，识别员工承受压力以及焦虑或抑郁的情况，与员工讨论一些切实可行的压力应对方法，并且运用一些心理疗法初步调节员工的情绪。因为管理者可能会及早识别出员工的心理问题，并在形成严重心理问题之前及早干预，所以会有很好的效果。

(3)内部咨询服务。

内部咨询服务是指在企业内部设立心理咨询师的职位，为员工提供心理咨询服务。因为心理咨询师能提供更专业的服务，所以比管理者能更好地解决来访员工的心理问题。心理咨询能够帮助单个员工处理特殊的人际关系或与工作相关的问题，对某些严重的心理障碍也能采用专业的方法加以解决。研究证明，咨询活动使参与员工的精神健康和自尊心得到了极大的改善。另外，内部提供的咨询师对本组织已经非常熟悉，他们更容易识别出组织的结构、政策和实践活动中的问题，因此他们除了容易解决员工的压力问题之外，还可以对压力管理提供预防性的方法，即把主要的压力根源报告给管理层，使管理层采取措施消除或控制压力的根源。

(二)家庭冲突

1. 工作与家庭的关系

工作和家庭是人类生活的两个重要领域，两者关系紧密，因而一直以来不同的理论学者对工作和家庭之间的关系给予了关注。从个体水平上来说，工作和家庭之间的连接机制主要有四种：分离、溢出、补偿和工作家庭冲突。

(1)分离(Segmentation)。

分离指把工作和家庭看作分开的，是不会相互影响的两个领域。早期的学者把工作和家庭之间的关系看作在时间、空间及功能上自然分割的两个领域，两者不会产生相互影响。这种观点很快受到研究者的质疑。研究证明，工作和家庭是人类生活紧密相连的两个领域。因此，现在的观点是把分离看作人们维持工作和家庭之间的边界的一个积极的过程，即人们会主动抑制与一个领域有关的想法、行为和情感进入另一个领域。这种对工作和家庭的主动分离有助于个体应对来自任何一个领域的压力。

(2)溢出(Spillover)。

溢出指工作和家庭的结果互相影响，导致两个领域的相似性。这些相似特征通常包括工作和家庭情绪(即情绪状态和满意感)、价值观(即工作追求和家庭追求的重要程度)、技能和外在行为。溢出包含积极和消极两个方面。积极的溢出指一个领域的积极情感、技能、行为促进了个体在另一个领域的发展；而消极的溢出指个体在一个领域中产生的情绪、技能、行为等阻碍了个体在另一个领域的发展。溢出的观点说明了工作和家庭之间是相互影响的，并且这种影响有积极的，也有消极的。

(3)补偿(Compensation)。

补偿是指个体通过在一个领域寻求满足而弥补在另一个领域中的不满。在工作—家庭研究中，补偿有两种形式：一种是减少对不满意领域的投入，而增加对可能满意领域的投入，即把原来放在不满意领域的重要性、时间和注意重新分配给可能让个体满意的领域；另一种是通过在另一个领域追求回报来满足原本不满意的领域。

(4)工作家庭冲突(Work—Family Conflict)。

工作家庭冲突是一种角色间的冲突。在这种冲突中，工作的角色要求和家庭的角色要求不能相互兼容，以至于对一个领域需求的满足造成了满足另一个领域需求的困难。

目前，越来越多的学者采用边界理论的观点探讨工作和家庭之间的关系，其中尤以Clark(2000)的工作家庭边界理论最为流行。Clark的工作家庭边界理论把工作与家庭之间的冲突解释为一种边界冲突。该理论主张，人们是边界跨越者，每天跨越于工作和家庭之间，工作边界与家庭边界的渗透性和弹性导致，工作和家庭之何的冲突或平衡。这个模型开启了分析边界的本质、边界的管理或迁移等新思路身定的因素在工作家庭冲突中的作用。研究发现，工作家庭冲突不仅是工作家庭动界能好地威的，还受到个体边界偏好的影响。工作家庭边界特征与个体边界偏好之间的匹配能够更好地解释工作家庭之间的关系。

2. 工作家庭冲突

工作家庭冲突对个人、家庭、组织和社会而言，都有其不同的影响方式和表现形式。主要体现在个人层面和组织层面。

(1)个人层面。

毫无疑问，受工作家庭冲突影响最大的就是员工本人。诸多研究表明，工作家庭冲突在员工中是广泛存在且影响深刻的。它主要表现在以下几个方面。

①角色的紧迫感。

角色的紧迫感指的是一个人经历的工作(家庭)问题影响到了其家庭(工作)生活所产生的心理紧迫感。这一现象被称做“反向溢出”。比如，一名正在为生病的家人担忧的员工可能在工作中表现得心烦意乱、情绪失常。紧迫感可能产生紧张、焦虑、疲倦等征兆，从而影响到另一领域内义务的履行。角色紧迫感的频繁发生反映了在缺乏社会和组织支持的情况下，工作和家庭的不同需求发生冲突的可能性是极高的。

②角色的超负荷。

工作和家庭角色难以协调是因为一个人拥有的时间和精力是有限的。角色的超负荷正是在这种前提下发生的。尤其是对职业女性，这一影响更加明显。Catherine Ross经过调查指出，职业女性感受到的紧张与失意和她们的角色超负荷有关。

③角色的阶段性冲突。

工作—家庭关系处在不断发展变化中。在家庭系统中，一个成年人可能经历不同的发展阶段，如单身、结婚、生子，每个阶段都对应着不同的家庭责任。另一方面，他还同时经历着不同的职业生涯发展阶段，当两个领域的发展不同步时，就会发生角色的阶段性冲突。比如，一个即将退休的父亲在达到自己的事业目标之后，想投入更多的精力在家庭生活方面。这时他却发现自己的子女更愿意跟他们的同伴在一起，而他的妻子也正醉心于自己的事业。四是角色期望和标准的冲突。那些与角色标准相关的冲突通常源自价值观的差异。这些冲突可能是内部的，因为一个人可能对其承担的相互冲突的角色持有不同的价值标准。这些冲突也可能是外部的，发生在人与人的价值观产生冲突时。比如，当一个母亲因为工作而导致其赶到幼儿园接孩子时间较晚，她可能感受到幼儿园老师的强烈不满。

(2)组织层面。

毋庸置疑，营利性组织的目标是利润最大化。但是，当新入职的员工还不具备足够的学习能力时，组织还应承担起部分教育、培训的功能。大部分员工很难将自己的家庭事务完全排除在工作范围之外。他们开始到组织中寻求帮助，如一些服务或福利。与社会支持不同，组织的支持计划可能对组织的士气和凝聚力有积极的影响，从而对组织的生产率做出积极的贡献。

此外，组织必须面对的另一个变化是杰出的职业女性不断增多。因而，工作中的性别冲突变得更加尖锐，如性别歧视、女性的职业生涯管理、男女同工同酬等。尽管现在大多数组织在这方面作出了积极的改进，如雇用更多的女性，但工作中的性别冲突仍然困扰着组织的管理者。一项对250个公司的CEO的调查发现，工作家庭冲突是有碍于女性经理职业生涯发展的最主要的三个因素之一。工作家庭冲突及其性别差异如果得不到重视，会对组织的士气和生产率产生消极的影响。

3. 工作—家庭平衡计划

(1)职业生涯早期阶段。

在职业生涯早期阶段，员工正值青年时期，这一阶段的特征较为单纯、简单。职业生涯初期，常常是员工由单身向初组家庭或生育子女过渡的时期，这一时期的家庭问题相对较少，任务较轻。组织在这一阶段的任务主要以教育、引导为主。职业生涯早期阶段的工作—家庭平衡计划主要有以下几个设计方向：

①帮助员工客观地认知工作—家庭优先次序，通过有效的培训与咨询服务，引导其形成组织倡导的价值观，避免极端主义的出现。

②加大工资组合中激励工资的比例，保证给予员工必要的福利以满足其建立家庭和繁育子女的需要，如照顾子女的计划等。

③在职业生涯设计之初，充分考虑员工个人的意见，提供可能的物质支持和精神鼓励。

(2)职业生涯中期阶段。

个人职业生涯在经过了职业生涯早期阶段，完成了员工与组织的相互接纳后，必然步入职业生涯中期阶段。职业生涯中期阶段是一个时间周期较长、富于变化，既有可能获得职业生涯成功，又有可能出现职业生涯危机的职业生涯阶段。一般来说，这一时期也是家庭关系复杂、家庭任务和负担最沉重的时期。因此，可能发生的工作家庭冲突也最多。譬如工作—家庭角色在时间分割上的矛盾。

因此，职业生涯中期阶段的工作—家庭平衡计划主要有以下几个设计方向。

①针对不同的个体，给予其充分的尊重和信任。管理者应定期与其进行工作—家庭关系方面的沟通，有针对性地提出建议。

②在组织既定的工作—家庭平衡策略的基础上，就员工的职业生涯规划与现有的策略组合加以评估，对两者之间的匹配情况进行调控。

③在以职业生涯发展为目的的绩效考评中，管理者应与员工一起充分地分析影响绩效表现的因素，单独进行建设工作—家庭平衡关系的讨论，帮助员工成为工作与家庭领域的中心参与者，给予其实现自我调节的必要支持。

④为职业发展最有前景的员工尽可能多地提供支持性服务，对于面临职业生涯发展危机的员工给予重点关注，为其安排更具挑战性的工作，同时在组织机制允许的前提下，可安排其阶段性的非全日制工作。

(3)职业生涯后期阶段。

从年龄上看，职业生涯后期阶段的员工一般处在55岁至退休的年龄阶段之间。处于职业生涯后期的员工，由于其体能和精力不可避免地衰退，学习能力及整体职业能力开始呈下降趋势，职业工作能力和竞争能力逐渐减弱。与此同时，员工的家庭可能出现空巢，对家庭的依赖感加重，工作—家庭关系自动趋向缓和。

根据以上特征，职业生涯后期阶段的工作—家庭平衡计划主要有以下几个设计方向。

①了解员工的职业后期发展计划，帮助其在组织要求、个人计划和家庭期望中达到平衡。

②做好职业接班衔接工作，提醒员工职业生涯循环可能带来的个人与家庭问题，提前开始退休动员工作。

③充分落实退休政策，做好福利(如养老金)的管理。

④协助员工就其职业生涯发展和工作—家庭关系调节问题作出总结，在提交组织归纳研究的同时，听取员工的建议，安排这些员工与处于职业生涯早、中期的员工开展工作—家庭平衡问题的交流。

(三)职业高原现象

1. 职业高原的概述

职业高原是由美国心理学家Ferenc提出的，是指个体在职业生涯发展中的某一个阶段，个体所能够获得的进一步晋升机会的可能性非常小。从表面看，处于职业高原的员工纵向晋升不畅，但忽略了横向流动的停滞和工作内容的枯燥单一性。1988年，Feldman和Weitz从责任角度赋予了职业高原新的内涵，指出这一概念是指个人能承担更大或更多责任或挑战性工作的可能性很小。同时他们进一步指出，职业高原关注的是雇员现实贡献和潜在发展之间的关系。1993年，Kreutz指出职业高原是个人不断延伸职业生命曲线中间的一个暂时静止段。而到了2003年，Lee则在前人研究的基础上将其扩充到了工作内容上，认为职业高原是个人发现工作枯燥而又没有机会得到知识和技能提升的现象。

2. 职业高原的影响因素分析

近年来，被研究界关注更多的是三因素说。Tremblay等人把影响员工达到职业高原的因素划分为三类：个人因素、家庭因素与组织因素。个人因素包括年龄、受教育水平、前任员工的影响、人格因素、晋升愿望、上级的绩效评价、工作投入和以前成功的工作经验等。家庭因素则包括家庭满意感、家庭成员人数、配偶工作情况和个人家庭负担等。组织因素包括组织结构类型与员工所处的职业路径。他们对加拿大 3000 多名管理者的研究结果显示，除了控制点、年龄与职业高原成正相关外，其余均与职业高原成负相关。

Lemire 等人的研究结果显示，年龄与前任员工的影响对个体主观职业高原的贡献率最大。Tremblay 的三因素说不仅考虑了个人和组织因素，还考虑到个体的家庭因素。归根到底，几乎所有人或早或晚总会达到他的职业生涯高原。为什么这是一个普遍的经历呢？原因主要有以下几个方面：

①最根本的原因是很多公司的组织架构是金字塔形的，等级越高，可以提供的职位就越少。因此，一个人在组织中的职位越高，可供他晋升的职位就越少。这就是一般员工在这一类型的企业中进一步发展所遇到的困境。

②对于少数职位的竞争越来越激烈。目前对于中低级管理员的劳动力需求已接近饱和，很多 20 世纪 70 年代以后出生的人已占据了这些位置，而近年来由于大学的扩招，成千上万的大学毕业生加入这支求职大军中，这使本已激烈的求职形势更加残酷；过去几年中公司相关的职位数量没有明显增加，相反很多国有企业还在实施减员增效等措施。

③在那些成长缓慢甚至毫无发展的以及要缩减经营规模并裁员的公司中，这一问题表现得尤为严重。进一步说，公司的经营战略也能影响晋升机会的数量和类型，从而使某些职业生涯前程出现“高原现象”。

④强制退休在实际中很难被有效地执行，从而阻塞了职业生涯的发展途径，使较为年轻的员工无从得到提拔。

⑤出于对更均衡的生活模式的需要和向往。越来越多的员工让组织意识到，假如这会和家庭以及他们的闲暇生活发生冲突的话，他们并不希望得到晋升。

⑥有些员工更容易达到职业生涯高原，这主要是因为他们太看重现有的职位，或者是缺乏晋升所需的技术或管理技能，或者是缺乏制定灵活导向策略的职业生涯管理技能。

以上这些问题指出了职员遇到职业生涯高原问题的原因。有些员工可能是由于组织外部的原因或其他不可控的因素，才达到职业高原，而有些员工则是因为一些内在的原因和需求使自己选择走向职业生涯高原。

3. 职业高原的应对策略

(1)个体调适。

就个体来说，当员工认识到他的绩效、对组织的贡献、能力不再重要或得不到承认时，就会发生机能失调。针对这种状况，Rants 和 Feller 提出了以下几种解决方案。

①平和方法——接受这种状态，并努力压制自己的挫折感和愤怒。

②跳房子方法——在原有职位不变的情况下，努力向其他方面发展，以求在其他方面有较好的发展。

③跳槽方法——从原来公司辞职，并在其他的公司寻求一个与原来相似的职位，希望环境的变化能解决这一问题。

④内部调和方法——通过尝试、创新等途径努力开发他们现有的工作，能成功地与决策者进行互动，而不是被动地接受。Rants 指出，内部调和的方法对解决员工职业高原问题最有成效和实用价值。

Tan(1994 年)等人认为职业高原是个人与组织共同关心的问题，应在组织中对职业高原员工进行心理咨询。他们提倡健康的管理方式，控制那些对员工达到职业高原有贡献的组织因素(如上下级关系不协调、绩效考核制度不合理等)。针对个体，他们提出了两种应对策略：

维持并强化职业高原员工的高水准绩效和模仿非职业高原员工的正确行为方式。Duffy提出了利用混沌理论对达到职业高原的员工进行干预，这种方法取得了很大成效，具有一定的实际应用价值。

(2)组织调适。

就组织来说，为防止及减少员工达到职业高原的比例，研究者们已提出了几种不同的策略。Tan和Salamone(1994年)指出组织应把重点放在岗位的重新设计、工作丰富化、工作计轮岗、平等的晋升机会和带薪休假等解决策略上。

Ibadan和crank(1990年)则认为可通过职业咨询、压力管理研讨会、放松技巧、有关健康研讨会等活动，帮助处于职业高原状态的员工。

在某种程度上，成熟员工和企业管理者对职业高原会越来越有经验。但是，在职业高原的应对策略上还需寻求新的解决问题的方法。

(四)"玻璃天花板"效应

1. "玻璃天花板"效应的含义

"玻璃天花板"一词出现于1986年3月24日的《华尔街日报》的"企业女性"专栏当中，用来描述女性试图晋升到企业或组织高层所面临的障碍。"天花板效应"是莫里森和其他人在1987年的一篇文章《打破天花板效应：女生能够进入美国大企业的高层吗?》(*Breaking the Glass Ceiling*: *Can Women Reach the Top of America's Largest Corporations*?)中首先使用的概念。一年以后，玛里琳·戴维森和加里·库珀在其《碎天花板效应》(*Shattering the Glass Ceiling*)一书中也讨论了这个问题。

"玻璃天花板"效应是一种比喻，指的是组织设置一种无形的、人为的困难，以阻碍某些有资格的人(特别是女性)在组织中上升到一定的职位。在这里，女性或是少数族群没办法晋升到企业或组织高层并非是因为他们的能力或经验不够或是不想要该职位，而是因为一些组织对女性和少数族群在升迁方面设下一层障碍，这层障碍甚至有时是看不到的。

现在"玻璃天花板"泛指一个人的职业发展碰到的阻力：你可以很明确地看到自己职业发展的目标，并知道应该往哪个方向走，但是遇到了一种无形的阻力，就像一个"玻璃天花板"，你看得到上面，但就是升不上去。在跨国公司里谋生的人对这个感触最深，因为文化、种族的差异，虽然在公司工作很努力，也有弥天之志，但就是无法实现自己职业上的突破。

2. "玻璃天花板"效应产生的原因

(1)时间因素。

人们认为，即使是最优秀的女性，也没有时间穿过长长的企业晋升渠道达到企业的高层。对于高级管理人员来说，基本的条件是：硕士学位加上25年的工作经验。20世纪70年代，正是当今高层经理们毕业的时间，那时仅有不到5%的法律和工商管理硕士的学位授予了女性。而现在美国有40%的法律学位和35%的工商管理硕士学位被女性获得。所以，有理由相信女性在企业中占据管理职位的数字将会在未来有所上升。比如在美国，

1972年女性在企业中占据17.6%的管理职位，现在则是35%。但是，女性在企业的高层职位方面的进步并不明显。

(2)母性理论。

有时人们认为，“玻璃天花板”效应是由于女性特有的天性和特质造成的。女性在职业发展的道路上，容易为家庭和抚育子女而分心。即使她们能够很快地返回工作，她们也已经落后于其他的男性同事了。尤其是照顾婴儿的这段时间她们往往错过了一些重要的发展机会。比如，到海外的长期工作任务，与客户连续几晚的谈判，很快地改变计划等。很少有公司能忽视这些问题，所以大多数企业安排女性进入不承担类似工作的部门(如人力资源和信息沟通等部门)。这样一来，女性的职业经验受到限制，也就难以达到更高的职位了。

(3)男性的刻板印象。

还有人认为，“玻璃天花板”效应主要是与男性的刻板印象相关。在很多企业，这种刻板的印象甚至已经约定俗成了。升迁的标准往往掌握在白人男性手中，那些想要升职的女性要按他们的标准衡量。

“我们胜任这项工作，不是吗？所以，我们的继任者应该和我们一样。”大多数企业的继任计划原则就是这么简单。因此，男性提拔的干部也往往是男性。罗萨贝斯·坎特在1977年出版的著作《企业里的男人和女人》中提到，因为在组织中，女性管理人员在她们的工作环境中常常是非常引人注目的，这使得她们(和她们的失误)更明显，而且还夸大了她们和占统治地位的男性文化的区别。

3.“玻璃天花板”效应的对策分析

(1)“天花板协会”的设立。

1991年，美国政府开始建立名为“天花板协会”(The Glass Ceiling Commission)的机构。这个机构由21名国会和总统委任的成员组成，并且由工会秘书长担任主席。作为人权法案的一部分，这个部门的职能就是找出并消除那些私有企业中阻碍女性职业发展的阻碍因素，帮助她们获得平等的机会和权利。这个协会主要关注三个方面的问题：一是企业管理和决策部门职位的配置；二是职能培训活动；三是薪酬和奖励体系。

(2)寻求其他路径。

美国一个资深的互联网创业的女实业家说过“If you build your own home, there is no glass ceilings”。意思是，如果自己创业，就不存在“玻璃天花板”了。如果你能创造自己的游戏规则，那么你的发挥空间就很大；如果跟着别人的游戏规则玩，那么总会遇到各种各样的阻力。如果组织中的女性或少数族群想顺着职业生涯发展阶梯慢慢往上攀升，当快要接近顶端时，自然而然就会感觉到一层看不见的障碍阻隔在上面，所以他们的职位往往只能爬到某一阶段就不可能再继续上去了。而寻求其他路径，则在一定程度上有助于克服“玻璃天花板”效应。

☞【课后思考】

1. 结合所学专业和职业生涯目标管理，谈谈自己的大学生涯的目标管理。
2. 结合自己的专业和将来从事的职业，简述个人胜任力的表现。
3. 简述职业生涯规划管理和职业生涯规划评估的相同点和区别。